Programmes 2008 Cycle 3

Maths

Collection Thévenet CM1

Sous la direction de Serge Thévenet
Inspecteur général de l'Éducation nationale

Annie Debailleul
Éric Lenoir
Gérard Trève
Jean-François Vincent

Bordas

PRÉFACE

Ce manuel, destiné aux élèves du CM1, 2e année du cycle des approfondissements, a été revu en conformité avec les nouveaux programmes publiés en juin 2008. Il a été conçu, comme les manuels précédents, avec le souci d'assurer la plus grande continuité entre les trois années du cycle.

Nous avons souhaité mettre l'accent sur des domaines dont le caractère important est mis en lumière par les nouveaux programmes.

C'est ainsi que les **activités de résolution de problèmes** occupent une place centrale dans ce manuel. Elles concernent les différents domaines des programmes : activités numériques, géométrie, grandeurs et mesure, gestion de données. Elles interviennent, par ailleurs, tant pour découvrir de nouvelles notions ou réviser des éléments déjà abordés précédemment que dans des situations ouvertes pour lesquelles les élèves sont appelés à réinvestir l'ensemble des compétences déjà acquises. Nous nous sommes efforcés d'enrichir et de diversifier les situations proposées en nous appuyant notamment sur des documents issus de domaines disciplinaires divers.

Nous accordons aussi un rôle important aux **activités numériques**. Nous souhaitons varier les modalités de présentation des nouvelles notions, permettre aux élèves de développer leur intelligence, mais aussi favoriser l'acquisition de techniques et d'automatismes indispensables, notamment dans le cadre des activités de résolution de problèmes.

L'**évaluation permanente des acquis** est au cœur de notre démarche, conformément aux préconisations des programmes. Comme aux niveaux précédents, des séquences fréquentes lui sont consacrées (*Étapes*) entre chaque bilan de fin de période. Elles permettent aux enseignants de faire un point régulier sur les compétences acquises et les aident à analyser les difficultés éventuelles rencontrées par leurs élèves. Elles sont aussi destinées à responsabiliser les élèves eux-mêmes en leur faisant prendre conscience des progrès accomplis et des domaines qu'il leur faut encore travailler.

Il nous a aussi paru utile :
– de développer les constructions dans le domaine géométrique ;
– d'insister, conformément aux programmes, sur les relations entre les nombres afin d'aider les élèves dans le domaine du calcul mental et réfléchi.

Nous espérons faire partager notre conception dynamique de l'enseignement des mathématiques et mettre à la disposition des élèves et des enseignants un outil efficace et d'utilisation agréable.

Les auteurs

ISBN 978-2-04-732468-4

ORGANISATION DU MANUEL

Le manuel comporte cinq périodes qui correspondent aux principales périodes de l'année scolaire. Chaque période est reconnaissable par le dessin qui figure en haut de chaque séquence.

Par ailleurs, une couleur dominante caractérise l'objectif général de chaque séquence :

Domaine	Couleur dominante
Nombres et calcul	**rouge**
Espace et géométrie	**vert**
Mesure	**bleu**
Atelier problèmes / organisation de données	**vert foncé**
Évaluation (Étapes et bilans)	**bleu clair**

Les séquences d'apprentissage (Nombres et calcul, Espace et géométrie, Mesure) comprennent les rubriques :

– « **Je découvre** », destinée à amener l'élève à explorer une notion nouvelle introduite par une ou plusieurs situations,

– « **Je m'entraîne** », qui vise des apprentissages plus systématiques.

En fin de séquence, des résultats à mémoriser sont parfois proposés dans la rubrique « **Je retiens** ».

Pour chaque période, deux « **Étapes** » sont destinées à faire le point des acquis des séquences précédentes. Une grille permet à l'élève d'être associé à son évaluation.

En fin de période, un « **Bilan** » se propose d'évaluer la totalité des compétences acquises par l'élève sur l'ensemble de la période. Le rappel de ces compétences figure en haut de chaque Bilan. Ces évaluations permettent soit de confirmer des acquis déjà relevés lors des Étapes, soit de compléter un apprentissage encore mal assuré.

Les séquences « **Atelier problèmes / organisation de données** » se composent souvent de deux parties : la première a des objectifs méthodologiques (prélever une information, rechercher des données utiles à la résolution d'un problème, lire des documents de diverses natures,...), la seconde, « Je résous des problèmes », propose des problèmes usuels (problèmes additifs et/ou soustractifs, problèmes multiplicatifs, situations de partage,...) afin d'entraîner régulièrement les élèves.

Dans chaque séquence, on trouve la rubrique « Jouer avec les nombres » qui propose des activités destinées à développer la mémoire des élèves et une plus grande aisance dans la manipulation des nombres ; le calcul mental notamment y occupe une place privilégiée.

En fin d'ouvrage, une double page « **Défis** » présente une banque d'énigmes à résoudre collectivement tout au long de l'année.

Conformément aux *Instructions officielles*, l'utilisation de la calculette occupe une bonne place dans cet ouvrage. Des séquences spécifiques entraînent l'élève à la maîtrise du calcul instrumenté, et un symbole lui indique s'il peut l'utiliser lors d'activités nécessitant des calculs.

SOMMAIRE

Période 1

Période 2

Période 3

Période 4

Période 5

PROGRESSION PAR DOMAINE

Nombres et calcul

Espace et géométrie

Mesure

Atelier Problèmes / organisation de données

Évaluations

Programme de mathématiques du CE2, du CM1 et du CM2

(Extrait des programmes, B.O.E.N., hors-série, n° 3, 19 juin 2008)

1. Nombres et calcul

L'étude organisée des nombres est poursuivie jusqu'au milliard, mais des nombres plus grands peuvent être rencontrés.

Les nombres entiers naturels :

- principes de la numération décimale de position : valeur des chiffres en fonction de leur position dans l'écriture des nombres ;
- désignation orale et écriture en chiffres et en lettres ;
- comparaison et rangement de nombres, repérage sur une droite graduée, utilisation des signes > et < ;
- relations arithmétiques entre les nombres d'usage courant : double, moitié, quadruple, quart, triple, tiers..., la notion de multiple.

Les nombres décimaux et les fractions :

- fractions simples et décimales : écriture, encadrement entre deux nombres entiers consécutifs, écriture comme somme d'un entier et d'une fraction inférieure à 1, somme de deux fractions décimales ou de deux fractions de même dénominateur ;
- nombres décimaux : désignations orales et écritures chiffrées, valeur des chiffres en fonction de leur position, passage de l'écriture à virgule à une écriture fractionnaire et inversement, comparaison et rangement, repérage sur une droite graduée ; valeur approchée d'un décimal à l'unité près, au dixième près, au centième près.

Le calcul :

- mental : tables d'addition et de multiplication.
- posé : la maîtrise d'une technique opératoire pour chacune des quatre opérations est indispensable.
- à la calculatrice : la calculatrice fait l'objet d'une utilisation raisonnée en fonction de la complexité des calculs auxquels sont confrontés les élèves.

La résolution de problèmes liés à la vie courante permet d'approfondir la connaissance des nombres étudiés, de renforcer la maîtrise du sens et de la pratique des opérations, de développer la rigueur et le goût du raisonnement.

2. Géométrie

Les relations et propriétés géométriques : alignement, perpendicularité, parallélisme, égalité de longueurs, symétrie axiale, milieu d'un segment.

L'utilisation d'instruments et de techniques : règle, équerre, compas, calque, papier quadrillé, papier pointé, pliage.

Les figures planes (le carré, le rectangle, le losange, le parallélogramme, le triangle et ses cas particuliers, le cercle) *:*

- description, reproduction, construction ;
- vocabulaire spécifique relatif à ces figures : côté, sommet, angle, diagonale, axe de symétrie, centre, rayon, diamètre ;
- agrandissement et réduction de figures planes, en lien avec la proportionnalité.

Les solides usuels (cube, pavé droit, cylindre, prismes droits, pyramide) *:*

- reconnaissance de ces solides et étude de quelques patrons ;
- vocabulaire spécifique relatif à ces solides : *sommet*, *arête*, *face*.

Les problèmes de reproduction ou de construction de configurations géométriques diverses mobilisent la connaissance des figures usuelles. Ils sont l'occasion d'utiliser à bon escient le vocabulaire spécifique et les démarches de mesurage et de tracé.

3. Grandeurs et mesures

Les longueurs, les masses, les volumes : mesure, estimation, unités légales du système métrique, calcul sur les grandeurs, conversions, périmètre d'un polygone, formule du périmètre du carré et du rectangle, de la longueur du cercle, du volume du pavé droit.

Les aires : comparaison de surfaces selon leurs aires, unités usuelles, conversions ; formule de l'aire d'un rectangle et d'un triangle.

Les angles : comparaison, utilisation d'un gabarit et de l'équerre ; angle droit, aigu, obtu.

Le repérage du temps : lecture de l'heure et du calendrier.

Les durées : unités de mesure des durées, calcul de la durée écoulée entre deux instants donnés.

La monnaie.

La résolution de problèmes concrets contribue à consolider les connaissances et capacités relatives aux grandeurs et à leur mesure, et à leur donner sens.

4. Organisation et gestion de données

Les capacités d'organisation et de gestion des données se développent par la résolution de problèmes de la vie courante ou tirés d'autres enseignements. Il s'agit d'apprendre progressivement à trier des données, à les classer, à lire ou à produire des tableaux, des graphiques et à les analyser.

La proportionnalité est abordée à partir des situations faisant intervenir les notions de pourcentage, d'échelle, de conversion, d'agrandissement ou de réduction de figures. Pour cela, plusieurs procédures (en particulier celle dite de la « règle de trois ») sont utilisées.

Pour un bon départ

1 Écris en chiffres ou en lettres les nombres suivants.

728 | deux mille trois cent douze | 1 234 | 5 095

seize mille cent onze | 2 120 | 8 210 | vingt-six mille | 16 126

2 Range les nombres ci-dessous du plus petit au plus grand.

1 230 – 4 502 – 5 214 – 1 002 – 4 312 – 756 – 4 000 – 2 220 – 28 – 7 056

3 Écris en chiffres les nombres qui correspondent à ces différentes écritures.

deux mille trois | 40 + 200 + 5 000 | (7 × 1 000) + 12

2 m + 4 c + 7 d + 5 u | 56 centaines 14 unités | 2 999 + 5

4 Pour un tournoi sportif, on a rangé les élèves par équipes de huit.
Ce jour-là, cinq équipes sont présentes sur le stade. Six autres enfants sont arbitres.

- Combien d'élèves sont présents ce jour-là sur le stade ?

Parmi les écritures ci-dessous, recopie celle qui te donnera la réponse. Calcule.

(6 × 8) + 5 | 6 × (8 + 5) | (6 + 8) × 5 | 6 + (8 × 5)

5 Mme Dupuis a acheté :
– 12 assiettes à 3 € pièce,
– 12 verres à 2 € pièce.
Elle paie avec un billet de 100 €.

a) Quel est le prix des 12 assiettes ?

b) Quel est le prix des 12 verres ?

c) Combien Mme Dupuis a-t-elle dépensé en tout ?

d) Combien lui rendra-t-on ?

6 Reproduis ce quadrilatère sur du papier quadrillé. Quel est son nom ?

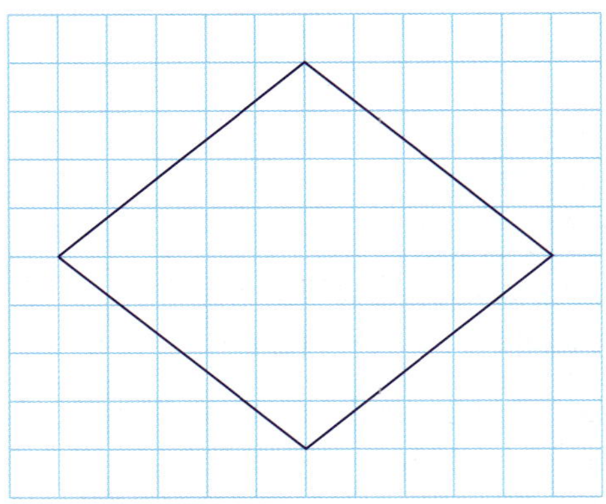

7 Dans son panier qui pèse 200 g, Stéphanie a placé une boîte de 1 kg de pâtes, 500 g de fraises et deux plaquettes de beurre de 250 g chacune.

- Quel est le poids du panier rempli ?

8 Trace, sur ton cahier, les segments dont on te donne la longueur.

EF : 5 cm et 5 mm *GH* : 11 cm et 6 mm
CD : 7 mm

9 Indique la figure qui correspond à cette description :

– C'est un polygone mais ce n'est pas un quadrilatère.

– Un des angles est un angle droit.

– Un côté mesure 35 mm.

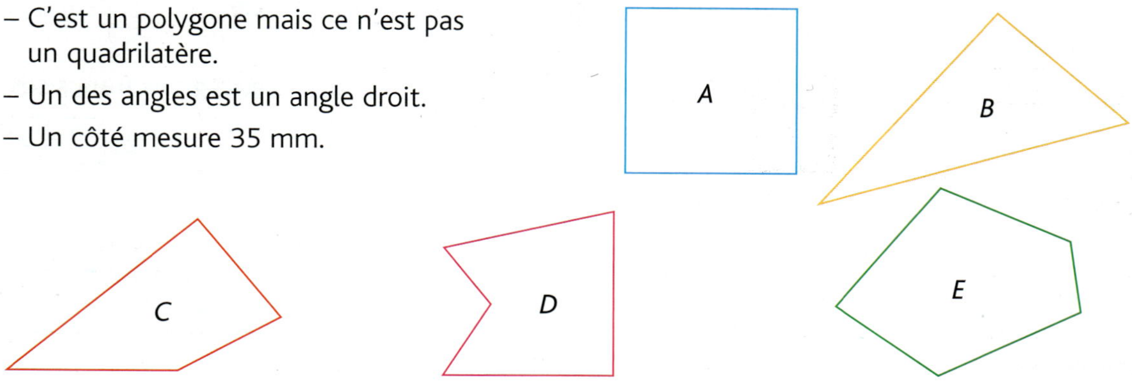

10 **a)** Établis la fiche de construction des figures ci-dessous. Utilise les mots :

trace – diagonale – carré – milieu – centre – demi-cercle – côté

b) Reproduis les figures.

①

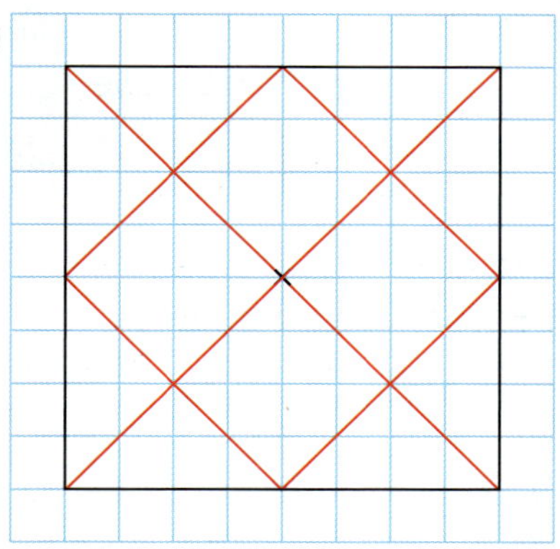

②

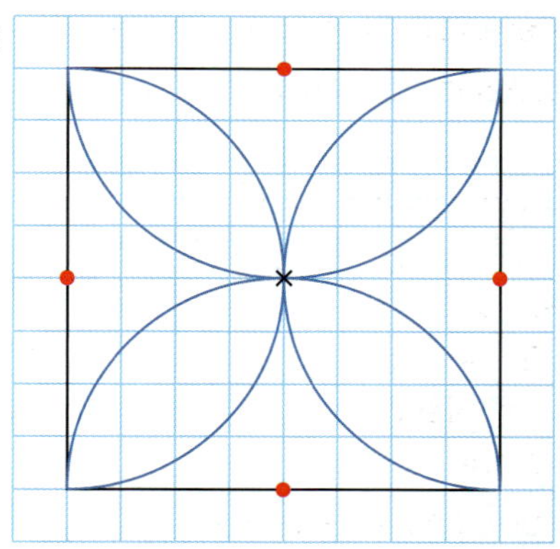

11 Une émission de télévision débute à 14 h 30 min et dure 25 min.

a) À quelle heure se termine-t-elle ?

b) Reproduis ces deux cadrans et ajoute les aiguilles pour représenter les heures de début et de fin de l'émission.

1 Les nombres de 0 à 10 000

Je découvre

1 La région Midi-Pyrénées se compose de 8 départements dont la superficie et la préfecture sont indiquées dans le tableau ci-dessous.

Département		Superficie en km^2	Préfecture
Ariège	09	4 892	Foix
Aveyron	12	8 735	Rodez
Haute-Garonne	31	6 310	Toulouse
Gers	32	6 257	Auch
Lot	46	5 216	Cahors
Hautes-Pyrénées	65	4 464	Tarbes
Tarn	81	5 738	Albi
Tarn-et-Garonne	82	3 718	Montauban

Les régions françaises

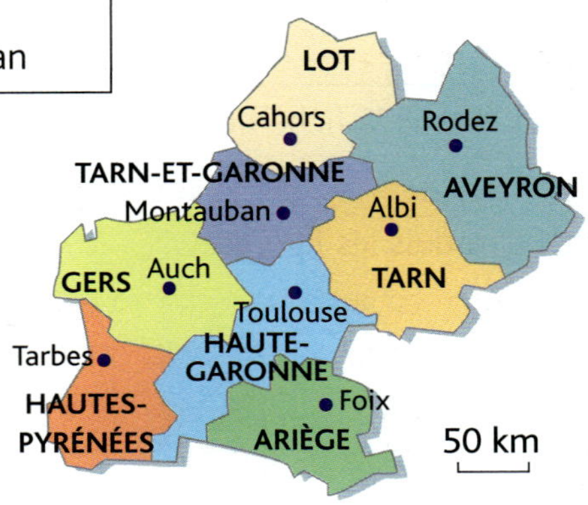

L'Ariège a une superficie de **4 892 km^2**.
On peut écrire le nombre 4 892 sous différentes formes :
– quatre mille huit cent quatre-vingt-douze,
– 4 000 + 800 + 90 + 2,
– (4 × 1 000) + (8 × 100) + (9 × 10) + 2.

On peut placer ce nombre dans un tableau :

classe des mille			classe des unités		
c	d	u	c	d	u
		4	8	9	2

8 est le chiffre des **centaines**.

48 est le nombre de **centaines**.

a) Écris sous différentes formes les nombres représentant les superficies de l'Aveyron, de la Haute-Garonne, du Gers et du Lot.
Place ces nombres dans un tableau.

b) Range les départements du plus petit au plus étendu.

Je m'entraîne

2 Recopie et complète.

5 824 = … + 800 + 20 + …
9 700 = (9 × …) + (… × …)
6 133 = (6 × …) + (1 × …) + (… × 10) + …
5 746 = (… × …) + (… × …) + (… × …) + …
4 209 = (… × …) + (… × …) + …

3 Écris les nombres en lettres.

2 051 — 585 — 4 060 — 924 — 8 100 — 7 903 — 397 — 3 008 — 6 405

Jouer avec les nombres

Calculer : 2 + 3, 20 + 30, 200 + 300, 102 + 3.

4 Recopie et complète.

6 000 + 500 + 20 + 6 = …
7 000 + 50 + 100 + 3 = …
17 + 200 + 80 + 1 000 = …
4 000 + 50 + 8 = …
(3 × 100) + (4 × 1 000) + (5 × 10) + 2 = …
(9 × 100) + (0 × 1 000) + 9 = …

5 Recopie et complète.

7 214 : … est le chiffre des centaines.
… est le nombre de centaines.
5 068 : … est le chiffre des unités.
… est le nombre d'unités.
3 170 : … est le chiffre des dizaines.
… est le nombre de dizaines.

6 Recopie et complète avec le signe $>$ ou le signe $<$.

8 737 … 7 148
9 236 … 9 167
6 700 … 6 699
8 002 … 8 063

2 000 + 700 + 10 + 8 … 2 000 + 1 000
400 + 20 + 5 000 + 3 … 33 + 5 000 + 200
8 136 + 100 … 7 425 + 1 000
(3 × 1 000) + (5 × 100) … (80 × 10) + 3 000

7 Voici des nombres : 9 286, 8 873, 3 812, 7 853, 8 002, 2 750, 10 000, 4 527.

a) Recopie ceux dont le chiffre des **milliers** est **8**.
b) Recopie ceux dont le chiffre des **unités** est **2**.
c) Recopie ceux dont le chiffre des **centaines** est **0**.

8 Recopie et complète avec un nombre qui convient.

$5\,748 < \dots < 7\,239$
$2\,924 < \dots < 3\,000$
$6\,100 < \dots < 6\,200$

9 Écris les nombres en chiffres.

cinq cent dix-sept
trois cent quatre-vingt-dix-neuf
mille deux cents
sept mille trois

10 Recopie et complète avec le nombre juste avant et celui juste après.

$\dots < 6\,124 < \dots$
$\dots < 8\,210 < \dots$
$\dots < 5\,899 < \dots$

11 Recopie et complète la grille.

Horizontalement

A : le nombre juste avant 850 ; le plus grand nombre à un chiffre
B : (5 × 1 000) + (7 × 100) + (6 × 10) + 4
C : 2 dizaines ; je suis compris entre 80 et 90, la somme de mes chiffres est 10
D : le plus petit nombre à un chiffre ; (7 × 100) + (4 × 10)
E : 30 centaines + 70 unités

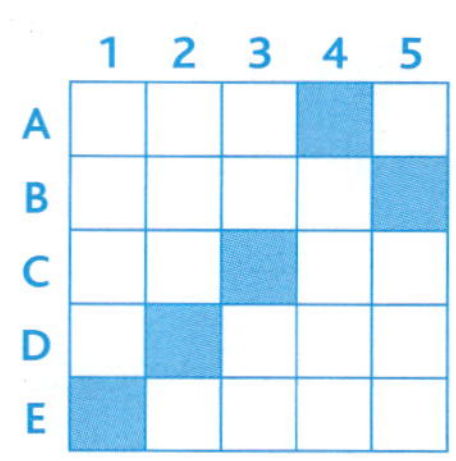

Verticalement

1 : huit mille cinq cent vingt
2 : le nombre juste après 469 ; 3 unités
3 : 80 + 16 ; 60 + 10
4 : « J'ai 47 unités et j'ai une centaine de plus que je n'ai d'unités. »
5 : 100 − 91 ; 2 centaines

2 Les relations entre les nombres

Je découvre

1 Des enfants jouent à un jeu avec un dé et une grille comportant des cases **bleues**, **vertes**, **jaunes** et **rouges**, numérotées de 1 à 300.

Voici la règle : on lance le dé et on avance du nombre de cases correspondant au nombre indiqué par le dé.

Exemple :  on avance de 3 cases.

- Si on tombe sur une case **verte**, on y **reste**.
- Si on tombe sur une case **rouge**, on se place sur la case portant le nombre **double** de celui de la case rouge.
- Si on tombe sur une case **jaune**, on se place sur la case portant le nombre **triple** de celui de la case jaune.
- Si on tombe sur une case **bleue**, on se place sur la case portant le nombre **quadruple** de celui de la case bleue.

Voici le début de la grille :

1	2	3	4	5	6	7	8	9	10	11	12	13	14	15	16	17	18
19	20	21	22	23	24	25	26	27	28	29	30	31	32	33	34	35	36

a) Le jeu commence :

Paul a fait 2, il avance à la case n° 2, qui est bleue.

$2 + 2 + 2 + 2 = 8$ $(4 \times 2 = 8)$, il avance à la case n° 8, qui est rouge.

$8 + 8 = 16$ $(2 \times 8 = 16)$, il avance à la case n° 16, qui est verte.

Il s'arrête.

Félix a fait 4, Karine a fait 6, Hélène a fait 5.

- Qui est en tête à la fin de ce premier tour ?
- Classe les enfants par ordre, du premier au dernier.

b) Deuxième tour :

Paul a fait 2 et, au 3ᵉ bond, se retrouve sur une case verte.

- Quel numéro porte cette case ?

Félix a fait 6 et termine sur la case verte qui porte le n° 80.

- Quelle est la couleur de la case n° 40 ?

Karine a fait 1 et Hélène 5.

- Laquelle des deux est devant l'autre ?

Jouer avec les nombres

Écrire en lettres : 1 070, 9 087, 4 196, 5 012.

2 Reproduis les figures ci-dessous et complète pour que la somme des nombres de chaque carré soit égale à 100.

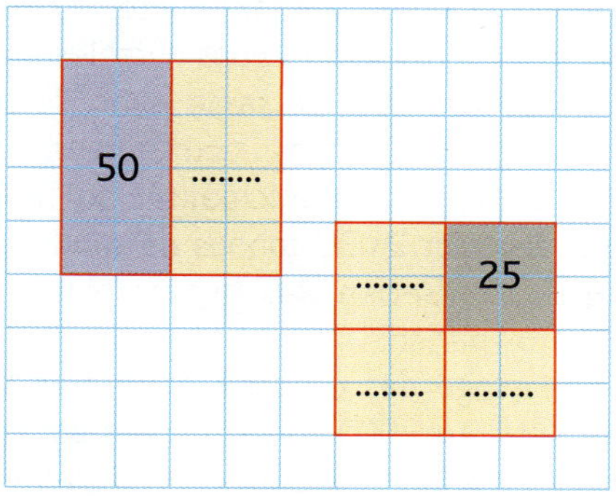

3 Ce petit carré représente le nombre 25 :

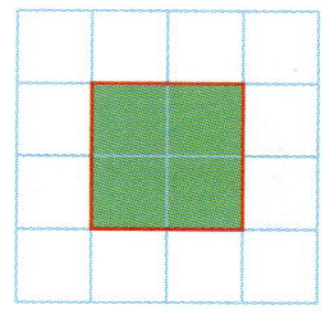

a) Représente à l'aide de carrés les nombres : 50, 100, 75, 150.

b) Combien de carrés faudrait-il pour représenter le nombre 300 ?

4 Trouve le quadruple des nombres 20, 50, 70, 12, 18. Pour cela, utilise un arbre.

Exemple : 25 + 25 + 25 + 25

50 + 50

100

5 Observe le calcul puis complète.

15 + 15 = 30

150 + 150 = 300

25 + 25 = …	50 + 50 = …
250 + 250 = …	500 + 500 = …
3 × 25 = …	4 × 15 = …
3 × 250 = …	4 × 150 = …

6 **Devinettes.**

a) Je prends le triple du nombre auquel je pense et j'enlève 1. J'obtiens 14.

- À quel nombre ai-je pensé ?

b) Je double un nombre puis je double le nombre obtenu. J'obtiens 32.

- Quel était le premier nombre ?

7 Chez le libraire, Amélie choisit un stylo. Sa maman lui dit : « Il est trop cher, son prix est le double de celui-ci. » Elle achète donc le stylo à 6 € choisi par maman.

- Quel était le prix du stylo choisi par Amélie ?

JE RETIENS

- **Le double** d'un nombre est égal à deux fois ce nombre : le double de 25 est 50 ; le double de 15 est 30.
- **Le quadruple** d'un nombre est égal à quatre fois ce nombre ou à deux fois son double : le quadruple de 25 est 100 ; le quadruple de 15 est 60.
- **Le triple** d'un nombre est égal à trois fois ce nombre : le triple de 25 est 75 ; le triple de 15 est 45.

3

ATELIER PROBLÈMES

Je prélève des informations (1)

1 Voici les horaires d'été de la mairie et de la piscine.

● **MAIRIE**
En juillet et août, les services de la mairie seront fermés au public le mercredi toute la journée.
Ouverture :
lundi, mardi, jeudi de 9 h à 12 h et de 13 h 30 à 18 h,
le vendredi de 9 h à 12 h et de 13 h 30 à 19 h,
le samedi de 9 h à 12 h.

● **PISCINE**
Mardi de 10 h à 12 h et de 14 h 30 à 19 h 30.
Mercredi de 14 h 30 à 19 h 30.
Jeudi de 10 h à 13 h 15 et de 14 h 30 à 19 h 30.
Vendredi de 10 h à 12 h et de 14 h 30 à 22 h.
Samedi de 12 h à 19 h 30.
Dimanche de 10 h à 13 h et de 15 h à 19 h.

a) Quels sont les horaires d'ouverture de la mairie le mardi ?

b) Quel est le jour où la piscine ferme à 22 h ?

c) Combien d'heures la piscine est-elle ouverte dans la semaine ?

2 **Le tourisme à Bandol**

À Bandol, petite ville du Var qui passe de 6 500 habitants l'hiver à 35 000 l'été, la commune doit dépenser des sommes considérables pour que l'accueil des touristes se fasse dans de bonnes conditions. Les touristes coûteraient environ 600 000 euros à la municipalité, qui doit, par exemple, déverser 2 000 tonnes de sable neuf sur les plages. L'entretien des quatre plages coûte 15 000 euros par an.

Le ramassage des ordures ménagères revient, pendant l'été, à 45 000 euros supplémentaires.
Les services publics également doivent faire face à cette « invasion » ; pour le cas de Bandol, par exemple, le nombre des agents des postes passe de 22 en hiver à 32 en été.

a) Combien coûte l'entretien des plages chaque année ?

b) De combien d'habitants la population augmente-t-elle pendant l'été ?

c) Combien de personnes supplémentaires la Poste doit-elle recruter l'été ?

3 **Mode de nourriture de quelques animaux**

L'animal	Sa masse	Ses aliments	Nourriture consommée par jour (boissons comprises)
La baleine	50 tonnes	Crevettes	1,5 tonne
La taupe	50 grammes	Vers de terre Insectes Petits rongeurs	50 grammes
L'oiseau-mouche	3 grammes	Nectar (liquide sucré des fleurs)	8 grammes
L'homme	60 kilogrammes	(1)	3 kilogrammes

(1) Tu saurais bien sûr remplir cette case du tableau.

a) Quel animal consomme l'équivalent de sa masse chaque jour ?

b) Quel est l'animal qui consomme la plus grande quantité de nourriture par rapport à sa masse ?

c) Quelle est la quantité de nourriture consommée par un homme en une semaine ? en un mois ? en un an ?

4 Le tableau ci-dessous te donne le hit-parade du 4 mai 2003.

Classement actuel	Chanteur	Titre	Classement précédent	Meilleur classement
1	B2K	Bump Bump Bump	2	1
2	BLUE	Sorry Seems To Be...	3	1
3	INDOCHINE	Le grand secret	4	3
4	KYO	Dernière danse	5	2
5	JUSTIN TIMBERLAKE	Cry Me a River	9	5
6	PINK	Just Like a Pill	7	1
7	GARETH GATES	Unchained Melody	6	5
8	SHAGGY	Hey Sexy Lady	8	8
9	JUNIOR SENIOR	Move your feet	11	10
10	SHANIA TWAIN	Ka-ching !	12	10
11	MADONNA	American Life	13	11
12	FLORENT PAGNY	Ma liberté de penser	15	12

Source : Hit Télépoche

a) Quel est le classement du titre de Florent Pagny, *Ma liberté de penser*, le 4 mai 2003 ?

b) A-t-il gagné ou perdu des places au classement ? Combien ?

c) Quel est le nom du chanteur dont le titre est resté à la même place du classement ?

d) Quel est le nom du chanteur qui a gagné le plus de places ?

e) Combien de chanteurs obtiennent leur meilleur classement le 4 mai 2003 ?

---

5 Après avoir étudié ces deux cartes, dresse une liste des informations que tu peux obtenir.

Les grandes régions françaises

Part du sol occupée par la forêt

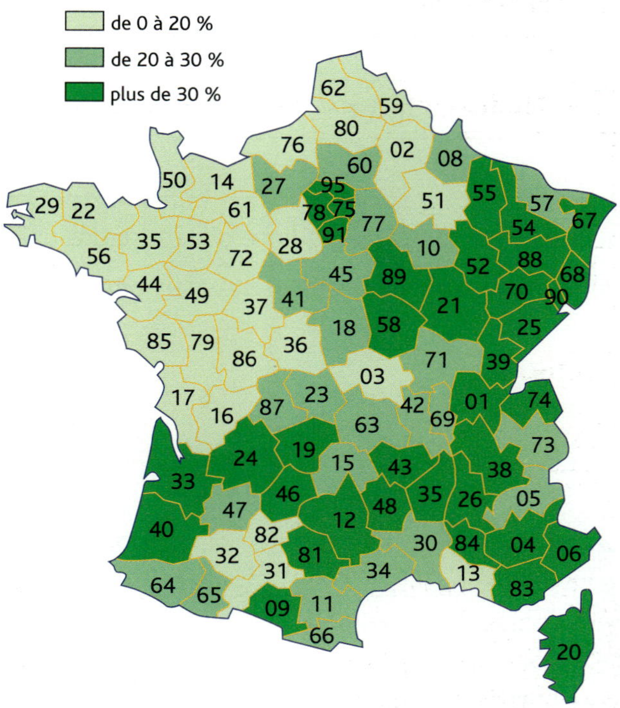

4 Représenter des solides

Je découvre

1 Observe ces objets.

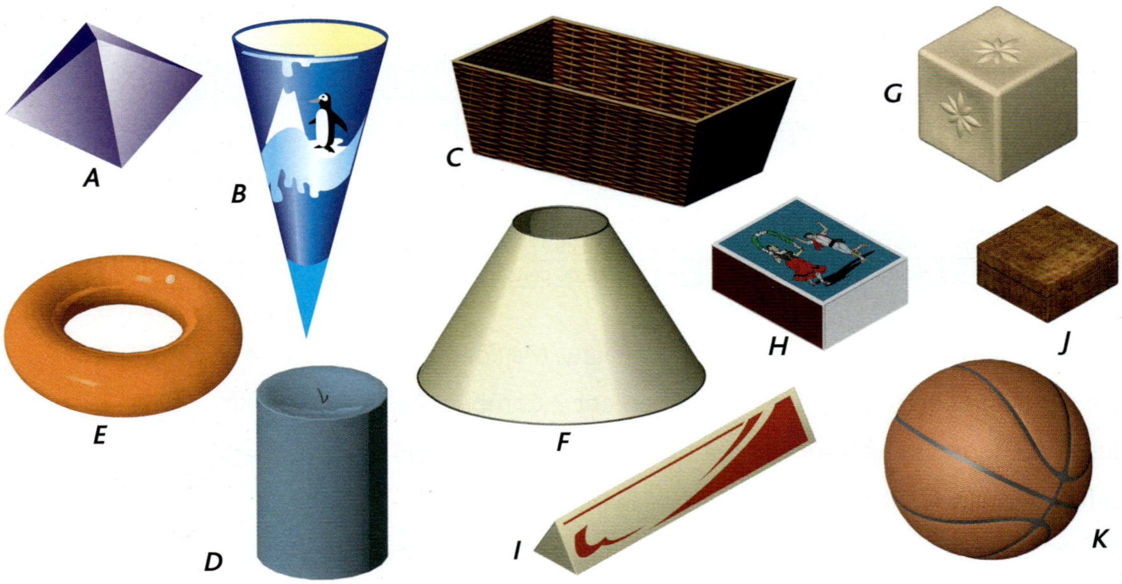

a) Trie ces objets en trois familles :
– ceux dont toutes les faces sont planes ;
– ceux qui n'ont aucune face plane ;
– ceux qui ont des faces planes et d'autres qui ne le sont pas.

b) Voilà la fiche d'identité de l'objet *G*, qui est un cube.

Nombre de faces	Nombre de sommets	Nombre d'arêtes	Forme des faces
6	8	12	carrée

- Établis sur ton cahier la fiche d'identité des objets : *A, C, H, I, J*.

c) Parmi les solides ci-dessus, lesquels ont pu laisser ces empreintes ? Recopie et complète le tableau.

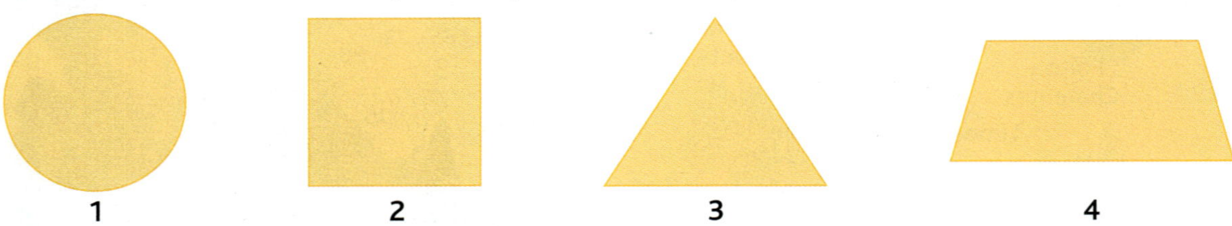

empreintes	1	2	3	4
solides	…	…	…	…

d) Dessine sur ton cahier toutes les empreintes laissées par le solide *C*.

Jouer avec les nombres

Écrire en chiffres : trois milliers et vingt-quatre unités, sept milliers et deux dizaines, trois milliers et quatre-vingt-seize unités.

Je m'entraîne

2 Ce dessin représente un patron de l'objet *H*.

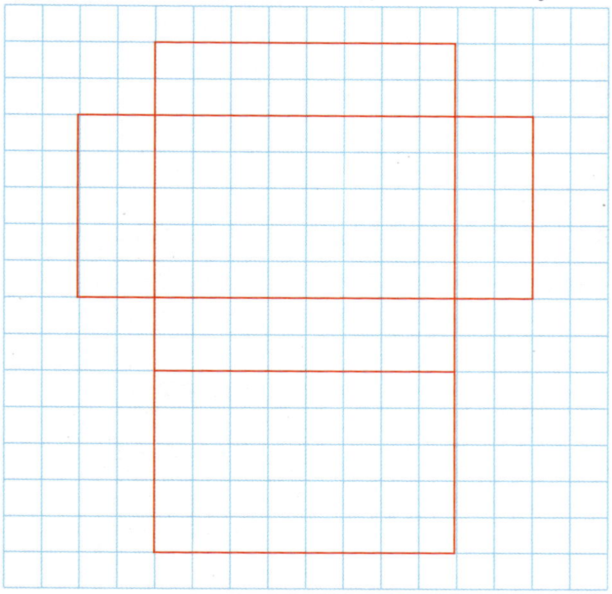

a) Reproduis ce patron sur du papier quadrillé. Découpe-le et assemble-le avec du ruban adhésif pour obtenir le solide *H*.

b) Dessine un patron du cube *G* sur du papier quadrillé et assemble-le (comme tu as fait pour *H*).

3 Observe ces représentations :

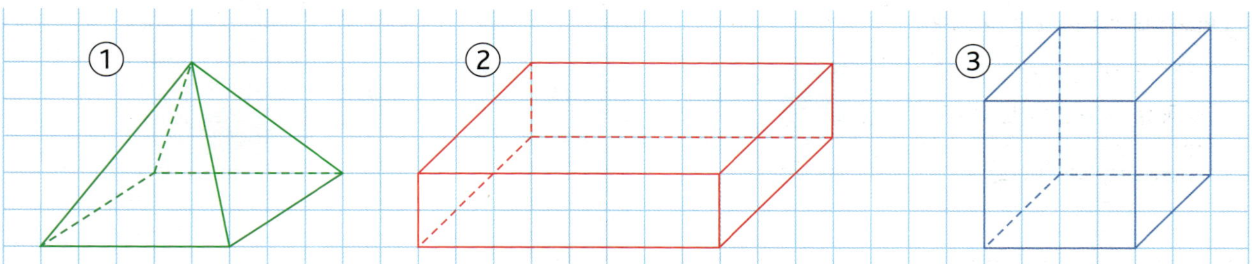

a) À quels objets de l'exercice 1 correspondent-elles ? Pourquoi a-t-on utilisé des pointillés ?

b) Représente de la même façon les solides *I* et *J*.

4 Reproduis sur du papier quadrillé.

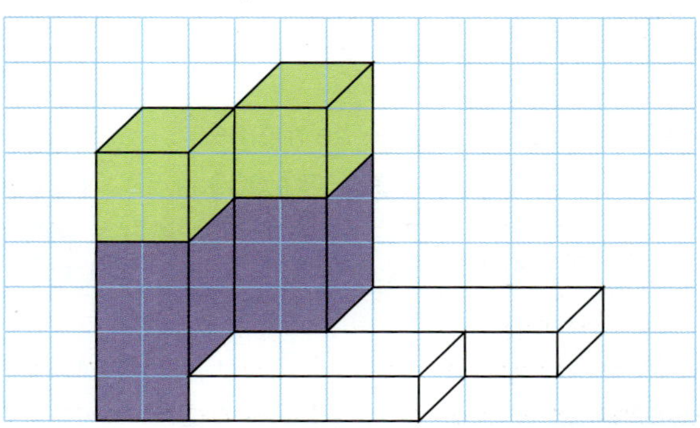

5 Additionner des nombres entiers

Je découvre

1 Dans un atelier de poterie, on fabrique des vases et des coupes.
Au cours d'une semaine, l'atelier a fonctionné pendant quatre jours et fabriqué le nombre d'objets suivant :

	Lundi	**Mardi**	**Mercredi**	**Jeudi**
Vases	254	228	230	242
Coupes	108	96	102	119

Pour calculer le nombre total d'objets fabriqués chaque jour, on a utilisé différentes méthodes :

lundi

$$\begin{array}{r} {}^{1} \\ 254 \\ +\ 108 \\ \hline 362 \end{array}$$

mardi

228 + 96
= 228 + 100 – 4
= 328 – 4 = 324

mercredi

230 + 102
= 230 + 100 + 2
= 332

jeudi

2 4 2 + 1 1 9
3 0 0 + 5 0 + 1 1
3 5 0 + 1 1
3 6 1

a) Combien de vases a-t-on fabriqués au total ?
b) Combien de coupes a-t-on fabriquées au total ?
(Utilise la méthode qui te paraît la plus facile.)

Je m'entraîne

2 Pose et effectue les opérations ci-dessous *(attention aux retenues)*.

125 + 314 = …
827 + 156 = …
854 + 96 = …
973 + 479 = …
2 151 + 3 246 = …
2 317 + 436 = …

3 Observe l'exemple et calcule de même.

1 527 + 839 = (1 000 + 500 + 20 + 7) + (800 + 30 + 9)
= 1 000 + 500 + 800 + 20 + 30 + 7 + 9
= 1 000 + 1 300 + 50 + 16
= 2 366

428 + 749 = …
824 + 657 = …
4 712 + 2 906 = …
328 + 1 215 = …
2 128 + 3 726 = …
4 153 + 2 030 = …

Jouer avec les nombres

Calculer : 8 + 7, 80 + 70,
180 + 70, 980 + 70.

4 Calcule comme dans l'exemple.

58 + 37 = 58 + 2 + 35
= 60 + 35
= 95

29 + 53 = …

36 + 28 = …

127 + 26 = …

425 + 135 = …

1 226 + 528 = …

5 Julie a entouré le résultat de l'addition 708 + 579 sans faire l'opération.

708 + 579	**1 287** (entouré)	1 627	1 147

Voici comment elle a fait.
708 est proche de 700, 579 est proche de 600.
Donc 708 + 579 est proche de 1 300.

- De la même façon, trouve le résultat des opérations suivantes sans les poser.

829 + 517	1 426	1 346	2 036
1 238 + 2 749	3 987	2 487	4 127
4 933 + 2 106	6 439	5 139	7 039

6 Quel nombre faut-il ajouter à 527 pour obtenir 1 214 ? Observe le calcul ci-dessous.

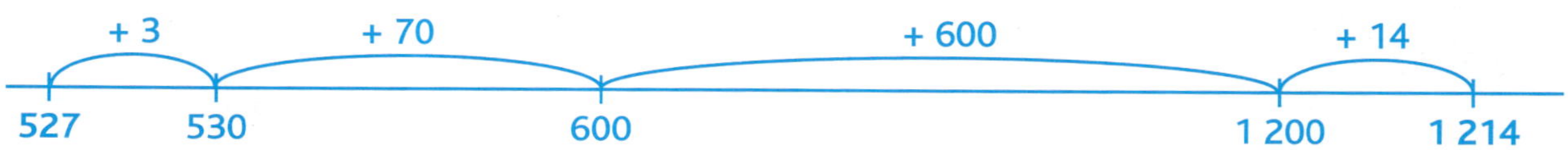

3 + 70 + 600 + 14 = 687

527 + 687 = 1 214

- Calcule de la même façon :

78 + … = 207 839 + … = 1 224 781 + … = 856

7 Calcule en utilisant un arbre, comme dans l'exemple.

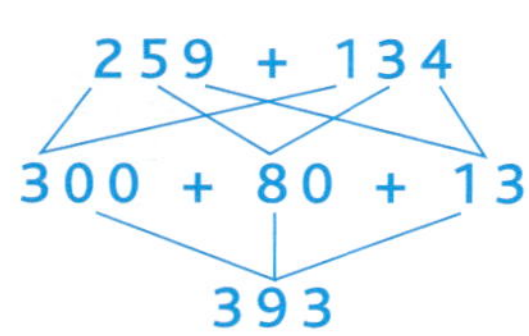

658 + 417 = … 2 126 + 3 458 = …

349 + 826 = … 2 142 + 1 525 = …

8 **Problèmes**

a) Pour payer 121 €, M. Martin donne 150 €.

- Combien lui rend-on ?

b) Un automobiliste a fait la vidange de sa voiture. Le compteur indiquait 13 624 km.
Sur la facture, le garagiste lui indique :
« Prochaine vidange dans 15 000 km. »

- Combien de kilomètres y aura-t-il au compteur lors de la prochaine vidange ?

9 Quelle économie fait un client qui achète ces deux vêtements en solde ?

SOLDES

~~26 €~~ **18 €**

~~69 €~~ **53 €**

10 Quatre enfants : Pierre, Claude, Éloïse et Claire, mettent leur argent en commun.
Pierre a 6 €, Claude a 2 € de plus que Pierre, Éloïse a la même somme que Pierre, Claire a 3 € de plus que Claude.

- Pourront-ils acheter une maquette d'avion qui coûte 32 € ?

6 ÉTAPE 1

1 Recopie :

– en **vert** les nombres qui sont des doubles,
– en **rouge** ceux qui sont des triples,
– en **bleu** ceux qui sont des quadruples.

0	1	2	3	4	5	6	7	8	9
10	11	12	13	14	15	16	17	18	19
20	21	22	23	24	25	26	27	28	29

2 Léa double ses économies tous les mois. À la fin du mois de janvier, elle possédait 3 €.

• Combien possédera-t-elle à la fin du mois d'août ?

3 Écris en chiffres et en lettres tous les nombres de 3 chiffres que tu peux former avec les chiffres ci-dessous sans utiliser 2 fois le même chiffre.

2 8 4

4 **a)** Trouve le nombre de 4 chiffres dont le chiffre des unités est 4 et qui possède 463 dizaines.

b) Quel est le plus petit nombre de trois chiffres que l'on peut écrire sans utiliser le zéro ?

5 Range les nombres ci-dessous du plus petit au plus grand.

a) 4 367 4 361 4 298 4 309

b) 6 400 6 501 6 199 7 306

6 Que voit-on quand on regarde l'objet par-dessus ? Reproduis le bon dessin sur du papier quadrillé.

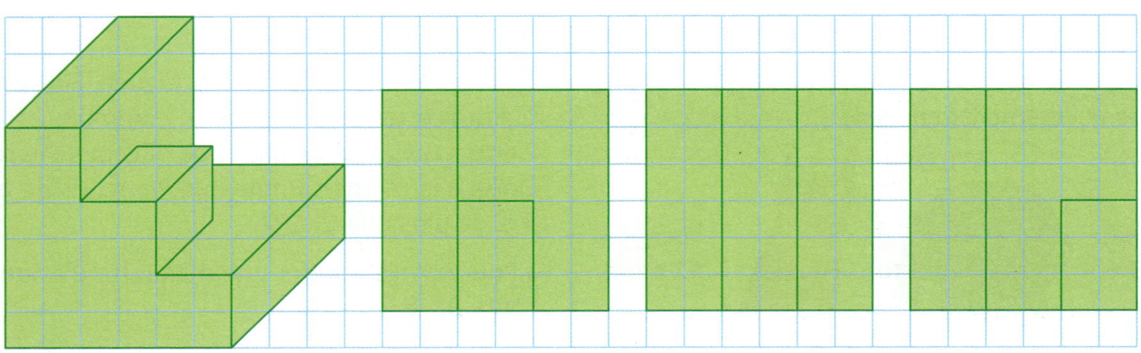

7 Les animaux et leurs petits

animal	nombre de petits par portée	nombre de portées par an	durée de gestation en jours
vache	1 à 2	1	280
chat	3 à 6	2	60
cheval	1 à 2	1	335
chèvre	2 à 3	1 à 3	150
chien	2 à 15	2	65
cobaye	2 à 6	2 à 3	60
hamster	4 à 18	2 à 3	20
lapin	10 à 15	6 à 7	30
mouton	1 à 2	1	150
souris	4 à 10	4 à 6	21

a) Quel est l'animal dont la durée de gestation est la plus longue ?

b) Combien de petits une chatte peut-elle avoir, au maximum, par an ?

c) Quel animal peut avoir le plus grand nombre de petits par an ?

8

Reproduis ce tableau et colorie de la même couleur le nombre, son double, son triple et son quadruple.
Attention aux intrus !

5	36	41	12
18	24	14	9
33	15	4	13
7	16	27	10
39	26	20	21
8	28	52	17

9

Mme Dupuis va faire les courses.
Elle a 34 € et dépense 17 € chez le boucher puis 8 € chez le pâtissier.

- Lui reste-t-il assez d'argent pour acheter un roman qui coûte 9 € ?

	oui	pas encore
1 / 2 Je sais utiliser les relations entre les nombres.		
3 Je sais écrire les nombres en chiffres et en lettres.		
4 Je sais reconnaître le chiffre des unités, le nombre d'unités...		
5 Je sais ranger les nombres.		
6 Je sais représenter des solides.		
7 Je sais prélever des informations dans un tableau.		
8 Je sais reconnaître le double, le triple et le quadruple d'un nombre.		
9 Je sais résoudre des problèmes additifs.		

7 Utiliser la calculette (1)

Je découvre

1

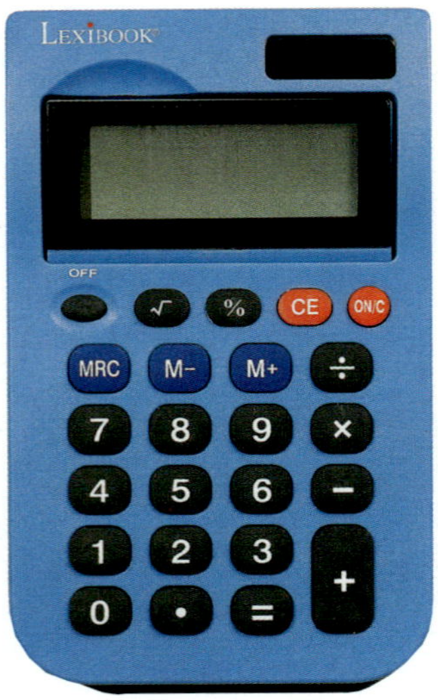

- ON/C : mise en marche de la calculette
- OFF : arrêt de la calculette
- 7 8 9 4 5 6 1 2 3 0 : chiffres
- CE : effaçage du dernier nombre (en cas d'erreur)
- × : multiplication
- ÷ : division
- = : affichage du résultat
- + : addition
- − : soustraction

a) Affiche les nombres ci-dessous sur ta calculette. Après avoir affiché chaque nombre, appuie sur la touche CE ou sur la touche ON/C pour l'effacer.

70 999 1 358 2 034 6 899 7 001

b) Recopie et complète le tableau suivant.

J'appuie sur	CE ou ON/C	8	3	4	+	1	8	9	=
Je lis	...	...	...	...	...	...	...	...	...

- Quel calcul viens-tu de faire avec ta calculette ?

c) Effectue de la même façon les calculs ci-dessous.

1 314 + 6 685 = ... 1 385 – 627 = ... 123 + 8 211 + 1 321 = ...

1 008 + 3 854 = ... 9 525 – 3 718 = ... 3 927 + 6 684 + 9 827 = ...

2 Autour de Fleurville, il y a 4 communes : Fleurville, Saint-Jean, Ponteuil et Valcourt. Le tableau indique le nombre de femmes et d'hommes habitant dans chaque commune.

	femmes	**hommes**	**total**
Fleurville	1 231	1 076	...
Saint-Jean	728	843	...
Ponteuil	2 524	2 132	...
Valcourt	4 116	4 017	...
total	...	...	...

a) Avec ta calculette, calcule :
– le nombre d'habitants dans chaque commune,
– le nombre total d'hommes et de femmes.

b) Calcule de deux façons le nombre total d'habitants.

Jouer avec les nombres

Compléter : 230 + ... = 300,
950 + ... = 1 000, 3 500 + ... = 4 000,
4 200 + ... = 5 000, 8 500 + ... = 10 000.

Je m'entraîne

3 Affiche les nombres ci-dessous sur l'écran de ta calculette puis écris-les sur ton cahier.

Le plus petit nombre de 3 chiffres.
Le plus grand nombre de 4 chiffres.
Le plus petit nombre de 5 chiffres.
Le plus grand nombre possible.

- Combien de chiffres a ce dernier nombre ?

4 Calcule mentalement puis vérifie les résultats avec ta calculette.

100 + 30 + 25 = ...

30 + 55 + 4 – 3 = ...

18 – 5 + 6 + 33 – 10 = ...

106 + 21 + 34 + 9 = ...

5 **a)** Appuie sur les touches :

[9] [+] [3] [=]

- Quel est le résultat affiché sur l'écran ?

b) Appuie à nouveau sur la touche [=].

- Que lis-tu ?

c) Recommence plusieurs fois et note les résultats. Quelle opération fais-tu quand tu appuies sur la touche [=] ?

d) Utilise cette réponse pour calculer :

125 + 272 + 272 + 272 + 272

6 **a)** Appuie sur les touches :

[9] [7] [–] [7] [=]

- Note le résultat affiché sur l'écran.

b) Comme dans l'exercice 5, sans effacer le résultat, appuie plusieurs fois sur la touche [=].

- Note le résultat chaque fois.
- Que constates-tu ?

c) Calcule ainsi :

1 289 – 72 – 72 – 72 – 72 – 72

7 Pour calculer la somme 1 192 + 8 104, Émilie a utilisé sa calculette. Elle a trouvé 9 296. Pour éviter les erreurs, elle a contrôlé les nombres affichés sur l'écran et a vérifié son calcul de la façon suivante :

1 192 est voisin de 1 200 ; 8 104 est voisin de 8 100.
La somme est un nombre voisin de 1 200 + 8 100 = 9 300.
1 192 est terminé par 2 ; 8 104 est terminé par 4. La somme doit être terminée par 6.

- Calcule les sommes suivantes et vérifie le résultat de la même façon.

228 + 706 = ... 1 289 + 2 375 = ... 4 183 + 5 205 = ...

8 Au supermarché, M. Thomas a acheté pour ses enfants :

– 3 pulls à 14 € pièce,
– 5 pantalons à 21 € pièce,
– 1 blouson à 77 €,
– 2 robes à 18 € pièce.

- Recherche avec ta calculette combien il va payer.

8 Mesurer des longueurs (1)

Je découvre

1 Le segment *DC* mesure 12 centimètres, ou 1 décimètre et 2 centimètres :

12 cm ou 1 dm 2 cm.

Le segment *AD* mesure 4 centimètres et 7 millimètres, ou 47 millimètres :

4 cm 7 mm ou 47 mm.

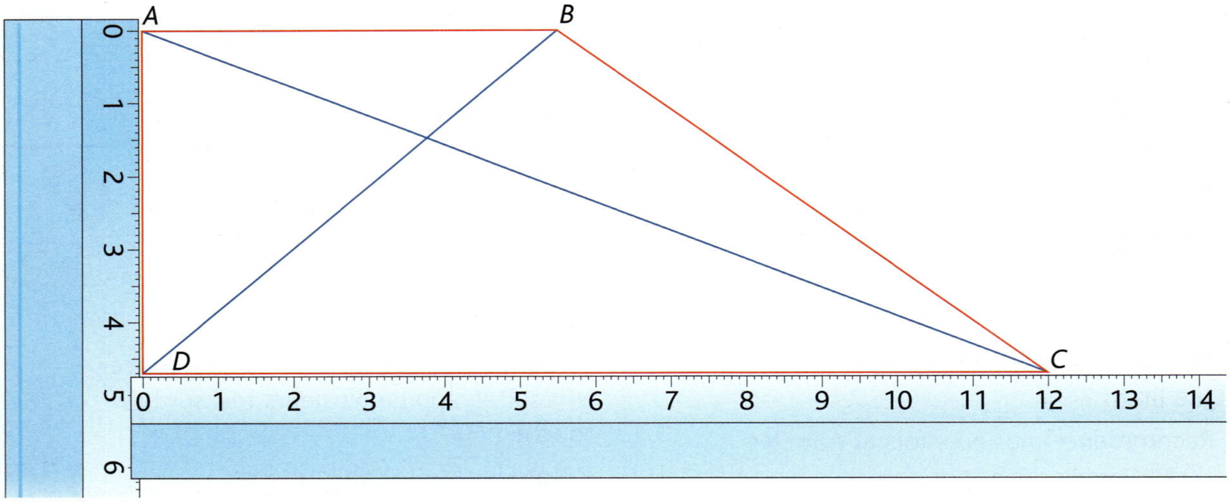

• Mesure la longueur des segments *AB*, *AC* et *BD*. Indique ces longueurs en utilisant les décimètres, les centimètres, les millimètres.

---

2 Mme Martin veut acheter 3 m et 20 cm de tissu.

Pour mesurer cette longueur, le vendeur utilise une règle de bois mesurant 1 mètre.

a) Explique comment fera le vendeur pour mesurer la longueur du tissu.

b) Recopie et complète.

3 m 20 cm = … cm   1 m 5 dm = … dm   6 m 43 cm = … cm   2 m 50 cm 7 mm = … mm

c) Reporte les mesures ci-dessus dans le tableau, après l'avoir recopié.

m	dm	cm	mm
…	…	…	…
…	…	…	…
…	…	…	…
…	…	…	…

Jouer avec les nombres

Calculer : 50 + 30 + 5, 20 + 40 + 7, 50 + 6 + 40, 8 + 40 + 60.

Je m'entraîne

3 Trace sur ton cahier les segments dont les longueurs sont indiquées dans le tableau.

segments	mesure
AB	1 dm 3 cm
CD	85 mm
EF	7 cm 8 mm
GH	1 dm 35 mm
IJ	6 cm 8 mm
KL	9 cm 3 mm

4 Recopie et complète le tableau.

mesure en m	mesure en dm	mesure en cm
1 m 2 dm 4 cm	12 dm 4 cm	124 cm
…	…	14 cm
…	7 dm 9 cm	…
…	16 dm 3 cm	…
2 m 4 dm	…	…
1 m 45 cm	…	…
…	…	154 cm
…	50 dm	…

5 Les élèves de CM1 ont fait du saut en longueur. Voici quelques résultats :

François : 2 m 95 cm
Vincent : 2 m 32 cm
Émilie : 2 m 93 cm
Nicolas : 2 m 98 cm
Olivier : 3 m 12 cm

- Classe les enfants selon leurs performances.

6 Observe comment est placé le double décimètre.

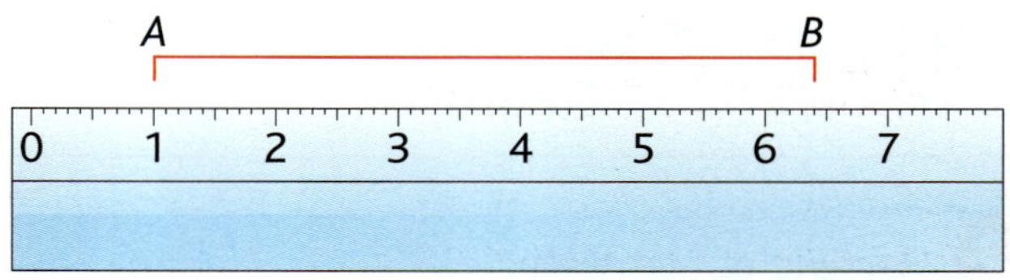

- Quelle est la longueur du segment *AB* ?

7 Mesure la longueur de la ligne brisée **bleue** et celle de la ligne brisée **rouge**.

a) Quelle est la plus longue ?

b) Combien mesure le segment le plus court pour aller de *A* à *B* ?

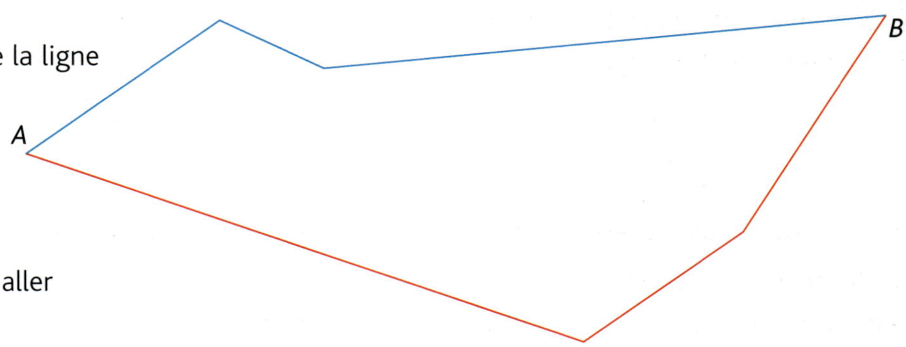

JE RETIENS

L'unité principale de mesure des longueurs est le **mètre**.

Nom	mètre	décimètre	centimètre	millimètre
Écriture simplifiée	m	dm	cm	mm

1 m = 10 dm = 100 cm = 1 000 mm   1 dm = 10 cm = 100 mm   1 cm = 10 mm

9 Calculer des différences

Je découvre

1 Le roi Louis XIV est né en 1638 et mort en 1715.
Pour trouver l'âge qu'il avait quand il est mort, on peut utiliser trois méthodes différentes.

méthode 1

```
  1 638
+ . 77
  1 715
```

1 715 – 1 638 = 77

méthode 2

+ 2 : 1 638 → 1 640 ; + 60 : 1 640 → 1 700 ; + 15 : 1 700 → 1 715

2 + 60 + 15 = 77

1 715 – 1 638 = 77

méthode 3

– 15 : 1 715 → 1 700 ; – 50 : 1 700 → 1 650 ; – 10 : 1 650 → 1 640 ; – 2 : 1 640 → 1 638

15 + 50 + 10 + 2 = 77

1 715 – 1 638 = 77

• Calcule, en utilisant les 3 méthodes, les différences entre les nombres ci-dessous :

948 et 139   1 248 et 957   13 524 et 526   8 239 et 6 524   1 249 et 835   2 624 et 3 500

Je m'entraîne

2 Recopie et complète.

```
  7 224      6 521       ....      3 117      9 112       ....
+ ....     + ....     + 4 138    + ....     + ....     + 3 711
  9 103      8 930      6 205     10 000      9 740      8 006
```

3 Recopie et complète.

728 … 730 … 800 … 1 700 … **1 734**

… + … + … + … = […]   1 734 – 728 = […]

5 325 (+ 5) … (+ 70) … (+ 600) … (+ 1 000) … (+ 800) … (+ 78) **7 878**

… + … + … + … + … + … = […]   7 878 – 5 325 = […]

4 Recopie et complète.

1 738 … 1 730 … 1 700 … 1 000 … 930 … **926**

926 + … + … + … + … + … = 1 738

4 939 … 4 900 … 4 000 … 3 000 … 2 200 … 2 130 … **2 121**

2 121 + … + … + … + … + … + … = 4 939

Jouer avec les nombres

Calculer : 12 + 8, 22 + 38, 602 + 28, 462 + 18.

5 À 10 ans, Marc mesurait 129 cm. À 20 ans, il mesure 185 cm.

- De combien de centimètres a-t-il grandi en 10 ans ?

6 M. et Mme Dubois achètent deux articles. Ils étaient partis avec 70 €, ils reviennent avec 15 €. Ils ont payé un des articles 42 €.

- Quel est le prix du deuxième article ?

7 Mme Durand a 50 € dans son porte-monnaie. Elle achète un pack d'eau minérale à 4 €, des jus de fruits pour un total de 5 €, un rôti à 13 € et quatre paquets de cornets de glace à 3 € le paquet.

- Peut-elle encore s'offrir un bouquet à 15 € ?

8 M. Voisin profite des soldes pour s'acheter un vélo.

Il le paie 154 € au lieu de 200 €.

- Combien a-t-il économisé ?

9 Elsa, qui a 12 ans, a 3 ans de moins que Stéphanie.

a) Quel est l'âge de Stéphanie ?

b) Quelle est l'écriture qui correspond à ce problème ?

12 – 3 12 + 3 3 + … = 12

10 Mozart est né en 1756 et mort en 1791.

Beethoven est né 14 ans après Mozart et il est mort en 1827.

- Quel âge avaient Mozart et Beethoven quand ils sont morts ?

11 Quelle distance sépare Paris de Bordeaux ?

12 Voici l'altitude de quelques sommets français.

Les Alpes : le mont Blanc 4 808 m

Les Pyrénées : le pic d'Aneto 3 404 m

Le Massif central : le puy de Sancy 1 886 m.

- Quelle différence d'altitude y a-t-il entre le mont Blanc et le puy de Sancy ? le mont Blanc et le pic d'Aneto ? le pic d'Aneto et le puy de Sancy ?

10

Les solides

Je découvre

1 On a empilé des petits cubes pour obtenir un gros cube.

A *B* *C*

a) Combien de petits cubes faut-il pour obtenir le gros cube *A* ?

b) Combien de petits cubes a-t-on retirés à *A* pour obtenir *B* ?

c) Combien faudrait-il de petits cubes pour obtenir le pavé droit *C* ?

---

2 Recopie les figures ci-dessous sur du papier quadrillé, découpe-les et trouve celles qui représentent un patron de cube.

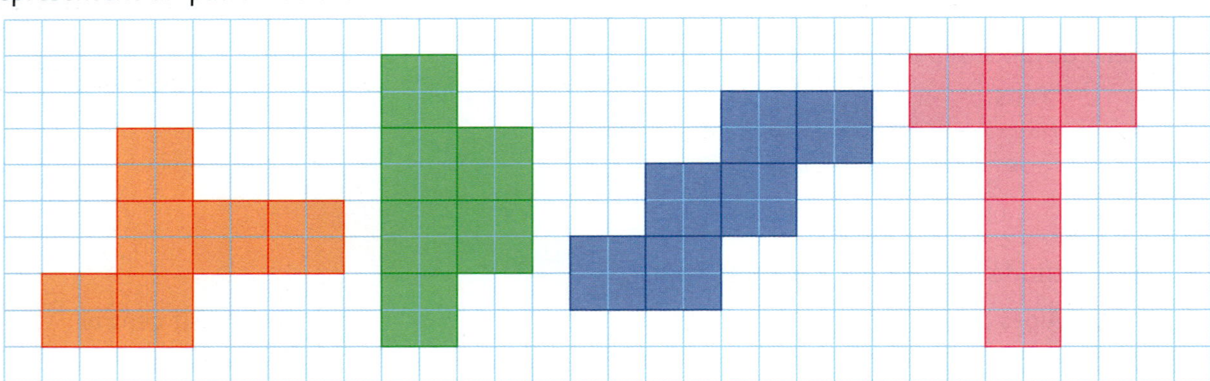

Je m'entraîne

3 Pierre a une boîte en forme de pavé droit. Il veut y ranger des petits cubes de 2 cm d'arête.

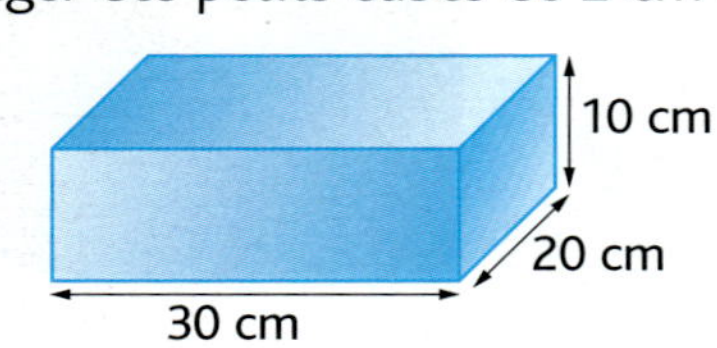

• Combien peut-il en mettre en tout ?

4 a) Observe comment sont placés les points sur un dé à jouer (en forme de cube).

b) Utilise un des patrons de cube de l'exercice 2 pour fabriquer un dé.

Jouer avec les nombres

Calculer : 18 – 8, 26 – 4, 37 – 11, 37 – 10, 57 – 17, 69 – 49.

5 Voici un patron de pavé droit.

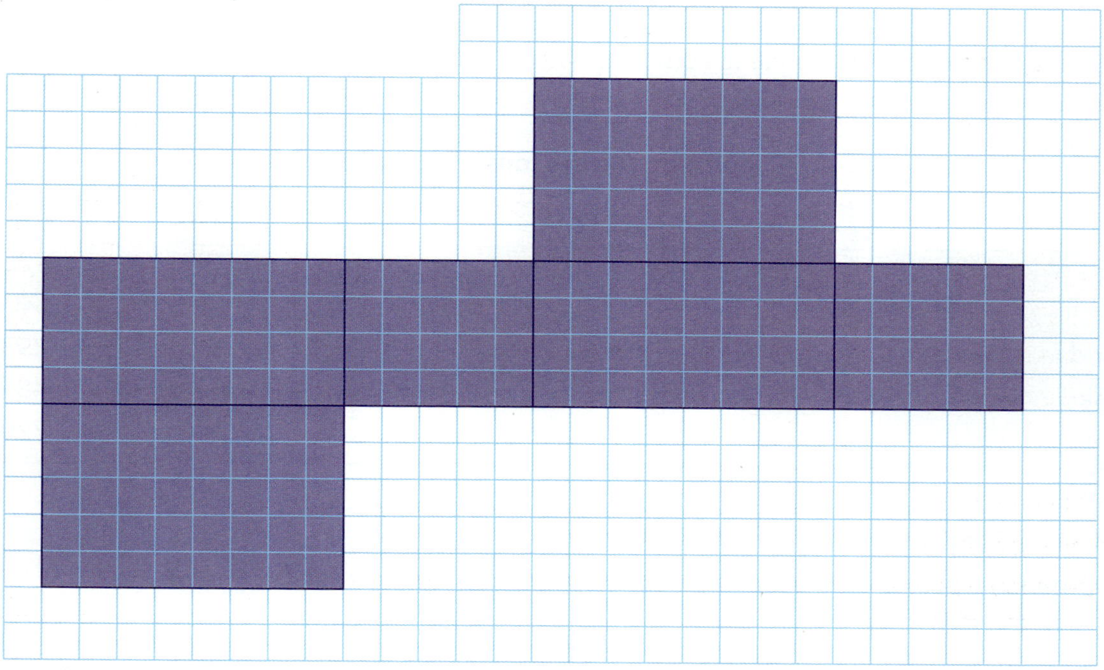

- Sur le même modèle, construis un patron pour obtenir un pavé droit qui sera le double de celui-ci.

6 On scie un cube de bois en deux morceaux identiques en le coupant suivant le trait rouge.

- Indique le nombre de faces, de sommets et d'arêtes des morceaux obtenus. On appelle ces deux morceaux des prismes.

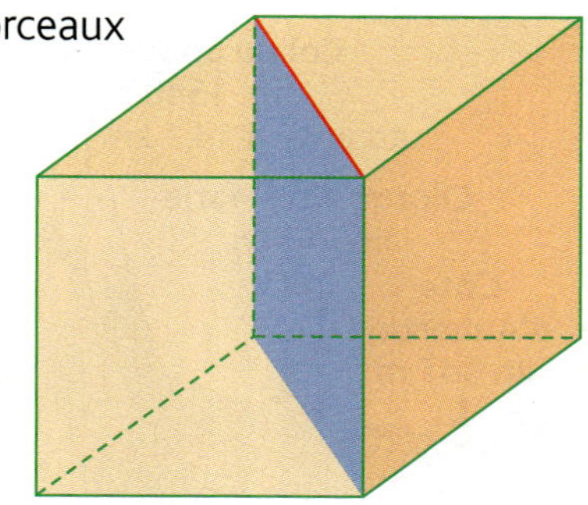

JE RETIENS

Un **pavé droit** a 6 faces rectangulaires.

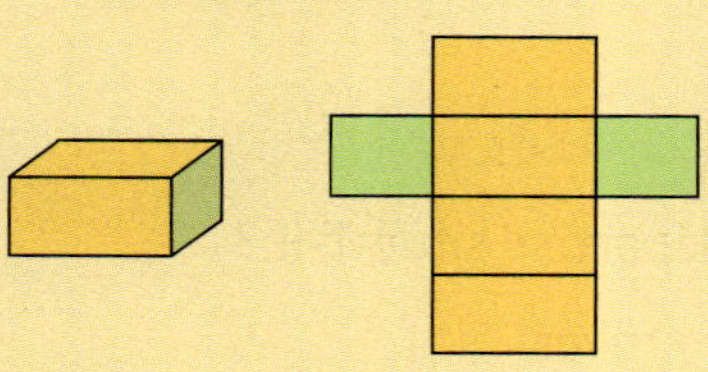

Un **cube** a 6 faces carrées.

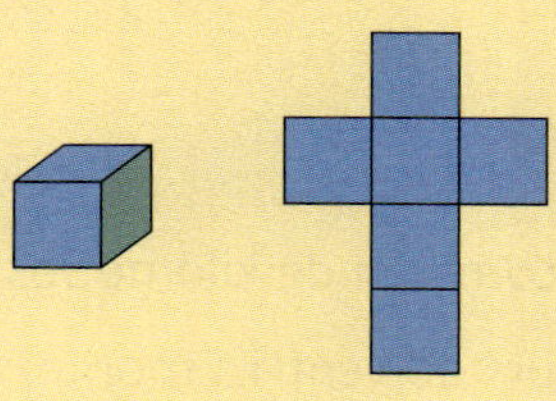

Un **prisme droit** a 5 faces : 3 faces rectangulaires et 2 faces triangulaires.

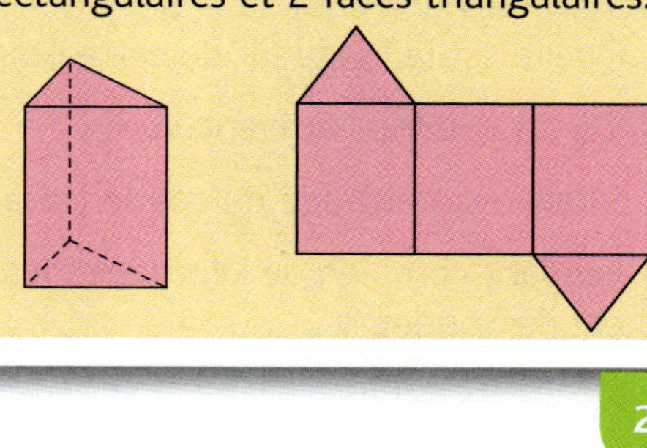

11

ATELIER PROBLÈMES

Je prélève des informations (2)

1 Le tableau ci-dessous indique le nombre d'habitants de différents continents depuis 1650 jusqu'à l'an 2000.

Population (en millions d'habitants)

	1650	1750	1850	1950	2000
Europe + Russie	100	140	270	574	728
Asie	300	450	730	1 380	3 400
Amérique du Nord	7	6	39	168	293
Amérique du Sud	6	6	20	163	481
Afrique	100	100	100	199	720

a) Quelle était la population de l'Afrique en 1850 ?

b) De combien d'habitants la population de l'Amérique du Nord a-t-elle augmenté entre 1850 et 1950 ?

c) Quel est le continent dont la population n'a pas augmenté pendant deux siècles ?

---

2 Voici le détail d'une étape du Tour de France 2003.

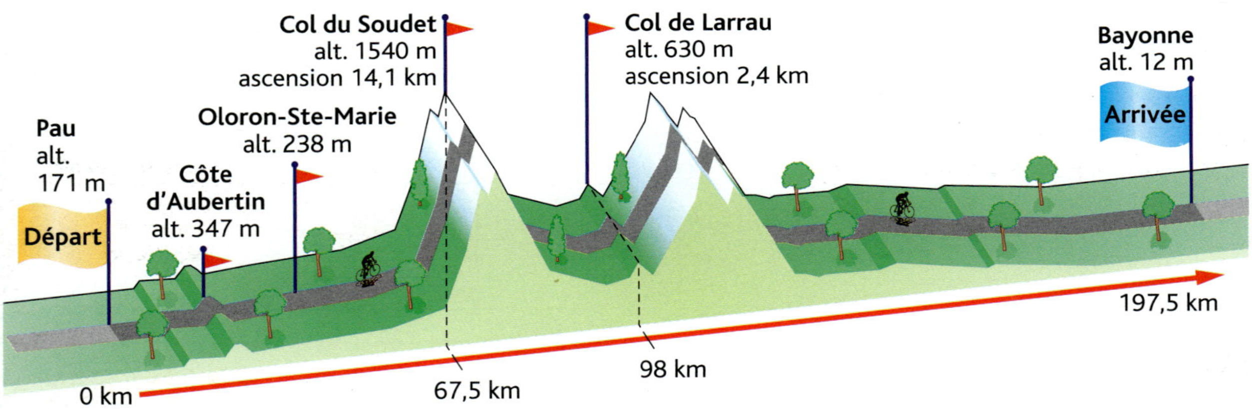

a) Quelle est la longueur de cette étape ?

b) Où les coureurs arrivent-ils ?

c) Quelle est l'altitude du col de Larrau ? À combien de kilomètres du départ se situe-t-il ?

d) Pendant combien de kilomètres les coureurs doivent-ils monter pour arriver au col du Soudet ?

3 Voici un extrait de la fiche horaire des trains entre Paris et Granville.

numéro de train		53071	53071	53071	3055	64861	3057	53049	64873
notes à consulter		*1*	*2*	*3*	*4*	*5*	*6*	*3*	*7*
Paris-Montparnasse 1-2	Dép					**07.35**			09.02
Paris-Montp. 3.	Dép				07.06		08.20		
Versailles-Chantiers	Dép					**07.48**	08.33		09.16
Dreux	Dép	05.08	05.08		07.54	**08.45**	09.10	09.40	10.11
Verneuil-sur-Avre	Dép	05.40	05.40				09.29	10.11	
L'Aigle	Dép	05.59	05.59		08.24		09.43	10.29	
Surdon	Dép	06.35	06.35		08.46		10.03	11.05	
Argentan	Arr	06.45	06.45		08.56		10.12	11.16	
Briouze	Arr	07.08		07.45	09.13		10.29		
Flers	Arr	07.20		07.56	09.25		10.40		
Vire	Arr	07.38		08.14	09.43		10.57		
Foligny	Arr	08.08		08.45	10.09		11.22		
Granville	Arr	08.19		08.55	10.19		11.33		

Jours de circulation et services disponibles

1. jusqu'au 7 juil : tous les jours sauf les sam et dim ; du 11 juil au 1er sept : les lun et ven sauf les 14 juil et 15 août ; les 15 juil et 14 août ; à partir du 2 sept : tous les jours sauf les sam, dim et fêtes.
2. du 8 juil au 28 août : les mar, mer et jeu sauf les 15 juil et 14 août.
3. les sam sauf le 1er nov.
4. tous les jours sauf les sam, dim et fêtes.
5. 2e cl.
6. les sam, dim et fêtes. Ne prend pas de voyageurs pour Versailles-Chantiers.
7. tous les jours sauf les sam, dim et fêtes. 2e cl.
8. les dim et fêtes sauf les 15 août et 1er nov.

a) À quelle heure arrive à Granville le train qui part de Paris-Montparnasse 3 à 8 h 20 min ?

b) Quel est le numéro du train qui circule les samedis, dimanches et fêtes ?

c) Est-il possible de réserver une place dans le train 3055 pour le premier mercredi d'août ?

---

4 Le graphique ci-contre montre la variation du nombre des battements cardiaques d'un homme lors d'un effort.

a) Quel est le nombre de battements cardiaques par minute d'un homme :

– au repos ?

– lors d'une activité physique ?

b) Combien de temps faut-il, après l'arrêt de l'activité physique, pour que le rythme cardiaque redevienne normal ?

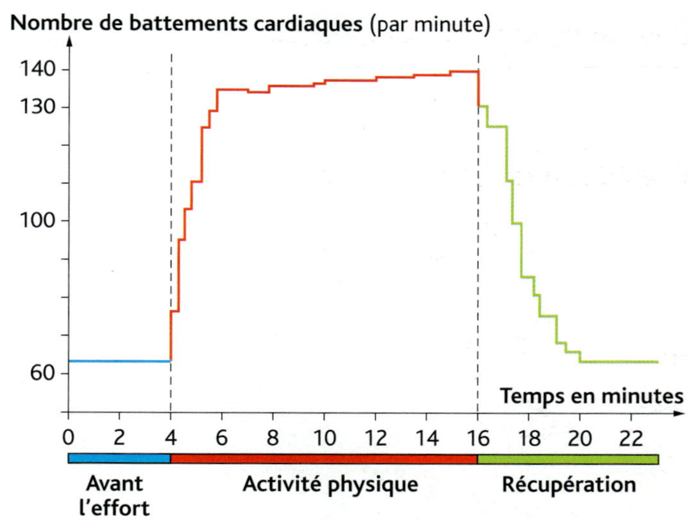

---

5 Lis le document ci-contre.

a) Quel est le prix d'un escalier de 1 m 22 de diamètre et de 13 marches ?

b) Quel est le prix du même escalier s'il comporte 15 marches ?

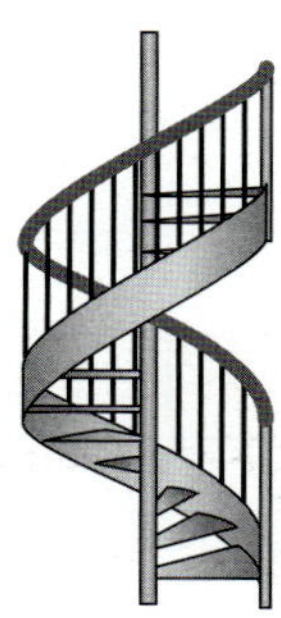

	Diamètre	
	1 m 22 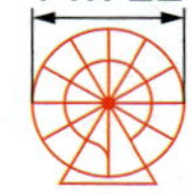	1 m 52 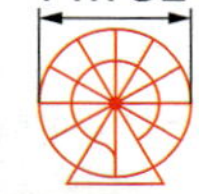
Hauteur 2 m 73	**Avec rampe**	
13 marches	❑ 2 692 €	❑ 3 198 €
La marche en plus ou en moins	❑ 181 €	❑ 217 €

12

ÉTAPE 2

1 Avec ta calculette, effectue les calculs ci-dessous.

781 + 218 4 563 + 5 436 1 364 + 526 + 8 109 6 475 – 5 364 9 816 – 8 594

2 Avec ta calculette, trouve l'intrus.

1 258 → 1 175 → 1 092 → 1 009 → 922 → 843 → 760

(– 83) (– 83) (– 83) (– 83) (– 83) (– 83)

3 Mesure les segments avec ton double décimètre puis recopie et complète le tableau.

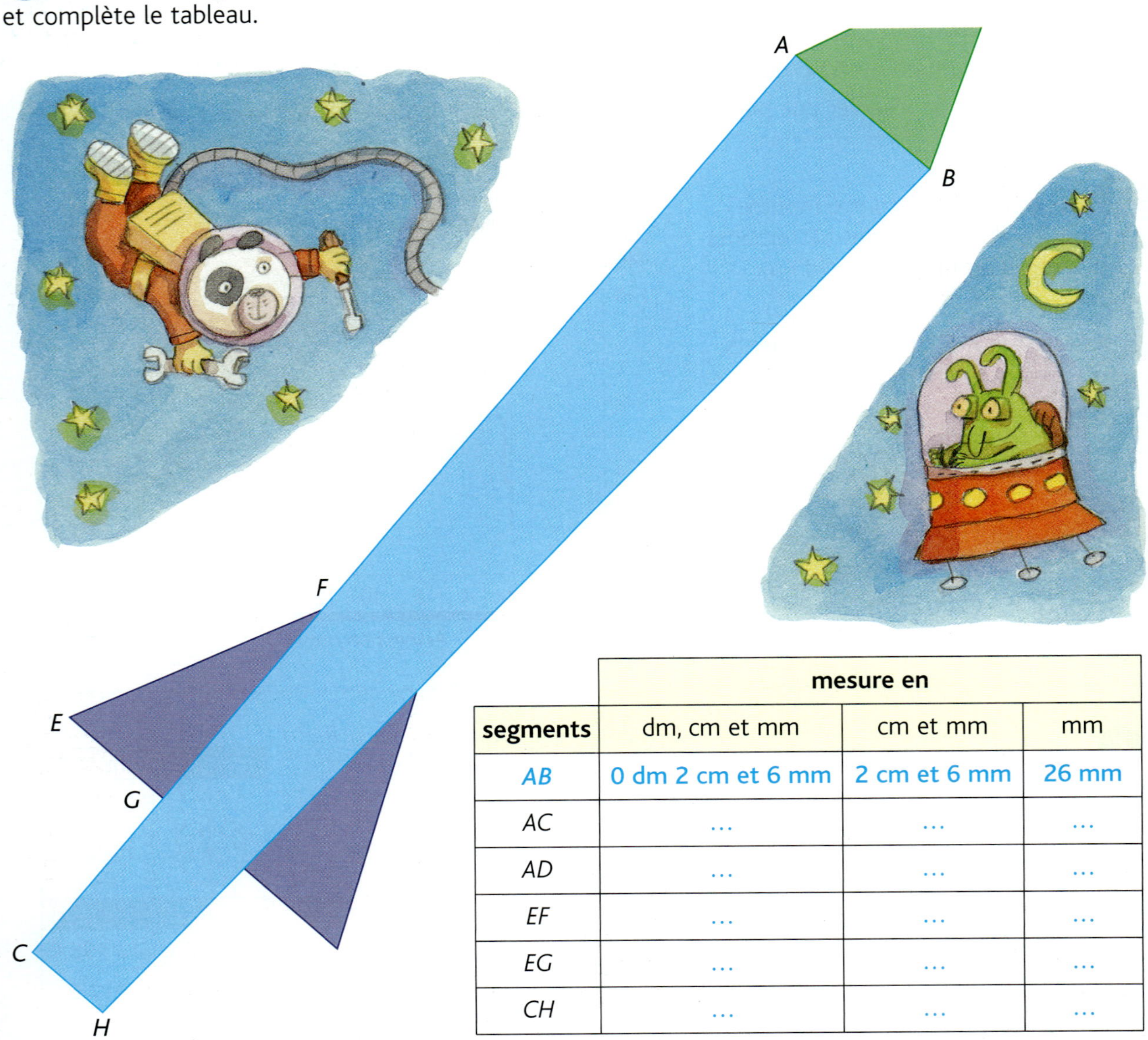

	mesure en		
segments	dm, cm et mm	cm et mm	mm
AB	0 dm 2 cm et 6 mm	2 cm et 6 mm	26 mm
AC	...	...	...
AD	...	...	...
EF	...	...	...
EG	...	...	...
CH	...	...	...

4 La courbe ci-dessous montre l'évolution de la population française de 1700 jusqu'au recensement de 1999.

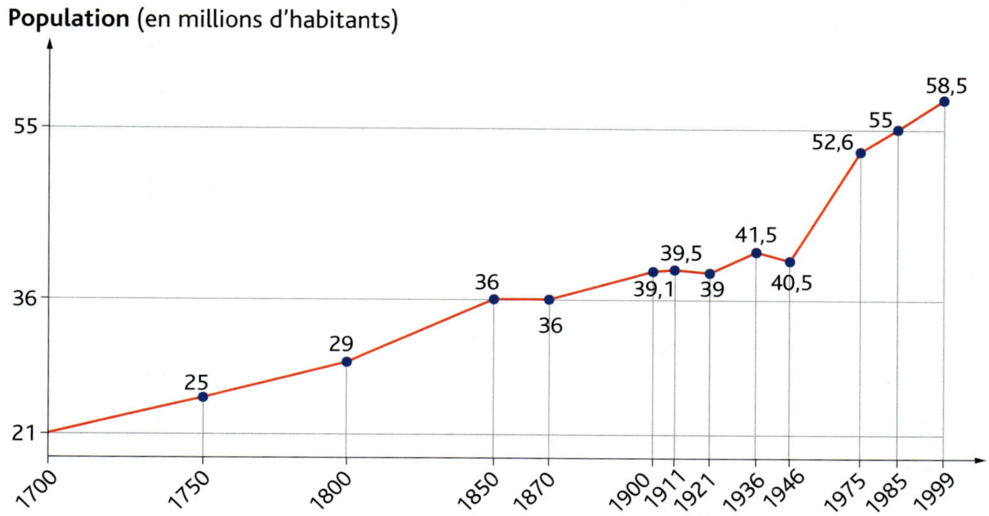

a) Quelle était la population française en 1700 ? en 1800 ? en 1999 ?

b) De combien la population a-t-elle augmenté entre 1700 et 1900 ?

c) À ton avis, pourquoi la population a-t-elle diminué entre 1911 et 1921 ?

5 Complète, sur ton cahier, les dessins des solides ci-dessous en marquant en pointillé les arêtes que tu ne peux pas voir.

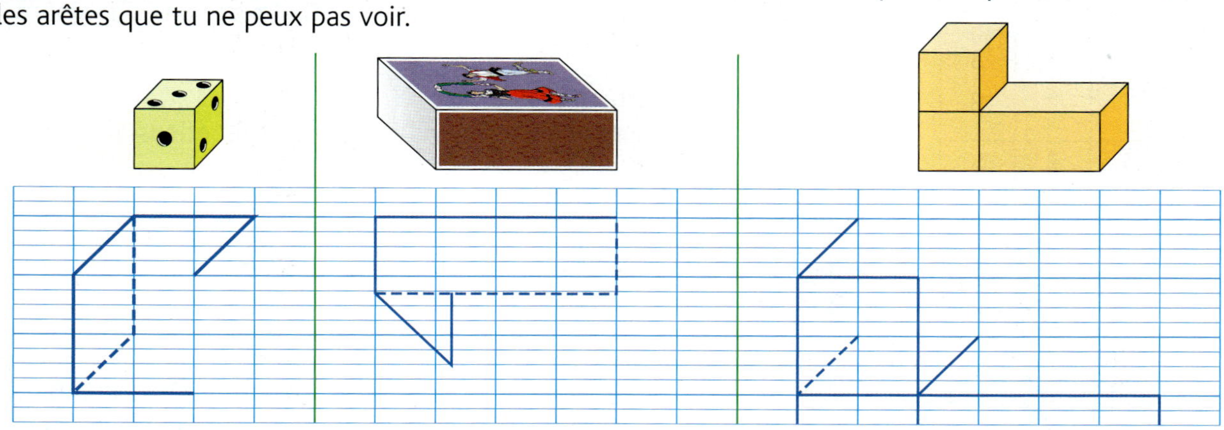

	oui	pas encore
1 / 2 Je sais utiliser la calculette pour faire des calculs.		
3 Je sais mesurer avec un double décimètre.		
3 Je sais exprimer des mesures en dm, cm, mm.		
4 Je sais lire et interpréter des informations sur une courbe.		
5 Je sais dessiner des objets en perspective.		

13 Technique de la soustraction

Je découvre

1 En France, le règne des Capétiens commence en 987 avec Hugues Capet et s'achève en 1328 à la mort de Charles IV le Bel.
Pour trouver combien d'années ont régné les Capétiens, je dois calculer la différence **1 328 – 987**.

Je peux compléter l'addition : 987 + ... = 1 328.

```
   1
  987
+ 341
-----
1 328
```

- j'ajoute 1 à 7 pour obtenir 8,
- j'ajoute 4 à 8 pour obtenir 12,
  j'écris 4 et je retiens 1 : 1 + 9 = 10,
- j'ajoute 3 à 10 pour obtenir 13.

- Calcule de la même façon les différences : 937 – 726 et 4 212 – 1 748.

2

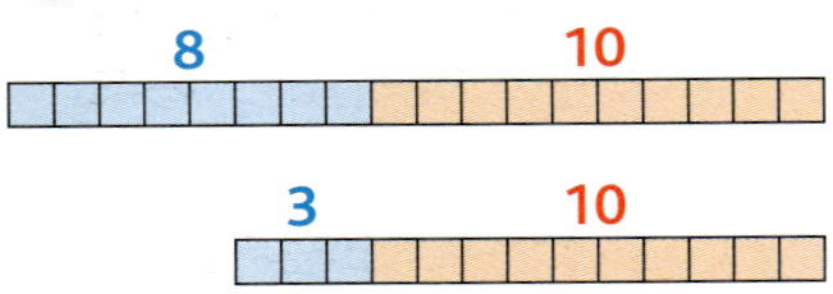

a) Calcule : 8 – 3 = ... (8 + 10) – (3 + 10) = ...

- Que remarques-tu ?

b) Calcule : (8 + 9) – (3 + 9) = ...
(8 + 4) – (3 + 4) = ... (8 – 2) – (3 – 2) = ...

- Que remarques-tu ?

c) Voici une nouvelle façon de calculer une différence : 253 – 128.

	c	d	u
	2	5	+ 10 3
–	1	2 + 1	8
	1	2	5

```
   1
  253
– 128
   1
-----
  125
```

Dans la colonne des unités, la différence 3 – 8 n'existe pas. On ajoute **10 unités** à 253 et **1 dizaine** à 128, leur différence ne change pas.

- On calcule en partant des unités :
  3 moins 8 est impossible, 13 moins 8 égale 5 et je retiens 1 ;
- dans la colonne des dizaines :
  5 moins 2 + 1 égale 2 ;
- dans la colonne des centaines :
  2 moins 1 égale 1.

- Calcule de la même façon les différences : 745 – 289, 728 – 478 et 4 933 – 2 146.

Jouer avec les nombres

Chercher le double de : 8, 12, 24, 50, 101.

Je m'entraîne

3 Effectue les opérations ci-dessous (attention aux retenues).

917	2 426	3 524	714	2 600	809	5 000
– 116	– 1 319	– 853	– 597	– 924	– 348	– 2 896
…	… .	… .	…	… .	…	… .

4 **a)** Mme Dupré avait 107 €.
Elle a acheté un cadeau qui coûte 39 €.

- Combien lui reste-t-il ?

b) Recopie les opérations qui donnent la bonne réponse et calcule ce résultat.

39	39	107	107
+ …	– 107	+ …	– 39
107	…	39	…

5 Pose les opérations et calcule la différence entre les nombres ci-dessous.

7 224 et 826 — 1 238 et 1 426
423 et 729 — 4 900 et 4 897

6 Au départ d'une course de 40 km, il y a 292 vétérans, 319 seniors et 146 juniors. 673 coureurs sont arrivés.

- Combien de coureurs ont abandonné ?

7 **Problèmes**

a) Je suis né en 1987 et mon grand-père en 1936.

- Combien d'années nous séparent ?

b) Mon grand frère et moi achetons un cadeau pour notre mère. Nous devons payer chacun 52 €. Au moment de payer, je m'aperçois que je n'ai que 27 €. J'emprunte l'argent qui me manque à mon frère.

- Combien devrai-je lui rendre ?
- Quelle somme donne-t-il pour payer ?

8 M. Durand a donné 300 € pour payer une armoire qui coûte 226 €.

- Pour continuer ce problème, trouve une question et cherche la réponse.

9 Pour tricoter un pull, maman a besoin de 800 g de laine. Il faut 180 g de moins pour faire le gilet.

- Pose une question et donne la réponse.

10 Recopie cette grille et complète-la.

Horizontalement

A 1 237 – 100 = …
B 451 – 382= …
C 4 212 + … = 4 300
D 3 085 – 764 = …

Verticalement

1 948 + … = 1 030
2 100 – 17 = …
3 20 + 10 + 6 = …
4 6 900 + 1 001 = …

	1	2	3	4
A				
B				
C				
D				

14 Mesurer des longueurs (2)

Je découvre

1 Laurent s'entraîne à la course à pied. Pour connaître la distance qu'il a parcourue, il se repère aux bornes qui sont placées au bord de la route.
Il y a une grande borne tous les kilomètres et une petite tous les 100 mètres.

a) Quelle distance Laurent a-t-il parcourue ?

b) Écris cette distance en utilisant les mètres, les hectomètres, les kilomètres, sachant que :

1 kilomètre = 1 000 m   1 hectomètre = 100 m   1 kilomètre = 10 hm

---

2 Pour délimiter un parcours de course de vitesse, Loïc et Olivier ont utilisé un instrument de mesure appelé « décamètre », qui mesure 10 mètres (1 dam = 10 m).
Les deux enfants ont reporté 30 fois leur décamètre sur le sol.

- Quelle est, en m, la longueur du parcours ? et en hm ?

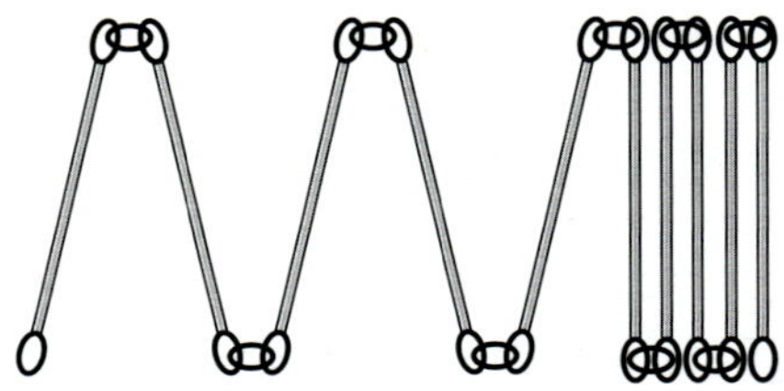

---

3 Observe l'exemple et écris de plusieurs façons les mesures du tableau.

	km	hm	dam	m
A	2	7	3	5
B		9	8	1
C	5	6	7	0
D		1	0	9
E	8	0	5	0
F	1	0	7	3

A = 2 735 m = 2 km 735 m = 27 hm 35 m = 273 dam 5 m

B = …

C = …

D = …

E = …

F = …

Je m'entraîne

4 Recopie et complète.

4 km = … m
2 hm = … m
5 dam = … m

3 km 5 hm = … m
2 hm 35 m = … m
3 km 540 m = … m

39 dam = … m
445 dam = … m
356 hm = … m

Jouer avec les nombres

Calculer : 7 – 4, 17 – 14, 52 – 37, 537 – 532, 31 – 3, 32 – 4, 33 – 5.

5 Range les longueurs ci-dessous de la plus petite à la plus grande.

a) 1 400 m   2 km   3 km 380 m   7 hm 35 m   4 125 m   800 hm

b) 2 km 3 hm   34 dam 9 m   7 hm 38 m   344 m   2 km 318 m

6 Muriel a effectué, à vélo, 3 fois le parcours ci-dessous.

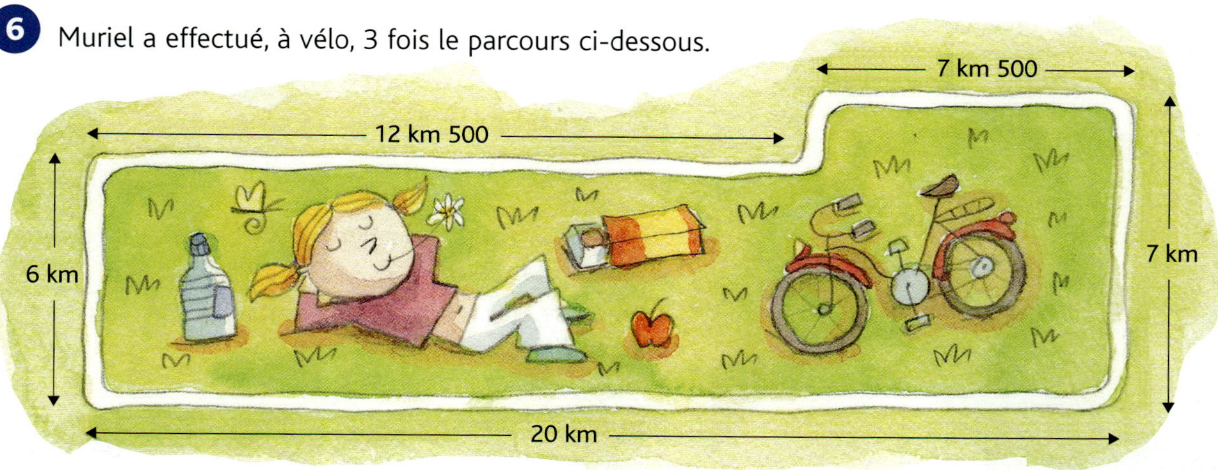

• Quelle distance a-t-elle parcourue ?

7 La famille Martin habite Laon et doit se rendre chez des grands-parents à Compiègne.

À l'aller, ils passent par Soissons en empruntant la N2 puis la N31.

Au retour, ils passent par Chauny en prenant la N32 puis la N44.

• Quel est l'itinéraire le plus court ?

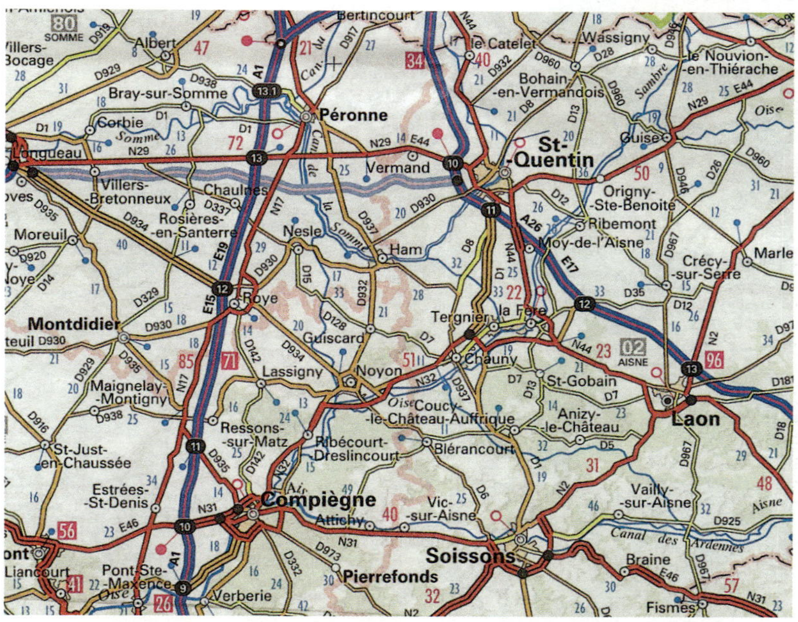

JE RETIENS

Les multiples du mètre

1 km = 1 000 m

1 hm = 100 m

1 dam = 10 m

km	hm	dam	m	dm	cm	mm
			1	0	0	0
1	0	0	0			

Les sous-multiples du mètre

1 m = 10 dm

1 m = 100 cm

1 m = 1 000 mm

15 Droites perpendiculaires, droites parallèles

Je découvre

1 Voici une équerre.

L'angle *A* est un **angle droit**.
On dit que les deux côtés *AB* et *AC* sont **perpendiculaires**.

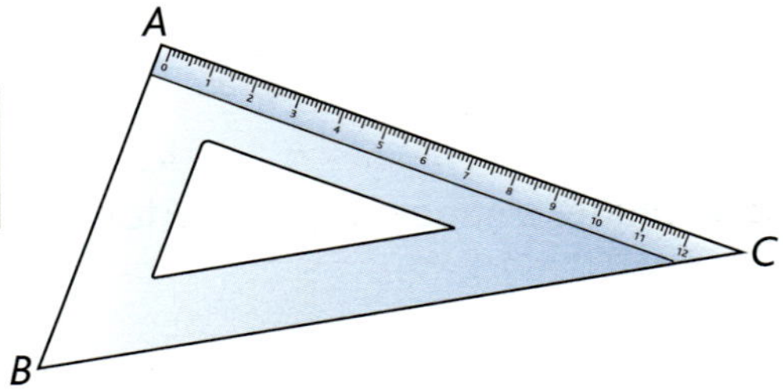

a) Décalque la figure suivante.

b) Avec ton équerre, recherche tous les **angles droits** et colorie-les en **rouge**.

c) Repasse en **bleu** deux segments **perpendiculaires** à *AB*.

d) Repasse en **vert** deux segments **perpendiculaires** à *BC*.

---

2 a) Voici comment on a tracé les droites *a* et *b*.

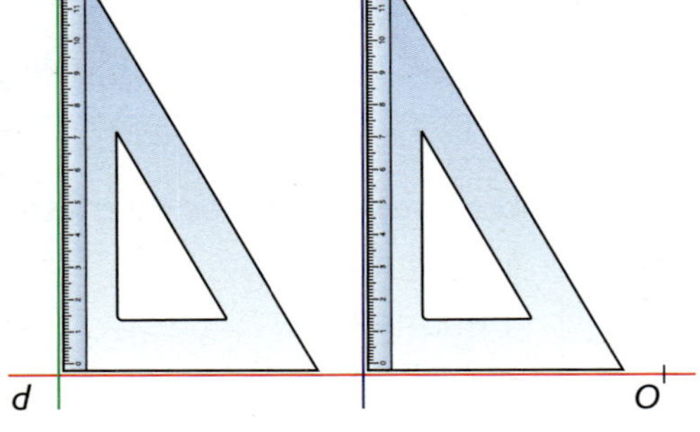

- Trace une droite *d*.
- Place un côté de l'angle droit de l'équerre sur cette ligne et trace la droite *a*.
- Fais glisser l'équerre le long de la droite *d* et trace la droite *b*.

On dit que les droites *a* et *b* sont **parallèles**.

b) Reproduis la figure et trace une droite **parallèle** aux droites *a* et *b* passant par le point *O*.

c) En utilisant ta règle et ton équerre, trouve des droites parallèles dans la figure de l'exercice 1.

Jouer avec les nombres

Calculer : 350 + 32, 450 + 43, 560 + 64, 420 + 86, 1 390 + 30.

Je m'entraîne

3 a) Avec ton équerre, trace deux droites perpendiculaires.
b) Prolonge les côtés de l'angle droit.
c) Vérifie avec ton équerre que les deux droites se coupent en formant quatre angles droits.

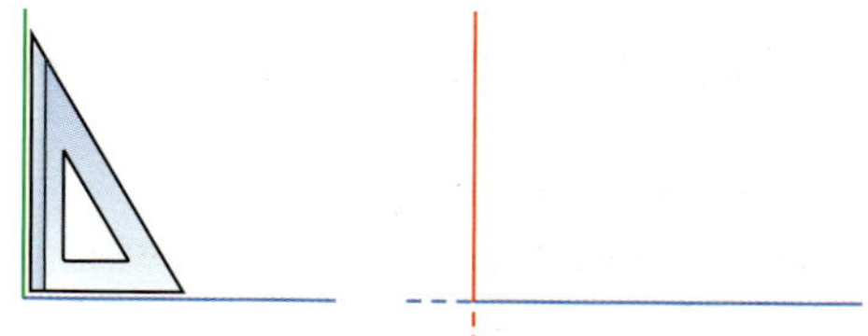

4 a) Avec ton équerre, trace une droite *a* passant par le point *A* et perpendiculaire à la droite *d*.
b) Trace une droite *b* passant par le point *B* et perpendiculaire à la droite *d*.
c) Que peux-tu dire des droites *a* et *b* ?

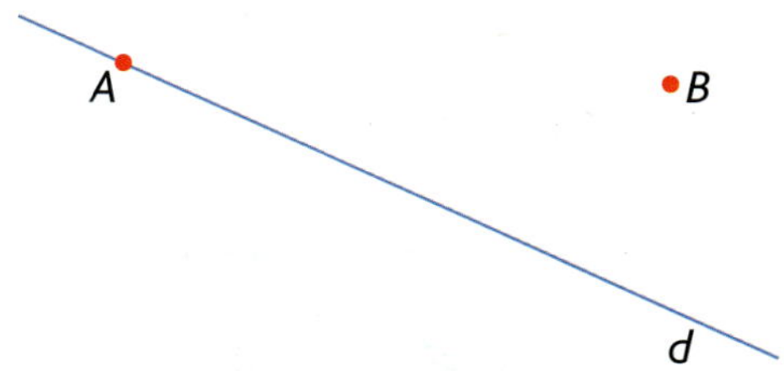

5 a) Trace la figure en suivant les indications.

- Trace deux points *A* et *B* de façon que *AB* = 4 cm.
- Trace la droite perpendiculaire à *AB* qui passe par le point *A*. Sur cette droite, place le point *C* de façon que *AC* = 6 cm.
- Trace la droite perpendiculaire à *AB* qui passe par *B*. Sur cette droite, place le point *D* de façon que *BD* = 6 cm (*D* est du même côté de *AB* que *C*).
- Relie les points *C* et *D*.

b) Avec ton équerre, trouve les angles droits de la figure.
c) Cherche les droites parallèles de la figure.

6 a) Sur ton cahier, trace deux droites *a* et *b* qui se coupent en un point *O*.

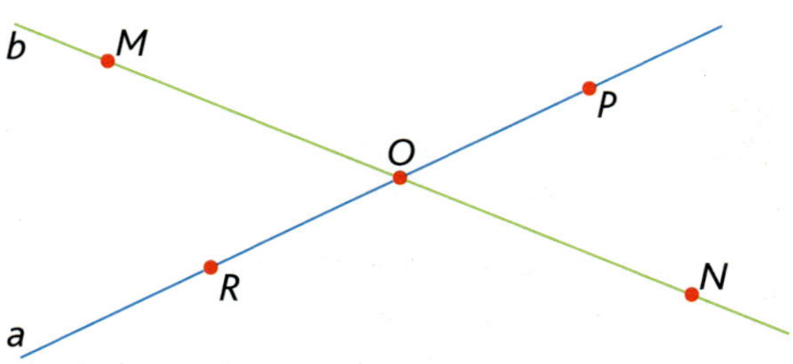

b) Place les points *M*, *N*, *P*, *R* de façon que : *OM* = *ON* = 3 cm et *OP* = *OR* = 2 cm.
c) Trace les droites *MP* et *RN*.
- Que peux-tu dire ?

d) Trace les droites *MR* et *PN*.
- Que peux-tu dire ?

Je retiens

- Les droites *a*, *b*, *c* sont **perpendiculaires** à la droite *d*. Elles forment des angles droits.
- Les droites *a*, *b*, *c* sont **parallèles**.

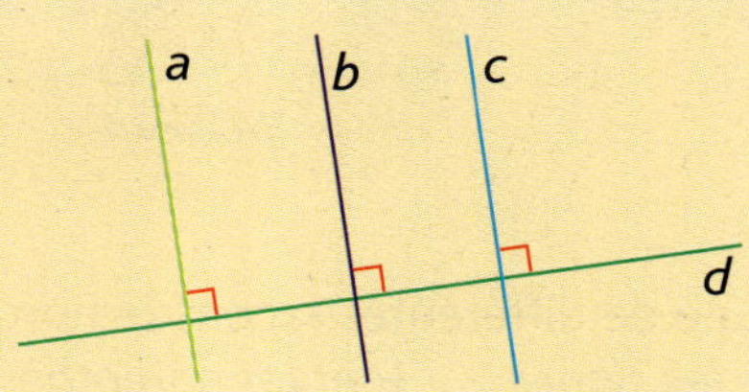

16 Produit de deux nombres entiers (1)

Je découvre

1 Un jardinier paysagiste doit boiser un grand terrain avec des ormes et des hêtres.
Voici le plan qu'il a tracé.

a) Combien d'arbres devra-t-il planter ?

- Recopie les écritures qui donnent la réponse.

$11 + 4$	$4 + 4 + 4 + 4 + 4 + 4 + 4 + 4 + 4 + 4 + 4$
4×11	11×4 $11 + 11 + 11 + 11$

b) Écris de plusieurs façons le nombre d'ormes en utilisant les signes + et ×.

c) Fais la même chose avec les hêtres.

d) Vérifie le nombre total d'arbres en complétant l'écriture suivante :

$$(\dots \times \dots) + (\dots \times \dots) = \dots$$

e) Le jardinier a tracé un nouveau plan. Continue-le sur ton cahier ; les ormes sont représentés par □ et les hêtres par ○ *(il y a toujours 4 lignes et 11 colonnes)*.

f) Calcule de différentes façons le nombre d'ormes, le nombre de hêtres, le nombre total d'arbres. *(Utilise les signes ×, + et les parenthèses.)*

Jouer avec les nombres

Calculer : 2×2, 3×3, 4×4, 5×5, 6×6, 7×7, 8×8, 9×9, 10×10.

Je m'entraîne

2 Recopie et complète.

$7 + 7 + 7 = \ldots \times \ldots = \ldots$

$10 + 10 + 10 + 10 + 10 = \ldots \times \ldots = \ldots$

$24 + 24 + 24 = \ldots \times \ldots = \ldots$

$9 + 6 + 9 + 6 + 9 + 6 = (\ldots \times \ldots) + (\ldots \times \ldots) = \ldots$

$(10 \times 4) + (\ldots \times 4) = 12 \times 4 = \ldots$

$(5 \times 6) + (3 \times 6) + (2 \times 6) = \ldots \times \ldots = \ldots$

3 Recopie et complète avec $>$ ou $<$.

$3 + 3 + 3 \ldots 4 \times 3$

$20 \times 4 \ldots 20 \times 3$

$(2 \times 6) + (5 \times 2) \ldots (5 \times 2) + (3 \times 6)$

$(5 \times 2) + 10 \ldots 9 + (6 \times 2)$

4 Écris le nombre de carreaux de chaque quadrillage avec un produit.
(Il y a 2 écritures possibles.)

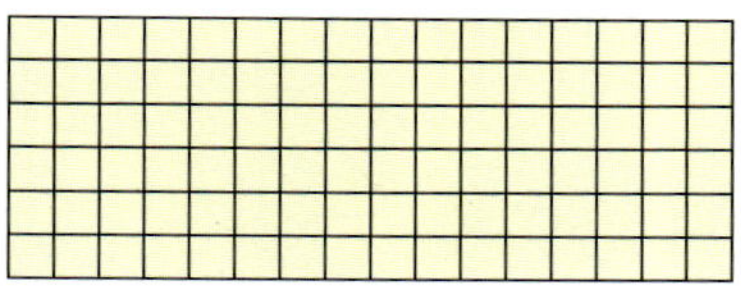

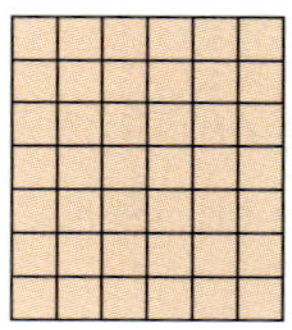

5 Recopie et complète avec $=$ ou $\neq$.

$4 \times 17 \ldots 17 + 17 + 17 + 17$

$12 \times 6 \ldots 12 + 6$

$(10 \times 2) + 5 \ldots 5 + 5 + 5 + 5 + 5$

$8 + 8 + 6 + 6 + 8 + 6 \ldots (3 \times 8) + (2 \times 6)$

$(9 \times 4) + 14 \ldots (8 \times 4) + 18$

6 Calcule le nombre total de gâteaux.

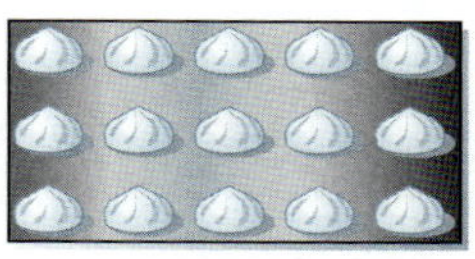

$\ldots \times \ldots$

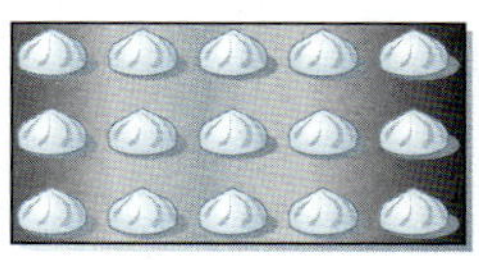

$\ldots \times \ldots$

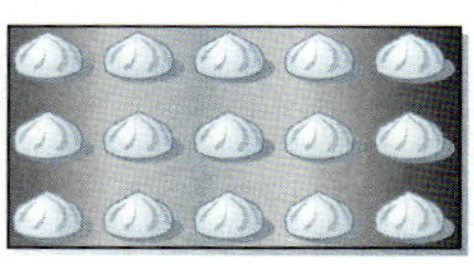

$\ldots \times \ldots$

$(\ldots \times \ldots) + (\ldots \times \ldots) + (\ldots \times \ldots) = \ldots$

$\ldots \times \ldots = \ldots$

7 Calcule de deux façons différentes le nombre total de carreaux.

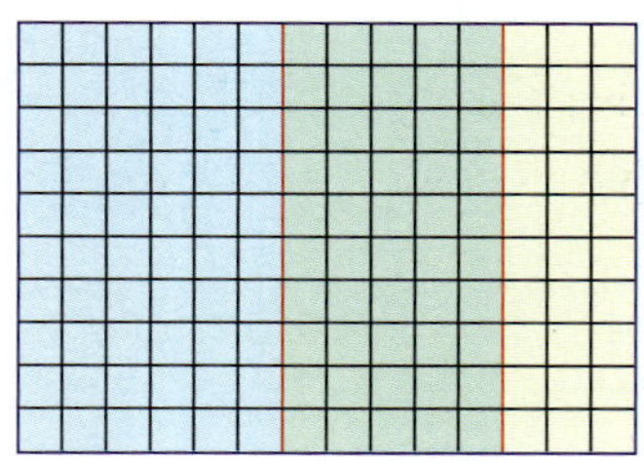

$(\ldots \times \ldots) + (\ldots \times \ldots) + (\ldots \times \ldots) = \ldots$

$\ldots \times \ldots = \ldots$

8 Sur la bascule, on a placé 5 sacs de 20 kg de farine et 12 sacs de 30 kg de pommes de terre.

- Quelle masse indique la bascule ?

9 Dans un jardin public, on a planté 3 rangées de 6 rosiers.
Un rosier coûte 20 €.

- Quelle est la dépense ?

17

ATELIER PROBLÈMES

Je lis et j'interprète un graphique

1 Le graphique suivant indique, en tep, l'énergie consommée en France par personne et par an.

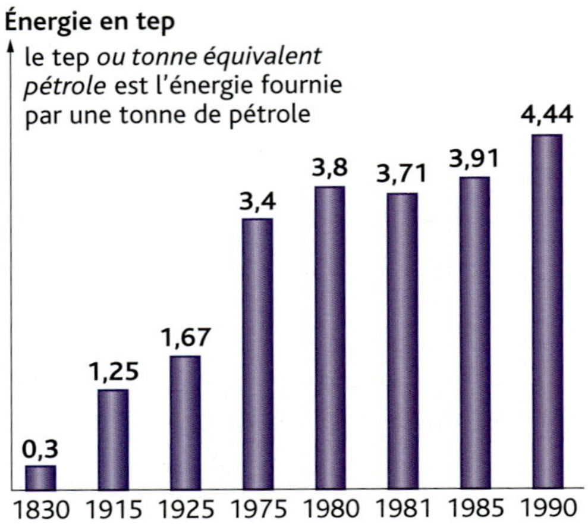

a) Quelle était la consommation d'énergie par personne en 1925 ?

b) Quelle était la consommation d'énergie par personne en 1990 ?

---

2 Le graphique représente les températures relevées chaque mois, pendant une année, dans les 6 villes européennes indiquées sur la carte.

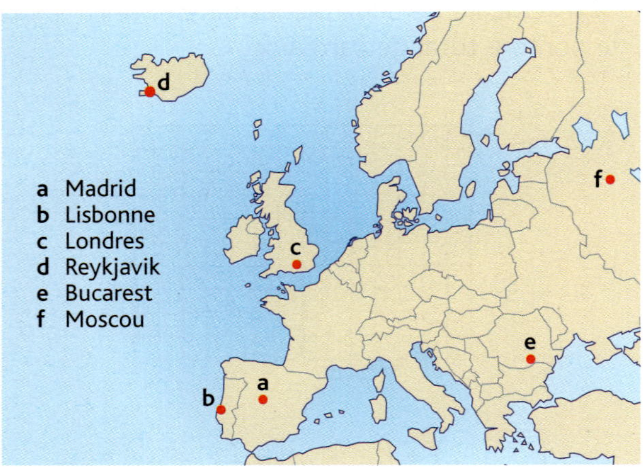

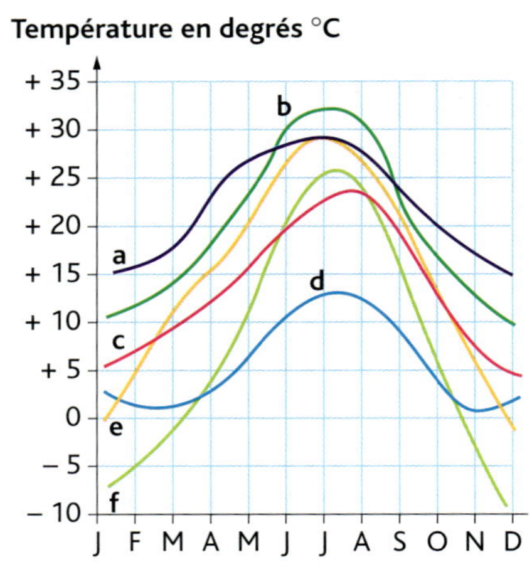

a) Quelle est la ville où la température est la plus basse en juillet ?

• Quelle est cette température ?

b) Quelle est la ville où la température est la plus élevée en décembre ?

• Quelle est cette température ?

c) Dans quel pays l'hiver est-il le plus froid ? Dans quel pays l'été est-il le plus chaud ?

d) Ces courbes se ressemblent à cause de leur forme. Pourquoi ?

3 Les étiquettes ci-dessous indiquent la vitesse à laquelle quelques animaux (dont l'homme) peuvent courir en kilomètres par heure. Représente ces données sous une forme graphique.

4 Donne le maximum de renseignements que tu peux lire sur ces deux graphiques en les comparant.

Monde : les pays les plus peuplés
(en millions d'habitants)

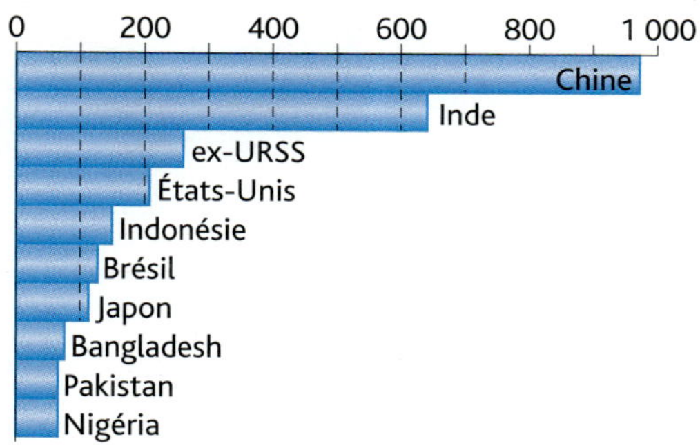

Monde : les pays les plus vastes
(en millions de km²)

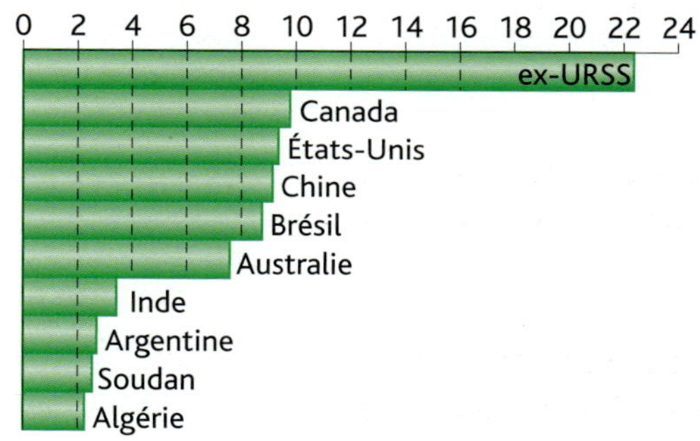

5 Les graphiques ci-dessous montrent les précipitations annuelles à Brest et à Nice.

Précipitations (en mm)

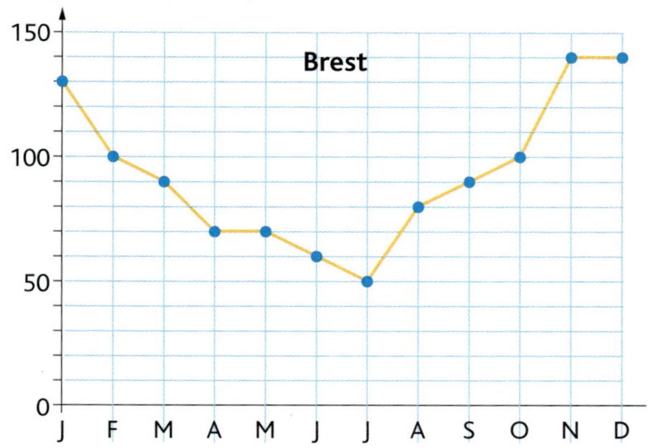

Précipitations (en mm)

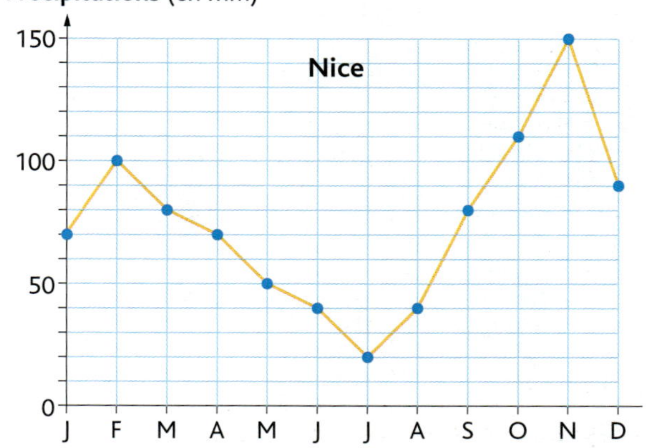

a) Quelle hauteur de pluie est tombée à Brest au mois de juin ?

b) En quel mois est-il tombé 150 mm de pluie à Nice ?

c) Dans quelle ville les précipitations sont-elles les plus fortes en septembre ?

BILAN DE LA PÉRIODE 1

COMPÉTENCES À ÉVALUER

1. Décrire des solides vus en perspective.
2. Mesurer avec un double décimètre. Reproduire une figure.
3 / 7. Convertir des longueurs et les comparer.
4. Associer écriture littérale et écriture chiffrée.

1 Observe les solides ci-dessous.

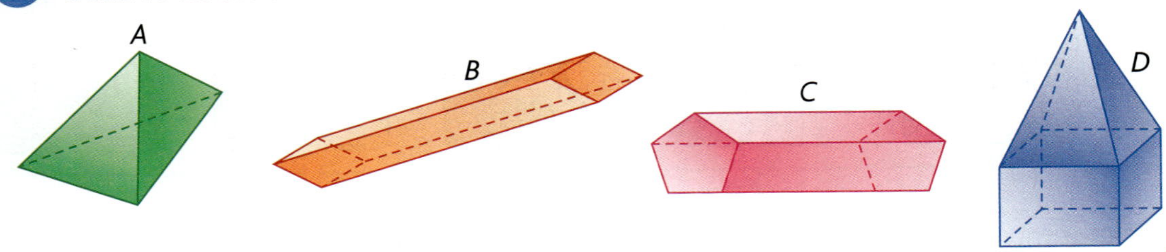

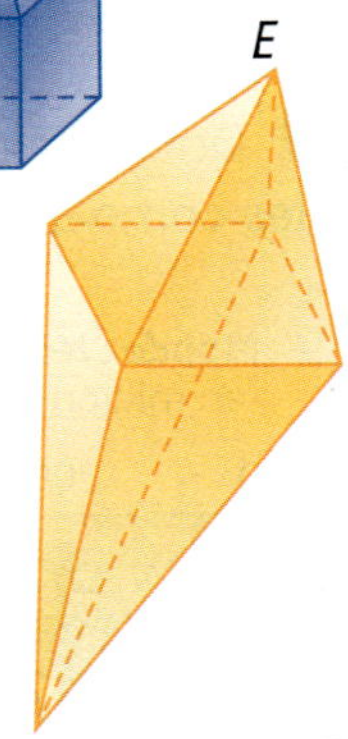

- Recopie et complète le tableau.

solides	nombre de faces	nombre d'arêtes	nombre de sommets
A			
B			
C			
D			
E			

2 Reproduis la figure ci-dessous sur une feuille blanche en respectant les mesures.

- Quelle est, en mm, la mesure des longueurs A, B et C ?

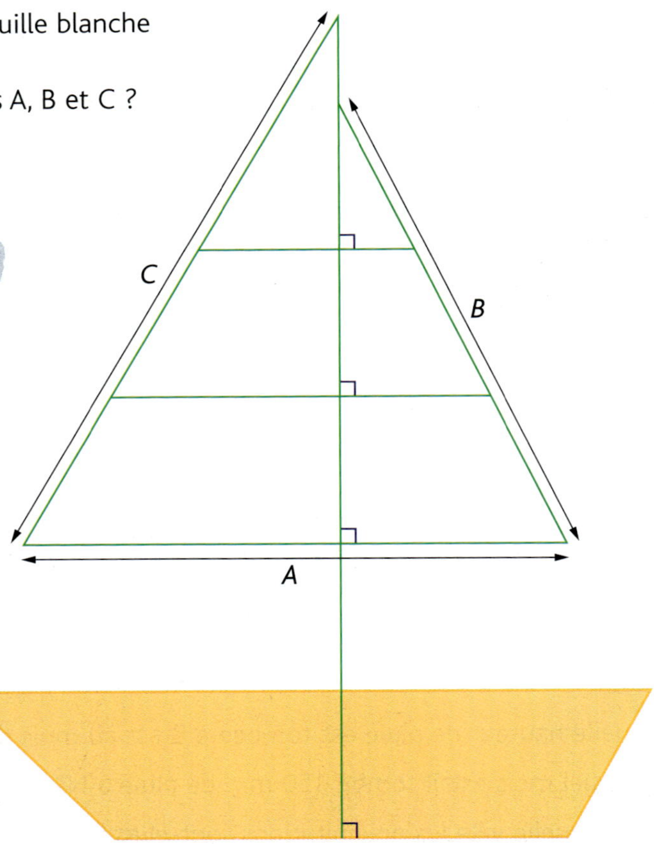

5. Connaître le nombre juste avant.../ le nombre juste après...
6. Effectuer des additions et des soustractions.
8 / 9. Résoudre des problèmes.

3 Observe l'exemple et complète.

2 dm 4 cm	24 cm	240 mm
...	64 cm et 3 mm	...
...	...	115 mm
3 dm 4 mm	...	...
...	42 cm	...

4 Écris en chiffres les nombres ci-dessous.

3 milliers 5 centaines 13 unités

4 milliers 48 unités

9 milliers 9 centaines 99 unités

un millier six centaines.

5 Observe l'exemple et complète.

1 999	2 000	2 001
...	5 999	...
...	6 039	...
...	4 092	...
...	8 099	...

6 Pose et effectue les opérations ci-dessous puis vérifie les résultats avec ta calculette.

4 548 + 137 — 6 345 – 128

1 245 + 145 + 18 — 5 241 – 1 372

7 Range les longueurs suivantes de la plus courte à la plus longue.

1 500 m — 2 km — 1 380 m — 12 km et 50 m — 45 dam et 6 m

8 Problèmes

a) Léo a 78 images. Lise a 22 images de moins que Léo et Éric a 17 images de plus que Lise.
- Combien d'images Lise possède-t-elle ?
- Combien d'images Éric possède-t-il ?

b) Aujourd'hui, il fait 14 degrés de moins qu'il y a trois semaines. Le thermomètre indique 17 degrés.
- Quelle était la température il y a 3 semaines ?

9

	Automne	Hiver	Printemps	Vacances d'hiver
Ensemble	137	124	101	208
Selon le sexe et l'âge				
garçons 8-9 ans	129	116	97	187
garçons 10-12 ans	139	123	97	204
garçons 13-14 ans	148	133	110	216
filles 8-9 ans	123	106	82	200
filles 10-12 ans	139	122	102	215
filles 13-14 ans	141	145	118	224

Le tableau ci-contre montre le temps passé par les enfants de 8 à 14 ans devant la télévision.

a) À quelle époque de l'année tous les enfants regardent-ils le plus la télévision ?

b) À quel âge les enfants regardent-ils le plus la télévision ?

c) Les enfants de 8-9 ans qui regardent le plus la télévision sont-ils des garçons ou des filles ?

18 Produit de deux nombres entiers (2)

Je découvre

1 Dans une cité, il y a 3 immeubles de 5 étages.
À chaque étage, on trouve 4 appartements et 6 studios.
Combien de logements y a-t-il dans la cité ?

1re méthode

- Nombre d'appartements par immeuble :
  4 + 4 + 4 + 4 + 4 = 4 × …
- Nombre de studios par immeuble :
  6 + 6 + 6 + 6 + 6 = 6 × …
- Nombre de logements par immeuble :
  (4 × …) + (6 × …) = (6 + 4) × …
  = … × …
  = …
- Nombre de logements dans la cité :
  … × 3 = …

2e méthode

- Nombre d'appartements par immeuble :
  4 + 4 + 4 + 4 + 4 = 4 × …
- Nombre d'appartements dans la cité :
  (4 × …) × 3 = …
- Nombre de studios par immeuble :
  6 + 6 + 6 + 6 + 6 = 6 × …
- Nombre de studios dans la cité :
  (6 × …) × 3 = …
- Nombre de logements dans la cité :
  … + … = …

Je m'entraîne

2 Recopie et complète.

5 × 6 = … × 5
7 × … = 4 × 7
2 × … = 0 × 2

4 × 3 = 2 × … = …
2 × 8 = … × 4 = …
12 × … = 3 × 8 = …

4 × … = … × … = 20
2 × … = 6 × … = 18
… × … = 7 × … = 14

3 Recopie et complète le tableau.

×	3	…	8	…
…	…	…	16	…
7	…	35	…	…
4	…	…	…	24
…	…	…	72	…

4 Observe l'exemple et calcule de même.

3 × 7 = 21 3 × 4 = 12 3 × 11 = 21 + 12 = 33

5 × 8 = …
6 × 3 = …
5 × 6 = …
2 × 10 = …

9 × 8 = …
7 × 3 = …
2 × 6 = …
8 × 10 = …

14 × 8 = …
13 × 3 = …
… × … = …
… × … = …

Jouer avec les nombres

Évaluer l'ordre de grandeur de :
1 980 + 3 056, 10 234 + 35 056,
98 785 – 6 043, 6 997 – 2 017.

5 Observe l'exemple et calcule de deux façons différentes.

$5 \times 2 \times 6 = 10 \times 6 = 60$ (avec $5 \times 2 = 10$) $\qquad$ $5 \times 2 \times 6 = 30 \times 2 = 60$ (avec $5 \times 6 = 30$)

$4 \times 2 \times 5 = \ldots$ $\qquad$ $2 \times 3 \times 6 = \ldots$ $\qquad$ $3 \times 5 \times 2 = \ldots$ $\qquad$ $7 \times 2 \times 5 = \ldots$

6 Dans cette bibliothèque, on range les livres et on les compte.
Dans la première armoire, on compte 6 étagères de 9 livres.
La deuxième armoire contient le triple de livres.
La troisième contient le double de livres de la deuxième.

- Combien de livres a-t-on comptés ?

7 Recopie et complète avec >, < ou =, sans calculer les produits.

$(15 + 25) \times 30 \ldots 40 \times 40$

$6 \times 82 \times 3 \ldots 83 \times 18$

$(17 \times 8) + (13 \times 8) \ldots 30 \times 8$

$26 \times 7 \times 42 \times 1 \ldots 43 \times 7 \times 1 \times 26$

$5 \times 39 \times 2 \times 6 \ldots 60 \times 39.$

8 Observe l'exemple et calcule de la même façon.

$7 \times 13 = (7 \times 6) + (7 \times 7) = 42 + 49 = 91$

$5 \times 12 = (5 \times 5) + (\ldots \times \ldots) = \ldots$

$8 \times 14 = (8 \times 6) + (\ldots \times \ldots) = \ldots$

$4 \times 17 = (\ldots \times \ldots) + (\ldots \times \ldots) = \ldots$

9 Observe l'exemple.

$6 \times 12 = (6 \times 10) + (6 \times 2)$
$= 60 + 12 = 72$

- Calcule de la même façon :

7×14 $\qquad$ 9×18 $\qquad$ 5×19

10 Calcule comme dans l'exemple.

$37 \times 3 = (30 + 7) \times 3 = (30 \times 3) + (7 \times 3) = 90 + 21 = 111$

$25 \times 4 = \ldots$ $\qquad$ $43 \times 6 = \ldots$ $\qquad$ $4 \times 26 = \ldots$ $\qquad$ $5 \times 42 = \ldots$

11 Pour calculer le nombre de carreaux du quadrillage, on l'a découpé.

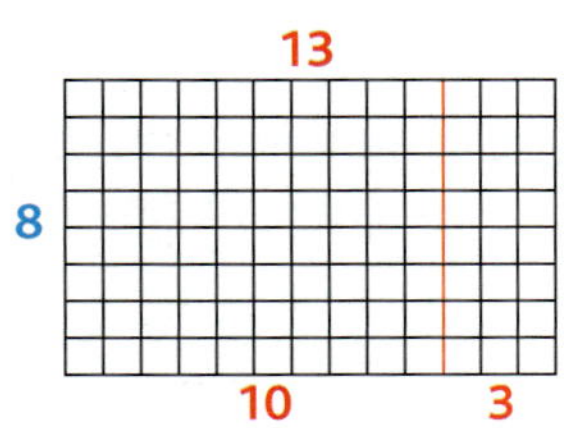

On écrit : $13 \times 8 = (10 \times 8) + (3 \times 8)$
$= 80 + 24 = 104.$

- Cherche un découpage pour les quadrillages ci-contre et calcule leur nombre de carreaux.

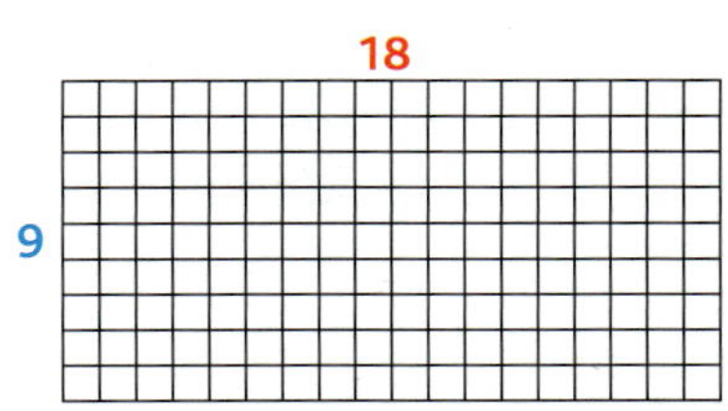

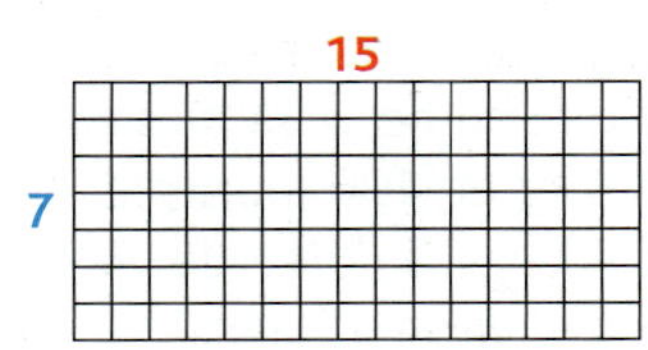

19

ATELIER PROBLÈMES

J'identifie les données utiles

1 Mme Razet veut abonner sa fille au magazine *Animo* pendant un an. Elle préfère payer par chèque bancaire.

ANIMO **LE MAGAZINE**
pour tout savoir sur les animaux du monde

☐ Je m'abonne à ANIMO pour 1 an (soit 12 numéros) au tarif exceptionnel de 44 € (au lieu de 48 €). Je réalise une économie de 4 € (soit un numéro gratuit).
En cadeau : un poster " animaux de la ferme ".*

☐ Je m'abonne à ANIMO pour 2 ans (soit 24 numéros) au tarif exceptionnel de 80 € (au lieu de 96 €). Je réalise une économie de 16 € (soit 4 numéros gratuits).
En cadeau : 5 figurines " animaux de la jungle ".*

Ci-joint mon règlement par :

☐ Chèque bancaire ☐ Carte bancaire n∞ :
☐ Chèque postal date d'expiration
signature obligatoire

NOM
PRÉNOM DE L'ENFANT
ADRESSE
CODE POSTAL VILLE
DATE DE NAISSANCE
TÉLÉPHONE

Bon d'abonnement à découper ou à photocopier, et à retourner sous enveloppe affranchie avec votre règlement à :

Animo Presse
17, route des Lions
B.P. 40 ANIMOVILLE

**Délai de livraison : 4 à 6 semaines après réception du premier exemplaire de votre abonnement.*
Offre valable jusqu'au 31 décembre.

a) Quel sera le montant du chèque ?

b) À quelle adresse doit-elle renvoyer son bulletin d'abonnement ?

c) Quelle est l'économie réalisée par rapport à l'achat au numéro ?

d) Pourra-t-elle bénéficier de ce tarif exceptionnel si elle envoie son bon d'abonnement le 04 février 2004 ?

2 **Le mouton**

Dès l'âge d'un an environ, la brebis peut devenir mère. La période de reproduction débute à l'automne, et un ou deux agneaux naissent au printemps, après 5 mois de gestation. Une demi-heure après sa naissance, l'agneau se dresse maladroitement sur ses pattes pour téter. À trois semaines, il commence à brouter de l'herbe. À sa naissance, il pèse environ 3 kg et, 100 jours plus tard, il pèse de 30 à 40 kg. La durée de vie d'un mouton est d'environ 12 ans.

Un berger possède un troupeau de 76 brebis et 48 agneaux de trois mois qui sont nés au printemps.
Il emmène le troupeau à la montagne tout l'été ; les brebis se déplacent à pied tandis que les agneaux sont transportés en camion.

- De quels renseignements le berger a-t-il besoin pour connaître la charge du camion qui transportera les agneaux ?

3 La température et la vie

Il existe deux sortes d'animaux :
– **les animaux « à sang chaud »**, dont la température du corps est à peu près constante quelle que soit la température extérieure ;
– **les animaux « à sang froid »**, dont la température du corps est celle du milieu extérieur ; c'est le cas de tous les animaux qui, actifs quand il fait chaud, s'engourdissent dès qu'il fait froid.
La plus basse température du corps compatible avec la vie varie, selon les espèces, de −1 °C à −10 °C.

température extérieure en degrés Celsius (°C)		40	27	15	5	− 15
température du corps en degrés Celsius (°C)	chat	38	38	38	38	38
	moineau	43	43	43	43	43
	lézard	39	26	15	5	

a) Quelle est la température du corps du lézard quand la température extérieure est de −15 °C ?

b) À cette température le lézard peut-il survivre ? et l'homme ?

Je résous des problèmes

4 Le camion d'une coopérative laitière ramasse, à chaque tournée, 180 bidons de lait contenant chacun 25 litres.

Il effectue ses ramassages tous les jours de la semaine à raison de 4 tournées par jour, et au cours de chaque tournée, il parcourt 64 km.

- Quelle quantité de lait ramasse-t-il chaque jour ?
- As-tu utilisé toutes les données de l'énoncé pour répondre à cette question ?

---

5 L'Amazonie, une forêt en danger

Grande comme dix fois la France, qui a une superficie de 547 000 km², la plus grande forêt du monde abrite plus de 15 000 espèces animales et 30 000 espèces végétales.
Surexploitée, l'Amazonie a perdu, entre 1980 et 1995, près d'un quart de sa surface boisée.
Aujourd'hui, c'est l'équivalent d'un terrain de football (100 m × 50 m) qui est déboisé toutes les deux secondes dans le monde.

- À partir des données de ce texte qui te semblent utiles, que pourrais-tu calculer ?

20 Multiplier par 10, 100, 1 000

Je découvre

1 Le directeur de l'école a fait une commande de fournitures. Il veut acheter 10 dictionnaires à 23 € pièce.
Le prix de ces dictionnaires peut s'écrire :
23 + 23 + 23 + 23 + 23 + 23 + 23 + 23 + 23 + 23 = 230 ou 23 × 10 = 230.
Les 10 dictionnaires vont coûter 230 €.

Il commande aussi 100 romans qui coûtent 6 € pièce.

a) Recopie et complète :

6 —(m 10)→ … —(m 10)→ …
6 —(m 100)→ …

b) Quel est le prix de 100 romans ?

c) Recopie et complète le bon de commande :

Fournitures	Prix unitaire en €	Quantité	Prix total en €
dictionnaires	23	10	230
romans	6	100	…
ardoises	4	1 000	…
manuels	12	100	…
			… total

2 Éric a fait le calcul : 6 × 10 × 10 × 10 × 10 = 60 000.
Ce nombre peut aussi s'écrire 6 × 10^4.
10 000 = 10^4 se lit **10 puissance quatre**.

- Écris « 100 000 » de la même façon.

Je m'entraîne

3 Calcule comme dans les exemples.

37 × 10 = 370	16 × 100 = 1 600	4 × 1 000 = 4 000
217 × 10 = …	43 × 100 = …	9 × 1 000 = …
40 × 10 = 400	20 × 100 = 2 000	10 × 1 000 = 10 000
80 × 10 = …	90 × 100 = …	40 × 1 000 = …

4 Recopie et complète.

… × 10 = 900	10 × … = 860	9 400 = … × 100
7 × … = 7 000	720 × … = 7 200	5 000 = 5 × …
265 × … = 2 650	900 = 90 × …	3 700 = 37 × …

Jouer avec les nombres

Calculer : $(2 \times 4) + 2$, $(4 \times 5) + 8$, $2 + (6 \times 3)$, $7 + (10 \times 6)$, $(8 \times 5) + 3$.

5 Observe les exemples et continue.

$10 \times 10 = 100 = 10^2$

$10 \times 10 \times 10 = \ldots$

$10 \times 10 \times 10 \times 10 = \ldots$

$700 = 7 \times 100 = 7 \times 10^2$

$4\,400 = \ldots$

$5\,600 = \ldots$

6 Décompose comme dans l'exemple.

$8\,749 = (8 \times 10^3) + (7 \times 10^2) + (4 \times 10) + 9$

$5\,938 = \ldots$

$658 = \ldots$

$7\,024 = \ldots$

$14\,126 = \ldots$

$21\,342 = \ldots$

7 Recopie et complète.

$(7 \times 10^3) + (5 \times 100) + (9 \times 10) + 8 = \ldots$

$(56 \times 10^2) + (4 \times 10) + 7 = \ldots$

$(3 \times 10^3) + (9 \times 100) + 4 = \ldots$

$(8 \times 10^3) + 605 = \ldots$

8 Observe les exemples et continue.

$20 \times 100 = 2 \times 10 \times 100 = 2 \times 1\,000 = 2\,000$

$80 \times 10 = \ldots$ $150 \times 10 = \ldots$

$200 \times 10 = \ldots$ $210 \times 100 = \ldots$

$70 \times 30 = 7 \times 3 \times 10 \times 10 = 21 \times 100 = 2\,100$

$60 \times 50 = \ldots$ $400 \times 70 = \ldots$

$600 \times 20 = \ldots$ $80 \times 500 = \ldots$

9 Recopie et barre les écritures qui ne correspondent pas au nombre entouré.

2 700 : 2 milliers 7 centaines ; 270×10 ; 27×10^2 ; $(27 \times 10) + 100$; $2\,000 + 700$

8 060 : 86×10 ; 8 milliers 6 dizaines ; $(8 \times 100) + (6 \times 10)$; $(80 \times 10^2) + 60$

10 **a)** Un balthazar est une grosse bouteille de champagne qui a la contenance de 16 bouteilles.

- L'équivalent de combien de bouteilles y a-t-il dans 20 balthazars ?

b) Une « grosse » représente 12 douzaines. Un grossiste a acheté 7 grosses de crayons et 5 grosses de cahiers. Une douzaine de crayons coûte 2 € et une douzaine de cahiers 18 €.

- Quel sera le montant de la facture payée par le grossiste ?

JE RETIENS

Pour multiplier un nombre par 10, 100 ou 1 000, j'écris 1, 2 ou 3 zéros à droite de ce nombre :

$8 \times 10 = 80$ → $8 \times 1 = 8$ et 1 zéro : 80

$16 \times 100 = 1\,600$ → $16 \times 1 = 16$ et 2 zéros : 1 600

$9 \times 1\,000 = 9\,000$ → $9 \times 1 = 9$ et 3 zéros : 9 000

21 Cercles et compas (1)

Je découvre

1 À l'aide d'un compas, on a tracé un cercle de centre *O*.

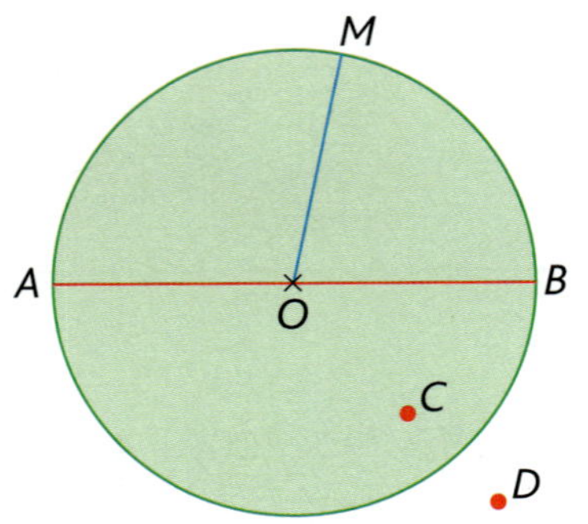

Le segment *OM* est un **rayon**, il mesure 2 cm. On dit que le segment *AB* est un **diamètre** du cercle.

a) Quelle est la longueur du segment *AB* ?

La partie colorée (à l'intérieur du cercle) s'appelle le **disque.**

Le point *C* est à l'intérieur du disque, le point *D* à l'extérieur.

b) Compare les longueurs *OC*, *OD* et *OM*.

2 a) Observe bien la figure.

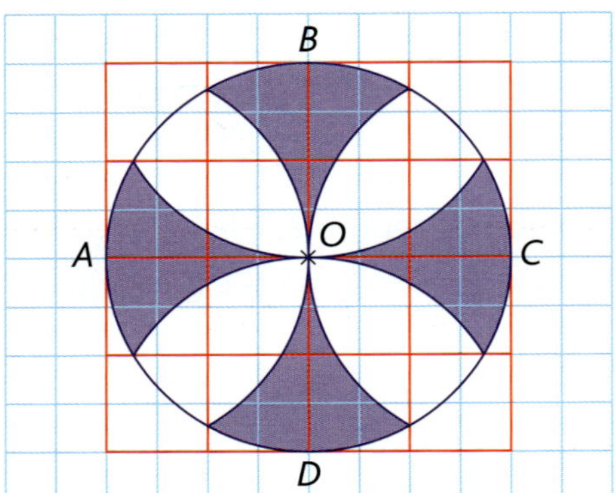

b) Reproduis-la sur une feuille de papier quadrillé en utilisant ta règle et ton compas.

c) Indique les différentes étapes de la construction. *(Tu pourras utiliser les lettres O, A, B, C, D pour expliquer tes tracés.)*

3

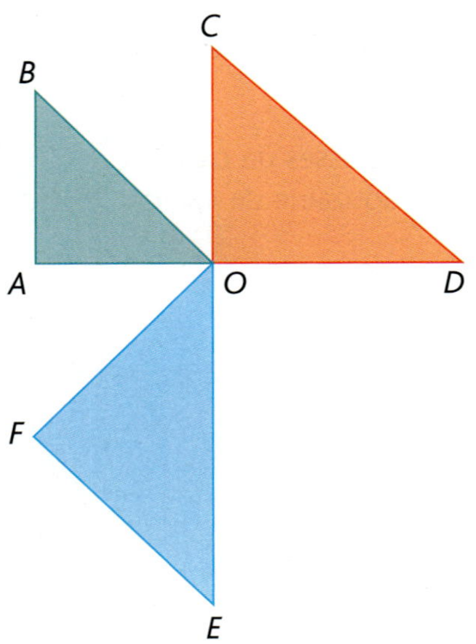

Uniquement à l'aide de ton compas, recherche :

a) les segments qui ont la même longueur que le segment *OB* ;

b) les segments qui sont plus courts que le segment *OB*.

Jouer avec les nombres

Calculer : $(5 \times 4) + (4 \times 2)$, $(3 \times 4) + (6 \times 5)$, $(4 \times 6) + (6 \times 1)$, $(5 \times 0) + (7 \times 0)$, $(4 \times 5) + (3 \times 5)$.

Je m'entraîne

4 Reproduis la figure ci-dessous à l'aide de ton compas.

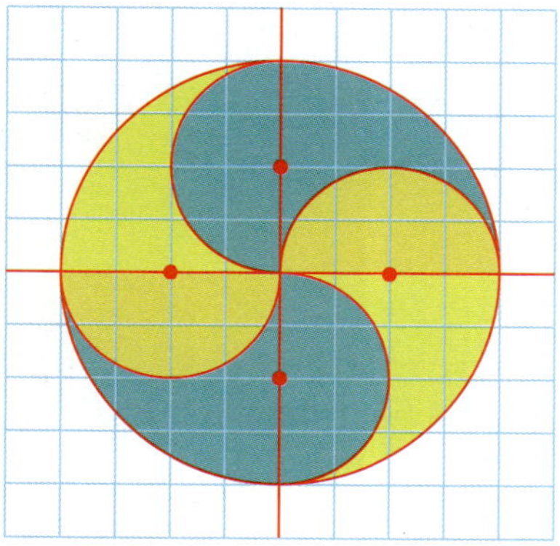

5 Reproduis cette figure et place les lettres à l'aide des indications ci-dessous.

- Le point *B* est à l'extérieur des cercles.
- Le point *A* est à l'intérieur des trois cercles.
- Le point *D* est à l'intérieur du cercle de 2 cm de rayon et du cercle de 2,5 cm de rayon.
- Complète la phrase : « Le point *C*… ».

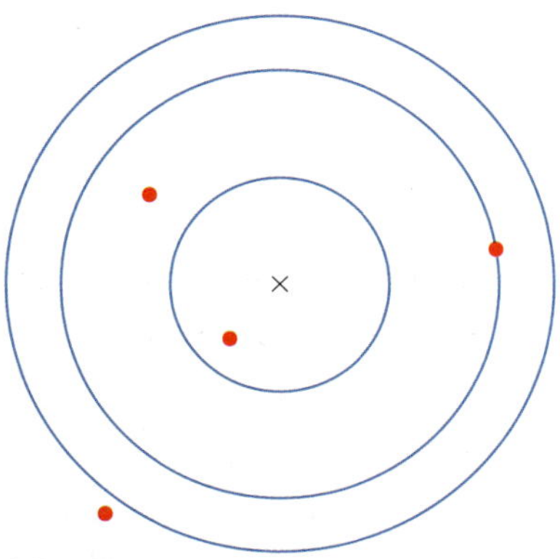

6 Reproduis la rosace ci-dessous à l'aide de ton compas.

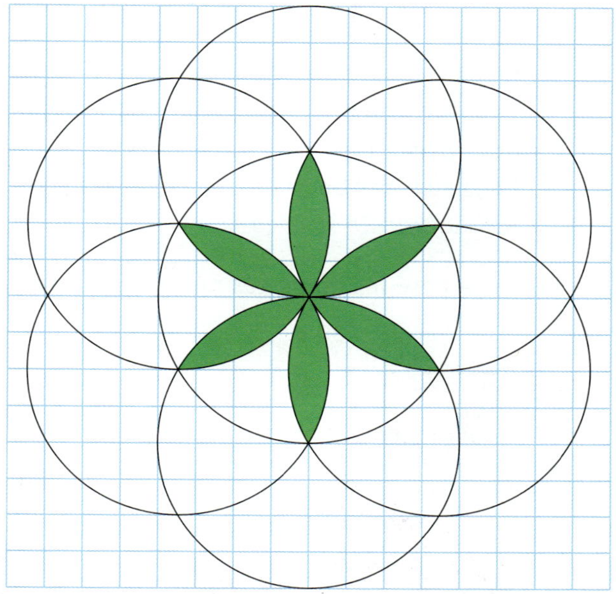

7 Reproduis et continue la frise.

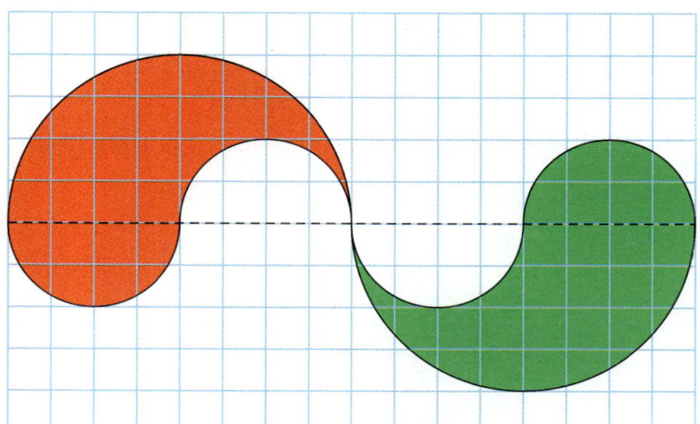

Je retiens

Le point *O* est le **centre** du cercle.
Le segment *AB* est un **diamètre**.
Le segment *OC* est un **rayon**.
La longueur du diamètre est le double de celle du rayon.
La distance entre un point *M* du cercle et le centre du cercle est égale au rayon.

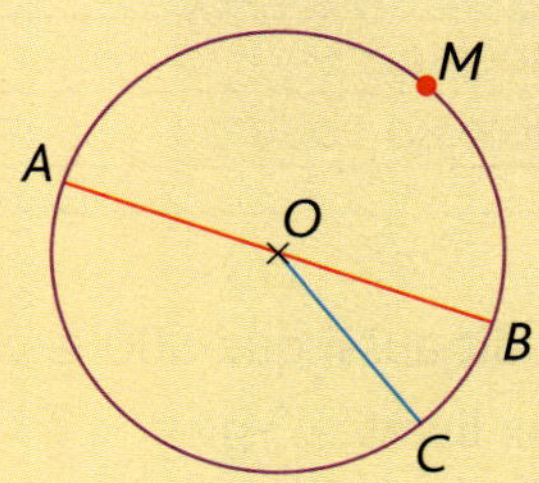

22 Mesurer des masses (1)

Je découvre

1 Voici la recette des truffes au chocolat.

- Faire fondre le chocolat avec le beurre au bain-marie.
- Ajouter 2 cuillerées de crème fraîche et le sucre en poudre.
- Faire cuire 9 minutes en remuant.
- Ajouter 2 jaunes d'œufs hors du feu.
- Réfrigérer 1 heure.
- Façonner des boules à la main et les rouler dans le cacao.
- Réfrigérer 24 heures.

Mme Travers a pesé les quantités nécessaires pour fabriquer des truffes pour 4 personnes.

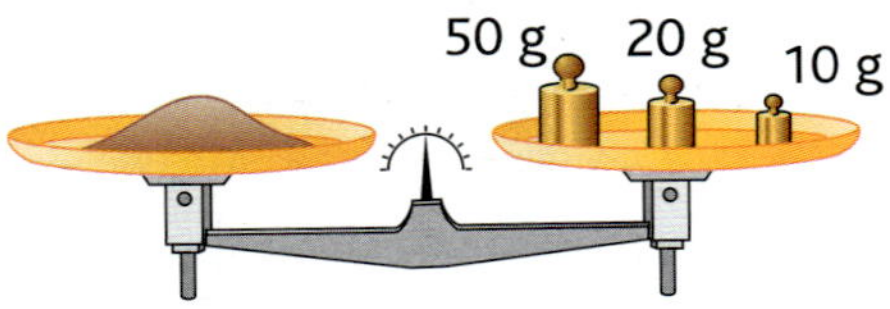

Cacao : ....

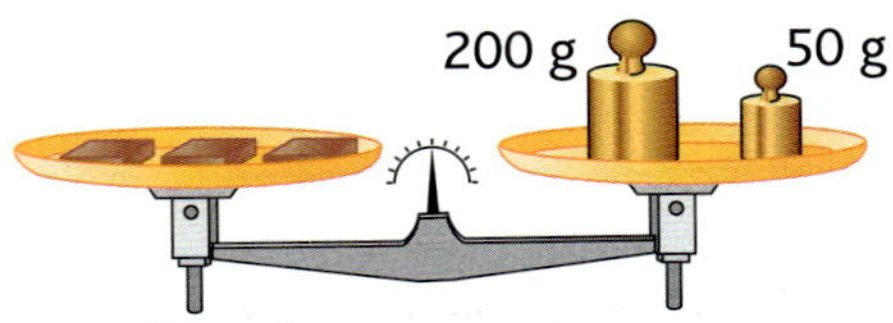

Chocolat : ....

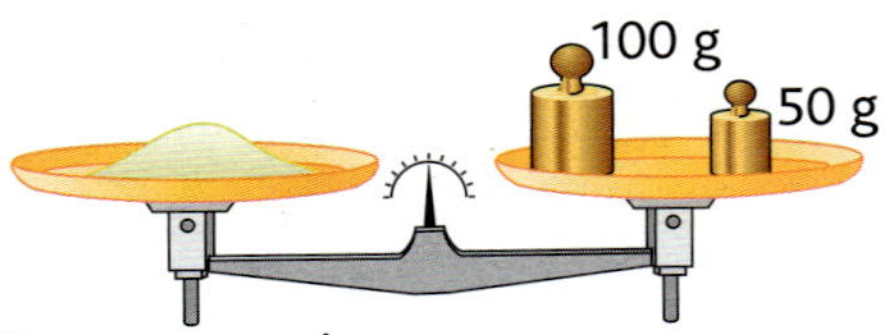

Sucre en poudre : ....

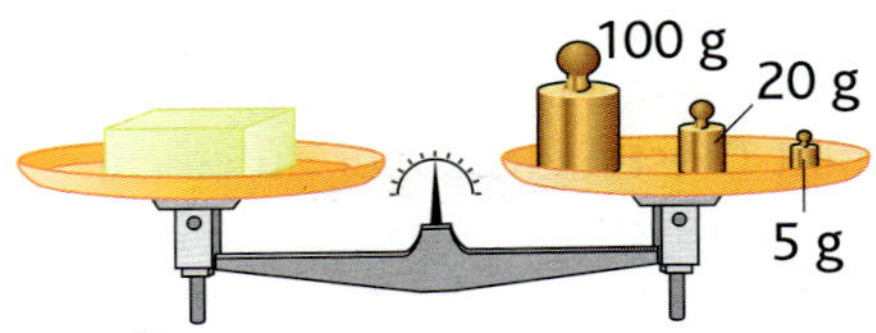

Beurre : ....

- Observe les dessins et indique la masse de chacun des ingrédients.

2 Pour confectionner quatre fois plus de truffes, il faut multiplier les quantités par quatre.

- Recopie et complète le tableau.

× 4

œufs	2	...
crème fraîche	2 cuillères	...
cacao	...	...
beurre	...	...
chocolat	...	...
sucre en poudre	...	...

3 On dit aussi que 500 g, c'est une livre. Recopie et complète.

deux livres : ... g
trois livres = ... g

deux livres = ... kg
trois livres = ... kg et ... g

3 kg = ... livres
2 kg 5 hg = ... livres

Jouer avec les nombres

Calculer mentalement : 43 × 10, 567 × 10, 53 × 100, 456 × 100, 654 × 1 000, 54 × 10 × 100.

Je m'entraîne

4 Recopie et complète.

1 kg = … hg
1 kg = … dag
1 kg = … g

1 hg = … dag
1 hg = … g
1 dag = … g

4 hg = … g
14 dag = … g
15 kg = … hg

2 400 g = … kg et … g
1 kg 8 hg = … hg
2 kg 45 g = … g

5 **a)** Observe les dessins ci-dessous.

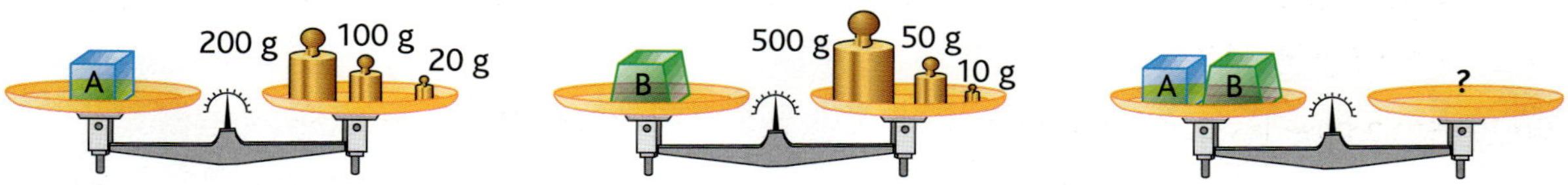

b) Quelles masses marquées faut-il placer sur le plateau vide de la troisième balance ?

6 **a)** Observe les dessins ci-dessous.

b) Combien pèse le panier de pommes ?

7 Écris les masses suivantes en grammes :

2 kg 250 g = … g
2 kg 5 g = … g

1 hg 25 g = … g
23 hg 50 g = … g

24 hg 05 g = … g
23 hg 5 g = … g

5 dag 2 g = … g
2 kg 50 g = … g

8 Chez le marchand de bonbons, on a relevé les prix suivants :

pralines 10 € le kg	caramels 8 € les 500 g	bonbons réglisse 2 € les 200 g	nougats 10 € le kg

Éric a acheté 100 g de pralines, 1 kg de caramels, 100 g de bonbons réglisse et 200 g de nougats.

• Combien va-t-il payer ?

JE RETIENS

Les unités de masse

kilogramme	hectogramme	décagramme	gramme
kg	hg	dag	g
1	0	0	0

1 kg = 10 hg
= 100 dag
= 1 000 g

23

ÉTAPE 1

1 On a réalisé le dessin ci-dessous en traçant six arcs de cercle et des segments.

- Reproduis-le sur ton cahier, avec ton compas et ton double décimètre.

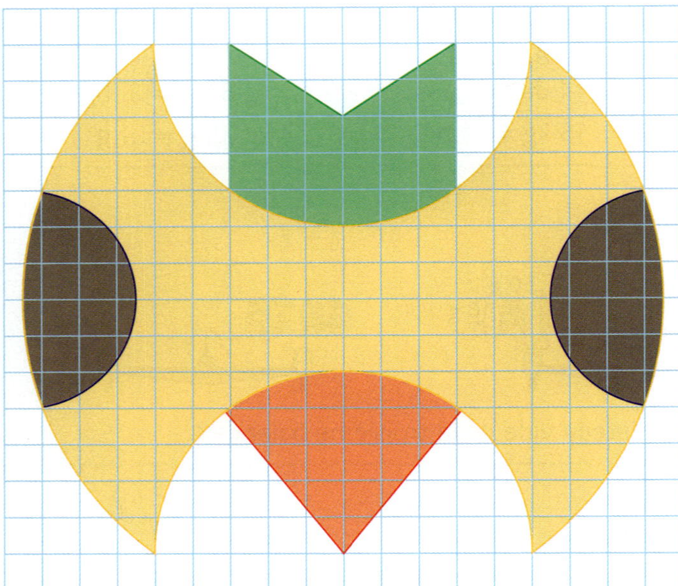

2 Écris le nombre de carreaux de chaque figure en utilisant des produits.

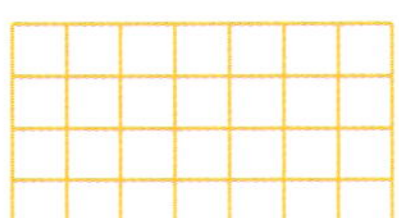

A

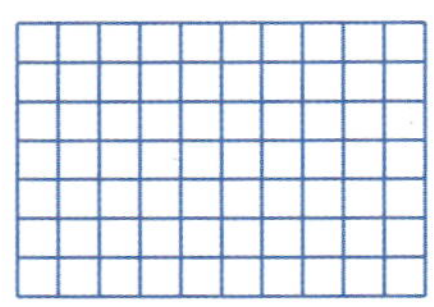

B

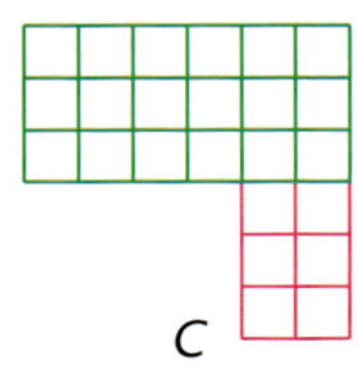

C

3 Combien de cubes y a-t-il dans chaque assemblage ?

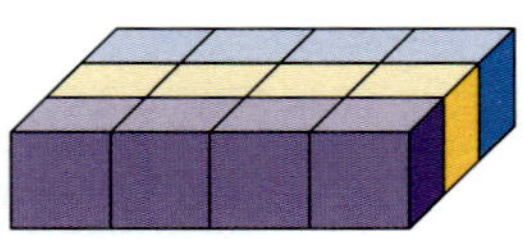

A

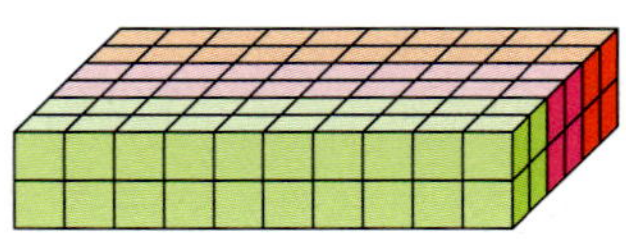

B

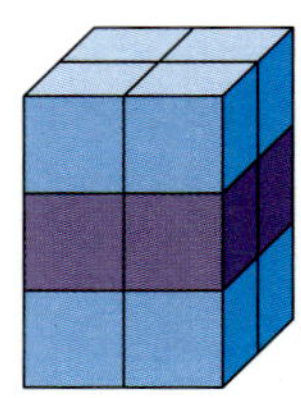

C

4 Indique la masse de chaque objet.

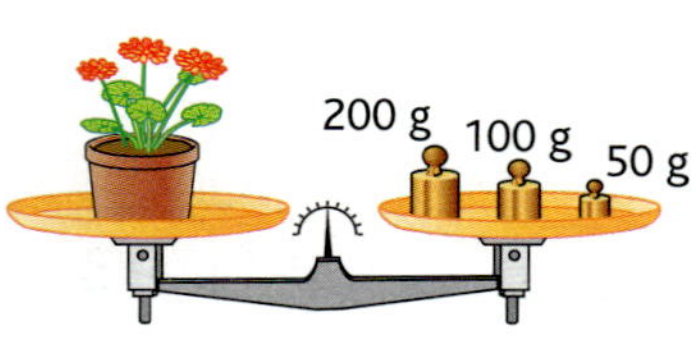

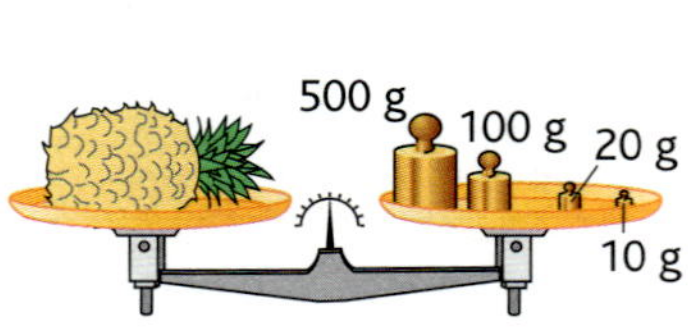

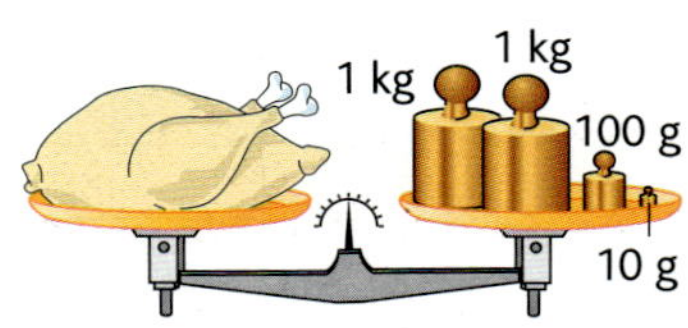

5 Recopie et complète les tables.

×	5	…	4	…
2	…	12	…	4
…	…	6	…	2
3	…	…	…	…
…	…	…	16	8

×	3	…	5	…
…	12	…	…	…
6	…	24	…	…
…	…	…	25	…
7	…	…	…	42

6 Recopie et complète le tableau.

kg	hg	dag	g
18	180	1 800	18 000
…	…	400	…
…	…	…	6 000
3	…	…	…

7 Recopie et complète.

6 345 = (6 × 10^3) + (3 × …) + (… × …) + …

… = (4 × 10^3) + (2 × 10^2) + (4 × 10) + 5

8 046 = …

… = (3 × 10^3) + (2 × 10)

8 **Les détritus ménagers**

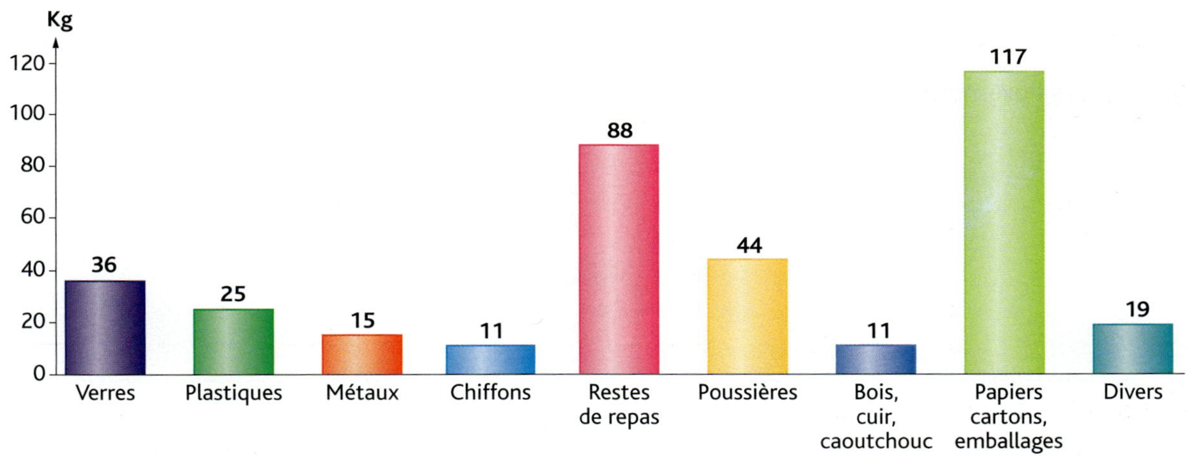

a) Quel est le poids total de déchets retrouvés dans les poubelles ?

b) Quel poids total représentent les trois types de déchets les plus importants ?

	oui	pas encore
1 Je sais reproduire un dessin avec le compas.		
2 Je sais écrire un nombre sous la forme d'un produit.		
3 / 5 / 7 Je sais calculer des produits.		
4 Je sais calculer des masses.		
6 Je sais convertir des unités de masse.		
8 Je sais identifier les données utiles.		

24 Technique opératoire de la multiplication

Je découvre

1 a) Les coureurs ont parcouru 28 tours de piste. La piste mesure 32 m.
On veut savoir combien de mètres ils ont parcourus.

Avant d'effectuer le calcul, on évalue le résultat de la façon suivante :
28 est voisin de 30, 32 est voisin de 30, donc le résultat est voisin de 30 × 30 = 900.

Voici plusieurs façons d'effectuer la multiplication **28 × 32**.

		32		
	×	30	2	
28	8	240	16	256
	20	600	40	640
				896

```
   28
×  32
 ----
   16 ← 8 × 2
   40 ← 20 × 2
  240 ← 8 × 30
  600 ← 20 × 30
 ----
  896
```

```
   28
×  32
 ----
   56 ← 28 × 2
  840 ← 28 × 30
 ----
  896
```

b) De la même façon, calcule un résultat voisin de produits 69 × 52 et 88 × 41
puis calcule-les avec la méthode que tu préfères.

Je m'entraîne

2 Observe l'exemple et calcule de même.

```
    22 × 40          14 × 30          31 × 50          24 × 20
   /    /  \        /    /  \        /    /  \        /    /  \
22 × 4 × 10      14 × … × …       … × … × …        … × … × …
  \  /   /         \  /   /         \  /   /         \  /   /
   88 × 10          … × …            … × …            … × …
     \  /            \  /             \  /             \  /
     880              …                …                …
```

3 Recopie et complète.

```
   126                  421
×   32               ×   46
  ----                 ----
   … ← 126 × 2          … ← 421 × …
   … ← 126 × 30         … ← 421 × …
  ----                 ----
   …                    …
```

4 Observe l'exemple et calcule de même.

54 × 8 = (50 × 8) + (4 × 8) = 400 + 32 = 432

63 × 7 = … 124 × 2 = …
418 × 7 = … 826 × 5 = …
512 × 9 = … 219 × 4 = …

5 Calcule en ligne, comme dans l'exemple.

215 × 30 = 215 × 3 × 10 = 645 × 10 = 6 450

120 × 40 = … 422 × 20 = … 198 × 50 = …
220 × 40 = … 390 × 20 = … 310 × 50 = …

Jouer avec les nombres

Calculer mentalement : 67 + 11, 34 + 11, 123 + 101, 267 + 101, 654 + 1 001, 342 + 1 001.

6 Calcule en ligne, comme dans l'exemple.

3 200 × 3 = 9 600 — 2 600 × 3 = 7 800 — 160 × 40 = 6 400

4 300 × 2 = …	2 700 × 4 = …	380 × 20 = …
2 100 × 4 = …	4 300 × 6 = …	450 × 30 = …
3 300 × 3 = …	3 500 × 5 = …	450 × 20 = …

7 Observe l'exemple.

(56 × 39) = (50 + 6) × (30 + 9)

= 1 500 + 450 + 180 + 54 = 2 184

- Calcule de même les produits suivants.

42 × 36 — 28 × 41 — 39 × 65

8 En utilisant les résultats suivants, calcule les produits.

83 × 5 = 415	83 × 6 = 498	83 × 8 = 664
83 × 50 = …	83 × 60 = …	83 × 80 = …
83 × 11 = …	83 × 14 = …	83 × 13 = …

9 a) Cherche un résultat voisin des produits suivants et recopie la réponse qui te semble exacte.

66 × 73 = …	2 818	4 818	7 518
59 × 37 = …	2 183	6 183	8 183
48 × 29 = …	2 102	1 392	13 920
149 × 32 = …	6 768	8 768	4 768
217 × 48 = …	10 416	8 416	1 416

b) Vérifie les résultats avec ta calculette.

10 J'ai 20 € d'argent de poche par mois. Je ne dépense que 10 € par mois.

- Au bout d'un an, combien aurai-je économisé ?

11 Un éleveur a 275 poules. Elles pondent chacune 5 œufs par semaine.

- Combien d'œufs sont produits en 28 jours ?

12 Dans cette entreprise, on expédie des colis. Pour cela on dispose de cartons pouvant contenir jusqu'à 1 kg, jusqu'à 2 kg, jusqu'à 3 kg.

On doit expédier 100 boîtes de 300 g et 55 boîtes de 250 g.

Trouve le conditionnement qui utilisera le moins de cartons.

25 Les multiples d'un nombre

Je découvre

1 a) Rémy possède une collection de voitures. Il a 120 modèles. Il a fait des rangées de 20 voitures.

- Complète : 120 = … × **20**.

b) Il fait maintenant des rangées de 6 voitures.

- Complète : 120 = … × **6**.

On dit que **120** est un **multiple** de **20** et de **6**.

2 Recopie et complète, si c'est possible.

120 = … × 2 = 2 × …
120 = … × 3 = 3 × …
120 = … × 4 = 4 × …
120 = … × 5 = 5 × …
120 = … × 6 = 6 × …
120 = … × 7 = 7 × …
120 = … × 8 = 8 × …
120 = … × 9 = 9 × …
120 = … × 10 = 10 × …

3 Recopie les nombres qui ont 120 pour multiple.

2, 3, 4, 5, 6, 7, 8, 9, 10, 11, 12, 13, 14, 20, 24, 30, 40, 50, 60.

Je m'entraîne

4 a) Recopie et complète le tableau.

	4	26	50	33	18	22	41	25	17	39
× 2	…	…	…	…	…	…	…	…	…	…

b) Par quels chiffres se terminent les multiples de 2 ?

5 Parmi les nombres suivants, recopie les multiples de 2.

259 1 748 256 26 000 7 237 420 8 722 11

6 a) Recopie et complète les tableaux.

	× 5
3	…
10	…
21	…
7	…
20	…
16	…

	× 10
3	…
10	…
21	…
7	…
20	…
16	…

b) Par quels chiffres se terminent les multiples de 5 ? de 10 ?

Jouer avec les nombres

Calculer à l'aide d'un tableau :
43×21, 57×86, 65×32.

7 Trouve les multiples :

a) de 100 compris entre 1 500 et 2 000 ;

b) de 1 000 compris entre 16 000 et 25 000.

8 Complète de deux manières différentes.

54 = … × …
   = … × …

36 = … × …
   = … × …

50 = … × …
   = … × …

600 = … × …
    = … × …

9 a) Écris la suite des multiples de 25 compris entre 350 et 700.

b) Entoure les nombres qui sont aussi multiples de 50.

10 **Devinettes.**

a) Je suis un multiple de 10.
Je suis compris entre 654 et 728. Si je fais la somme de mes chiffres, j'obtiens 14.
- Qui suis-je ?

b) Julien range ses soldats. Il en a moins de 30. S'il les range par 7, il en reste 3. S'il les range par 5, il en reste 4.
- Combien en a-t-il ?

11 Dessine la droite numérique et complète-la avec des multiples de 15.

15	…	…	…	75	…	…	…	…	…	…
1 × 15	2 × 15	3 × 15	4 × 15	…	…	…	…	…	…	…

Entoure en **bleu** les multiples de 15 qui sont aussi multiples de 10.

12 On range des enveloppes par paquets de 20.

- Recopie et complète le tableau.

nombre d'enveloppes	calculs	nombre de paquets	nombre d'enveloppes restantes
57	$2 \times 20 < 57 < 3 \times 20$	2	57 – 40 = 17
122	…	…	…
89	…	…	…
1 613	…	…	…

13 Un producteur d'œufs a 149 œufs à ranger dans des boîtes qui peuvent contenir 6, 8, ou 12 œufs. Il veut que le plus possible d'œufs soient rangés et ne veut faire que des boîtes pleines. Aide-le dans son travail.

26 Mesurer des masses (2)

Je découvre

1 **a)** Lis les documents ci-dessous.

(1) ★ **Protides** : ce sont par excellence les matériaux de construction du corps (viandes, poissons, œufs).

★ **Glucides** : ce sont des constituants énergétiques (sucres et féculents).

★ **Lipides** : ce sont des constituants très énergétiques (huiles et corps gras).

(2) **Purée de pommes de terre en flocons**

Valeur nutritionnelle pour 100 g

★ Protides : 2 g
★ Glucides : 13 g
★ Lipides : 0,3 g

Le document n° 2 indique les masses des protides, glucides, lipides contenus dans 100 g de purée de pommes de terre en flocons.

- Recopie et range ces masses de la plus petite à la plus grande.
- Quelle est la masse inférieure à 1 g ?

La masse de lipides est égale à 0 gramme et 3 décigrammes, ou 3 décigrammes.
Elle s'écrit : 0,3 g et se lit 0 virgule 3 gramme ou 0 gramme 3.
Le décigramme, ou dg, est une unité de mesure inférieure au gramme :

1 gramme vaut 10 décigrammes, 1 g = 10 dg.

Il existe deux autres unités de mesure encore plus petites :
le centigramme, ou cg, et le milligramme, ou mg.

1 gramme vaut 100 centigrammes ou 1 000 milligrammes, 1 g = 100 cg = 1 000 mg.

b) Recopie et complète.

3 g 250 mg = … mg	325 cg = … g … cg	0,8 g = … dg
3 dg 25 mg = … mg	2 625 mg = … dg … mg	1,7 g = … dg

Je m'entraîne

2 Voici les douze masses utilisées pour effectuer des pesées de précision (en pharmacie…).

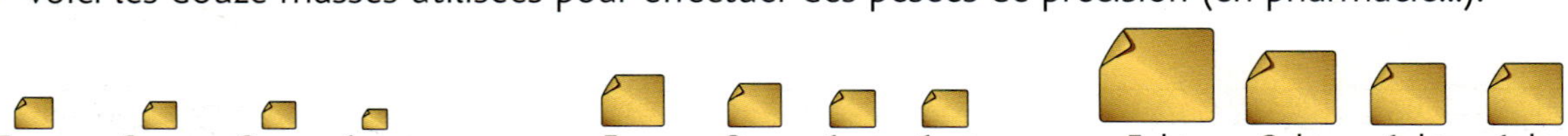

5 mg 2 mg 2 mg 1 mg 5 cg 2 cg 1 cg 1 cg 5 dg 2 dg 1 dg 1 dg

- Indique les masses marquées que tu peux utiliser pour équilibrer les balances.

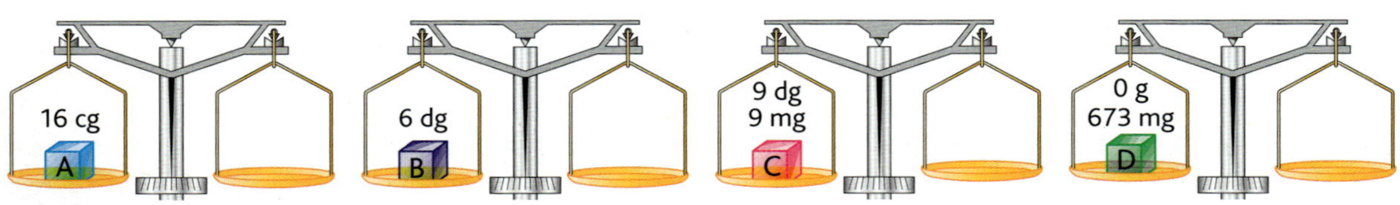

Jouer avec les nombres

Calculer mentalement : 54 – 11, 78 – 11,
251 – 101, 435 – 101,
564 – 110, 895 – 110.

3 a) Observe l'étiquette puis recopie et complète le tableau.

	dag	g	dg	cg	mg
protides	…	6	5	0	0
glucides	…	…	…	…	…
lipides	…	…	…	…	…
fibres alimentaires	…	…	…	…	…
magnésium	…	…	…	…	…
phosphore	…	…	…	…	…

ANALYSE MOYENNE POUR 100 g		
Valeur énergétique	405	kcal
Protides	6,5	g
Glucides	59	g
Lipides	16	g
Fibres alimentaires	6,5	g
Magnésium	45	mg
Phosphore	325	mg

b) Range ces masses de la plus petite à la plus grande.

c) Calcule la quantité de lipides pour 300 g de produit.

d) Calcule la quantité de glucides pour 500 g de produit.

4 Le tableau ci-dessous indique les noms des diamants les plus célèbres du monde.
Leur masse est donnée en carats : **1 carat = 2 dg**.

- Recopie et complète le tableau.

nom du diamant	lieu de découverte	masse en carats	masse en dg	masse en g
Le Cullinan	Afrique (1905)	3 106	…	…
Le Woyi	Afrique (1945)	770	…	…
Le Régent	Inde (18e s.)	410	…	…
Le Ko-i-Noor	Inde (avant 1300)	186	…	…

JE RETIENS

kilogramme	hectogramme	décagramme	gramme	décigramme	centigramme	milligramme
kg	hg	dag	g	dg	cg	mg
1	0	0	0			
			1	0	0	0

1 kg = 1 000 g   1 g = 1 000 mg

27 Écrire et utiliser les grands nombres

Je découvre

1 Voici le nombre d'habitants de quelques pays européens.

	millions	mille	unités
France	59	341	000
Luxembourg		444	000
Danemark	5	368	000
Grèce	10	988	000

La population de la France se lit :
cinquante-neuf millions trois cent quarante et un mille, et s'écrit en chiffres : 59 341 000.

- Écris en lettres et en chiffres la population des trois autres pays.

2 Dans le nombre représentant la population du Danemark :
– le chiffre **5** est le chiffre des **unités de millions**,
– le chiffre **3** est celui des **centaines de mille**.

millions			mille			unités		
c	d	u	c	d	u	c	d	u
		5	3	6	8	0	0	0

- Aide-toi du tableau pour trouver ce que représentent les chiffres **4** et **1** dans le nombre d'habitants de la France.

3 Cent trente-six millions sept cent vingt-quatre mille quarante-huit pièces métalliques ont été fabriquées dans une usine. Ce nombre s'écrit : 136 724 048.

millions			mille			unités		
c	d	u	c	d	u	c	d	u
1	3	6	7	2	4	0	4	8

Lors d'une collecte pour une œuvre de bienfaisance, cent huit millions deux cent cinq mille cent trente-trois pièces de monnaie ont été rassemblées.

a) Écris ce nombre en chiffres.

b) Que représente le chiffre **8** dans ce nombre ?

Jouer avec les nombres

Calculer : 132 + (5 × 10), 342 + (5 × 10), 327 + (4 × 100), 564 + (3 × 1 000), 34 + (8 × 5).

Je m'entraîne

4 Observe l'exemple.

4 008 070 = (4 × 1 000 000) + (8 × 1 000) + (7 × 10)

- Décompose de même les nombres ci-dessous.

300 080 68 300 034 14 000 500 8 060 210

5 Dans les nombres ci-dessous, entoure :
– en **rouge** le chiffre des dizaines de millions ;
– en **bleu** le chiffre des dizaines de mille.

8 529 7 318 429 18 750 812
9 711 104 26 116 124 96 376

6 Dans le monde :
369 000 000 de personnes parlent l'espagnol,
213 000 000 parlent l'arabe,
457 000 000 parlent l'anglais,
123 000 000 parlent le français,
181 000 000 parlent le portugais,
289 000 000 parlent le russe.

- Écris en lettres les nombres de cet énoncé.

7 Observe le tableau puis continue-le avec les nombres ci-dessous.

200 millions 600 mille 6 millions 240 7 millions 7 000 56 millions 200 mille 3

Par exemple, 426 millions 3 mille 22 s'écrit :

millions			mille			unités		
4	2	6	0	0	3	0	2	2

8 Observe l'exemple et écris de même les nombres ci-dessous.

13 005 425 = 13 millions 5 mille 425

6 003 141 1 050 060 8 000 245 24 510 125 17 804 204 1 423 212

9 Décompose comme dans l'exemple les nombres ci-dessous.

$137\ 425 = (1 \times 10^5) + (3 \times 10^4) + (7 \times 10^3) + (4 \times 10^2) + (2 \times 10) + 5$

6 729 428 1 500 217 25 030 108 300 480 206 2 277 425

10 Observe ce tableau.

Population de la France						
Au dernier recensement	Population au 1er janvier			Naissances		
Le 8/03/1999	1999	2000	2001	1998	1999	2000
58 518 395	58 496 613	58 744 113	59 039 713	738 080	744 791	780 300

a) De combien d'habitants la population française a-t-elle augmenté de janvier 1999 à mars 1999 ?

b) Calcule le nombre de naissances de 1998 à 2000.

28

Cercles et compas (2)

Je découvre

1 Voici la fiche de construction de la figure.

– Trace une droite *d* et place un point *A* qui n'est pas sur *d*.

– Trace un cercle de centre *A* en choisissant un rayon assez grand pour que le cercle coupe la droite *d* en deux points *B* et *C*.

– Garde le même écartement de compas et trace le cercle de centre *B* et le cercle de centre *C*. Ces deux cercles se coupent en *A* et en un autre point *D*.

– Trace le segment *AD*.

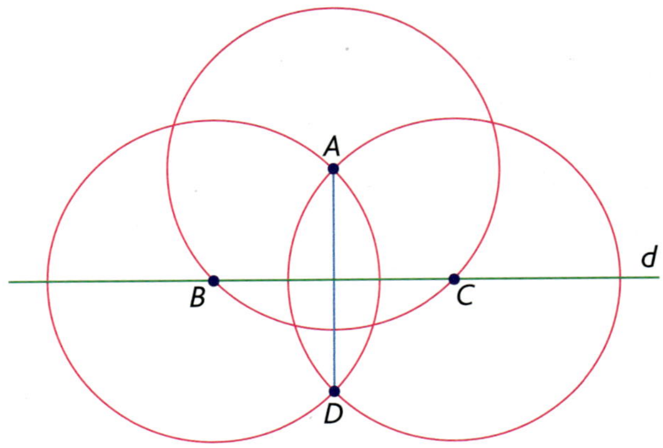

a) Réalise cette construction sur une feuille blanche.

b) Vérifie avec ton équerre que le segment *AD* est perpendiculaire à la droite *d*.

Tu as tracé avec la règle et le compas la perpendiculaire à une droite, passant par un point qui n'est pas sur la droite.

2 Voici la fiche de construction de la figure.

– Marque un point *O* sur la feuille.

– Trace deux portions de droites *Oa* et *Ob*.

– Trace un cercle de centre *O* qui coupe *Oa* en *A* et *Ob* en *B*.

– Garde le même écartement de compas et trace le cercle de centre *A* et le cercle de centre *B*. Ces deux cercles se coupent en *O* et en un autre point *C*.

– Trace le segment *OC*.

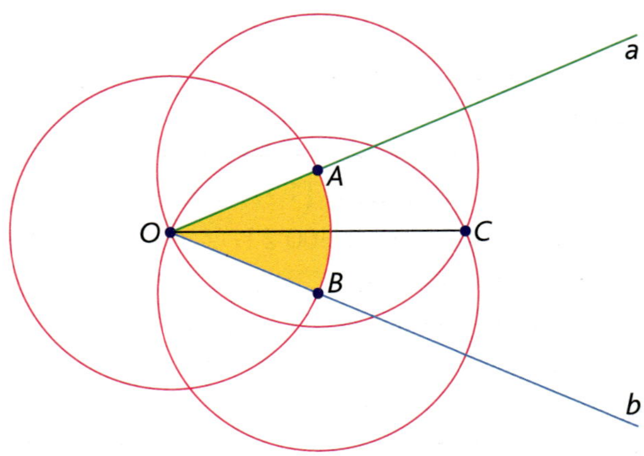

a) Réalise cette construction sur une feuille blanche et colorie les deux angles comme sur la figure.

b) En utilisant un gabarit ou du papier-calque, vérifie que ces deux angles sont égaux.

Avec la règle et le compas, tu viens de partager un angle en deux parties égales.

Jouer avec les nombres

Calculer mentalement : 350 + 41, 460 + 32, 540 + 39, 360 + 64, 450 + 65, 760 + 43.

Je m'entraîne

3 a) Réalise la construction suivante.

– Marque un point *O* sur une feuille de papier.
– Trace le cercle de centre *O* et de rayon 2 cm.
– Trace un diamètre *AB* du cercle.
– Marque un point *M* et un point *N* sur le cercle, comme sur la figure.
– Trace les segments *AM*, *AN*, *BM*, *BN*.

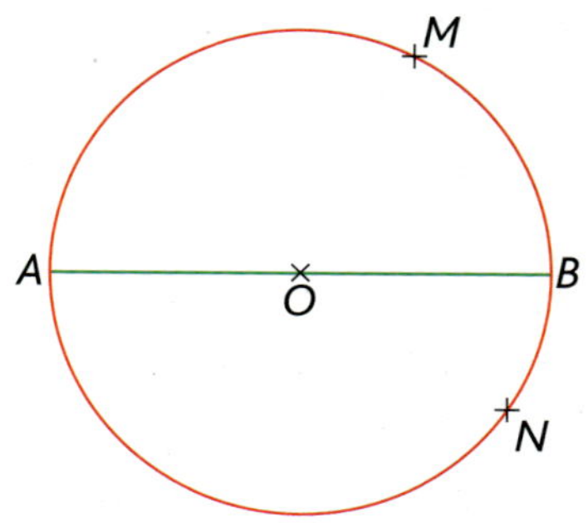

b) Avec ton équerre, cherche les segments perpendiculaires.

4 a) Construis la figure sur une feuille blanche.

– Marque deux points *A* et *B* de façon que *AB* = 4 cm.
– Trace le cercle de centre *A* et de rayon 3 cm et le cercle de centre *B* et de rayon 3 cm.
Ces deux cercles se coupent en *I* et *J*.

b) Que peux-tu dire des segments *AB* et *IJ* ?

5 a) Réalise la construction sur une feuille blanche.

– Marque un point *O* et trace le cercle de centre *O* et de rayon 3 cm.
– Trace un diamètre *AB* du cercle.
– Trace le diamètre *CD* qui est perpendiculaire au diamètre *AB*, en utilisant ton équerre.
– Trace les segments *AC*, *BC*, *AD*, *BD*.

b) Mesure la longueur de ces segments avec ton double décimètre.

c) Avec ton équerre, trouve les angles droits de la figure.

d) Que peux-tu dire du quadrilatère *ACBD* ?

6 a) Construis la figure sur une feuille blanche.

– Trace un segment *AB* de 6 cm de longueur.
– Trace le cercle de centre *A* et de rayon 3 cm et le cercle de centre *B* et de rayon 3 cm.

b) Que remarques-tu ?

7 **L'as de trèfle**

Écris la fiche de construction de cette figure et réalise-la.

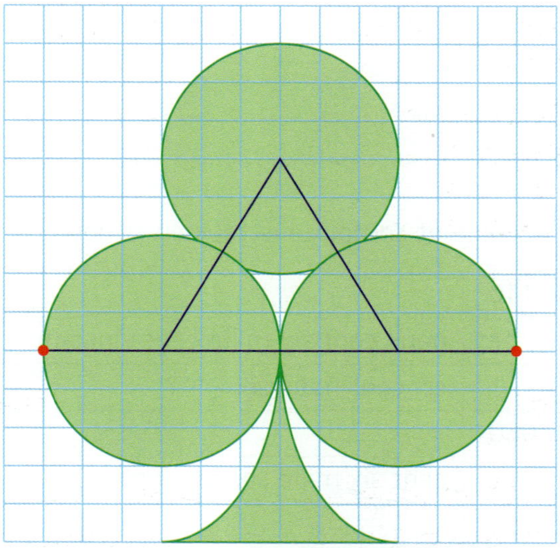

29 ÉTAPE 2

1 Avec ta règle, ton compas et ton équerre, reproduis la figure ci-dessous en suivant les consignes.

– Trace un cercle de centre *O* et de rayon 4 cm.

– Trace deux diamètres perpendiculaires *AB* et *CD*.

– Relie les points *A*, *C*, *B* et *D*.

– Trace les perpendiculaires aux segments *AC*, *CB*, *BD*, *DA* qui passent par *O*.

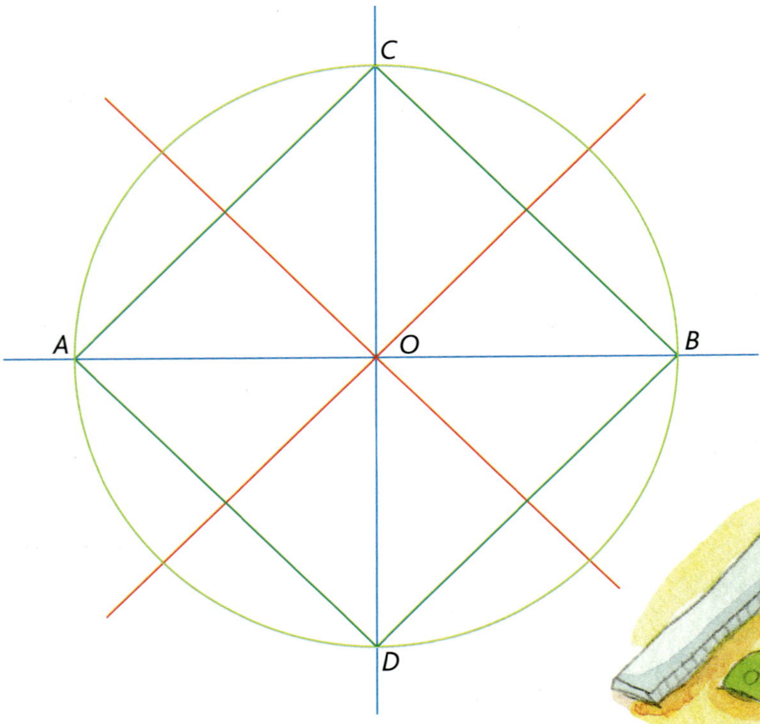

2 Recopie et complète le tableau ci-dessous.

320 110	…
…	deux cent six mille cent vingt-huit
…	six cent mille six
206 060	…
…	cent six mille six cent un
999 099	…

3 Recopie les nombres suivants et entoure :
– en **bleu** le chiffre des unités de mille ;
– en **rouge** le chiffre des centaines de mille.

34 470   206 012

634 120   121 048

4 Observe l'exemple et complète de même.

63 428 = (6 × 10 000) + (3 × 1 000) + (4 × 100) + (2 × 10) + 8

128 432 = …

403 027 = …

620 305 = …

896 096 = …

---

5 Calcule le produit 52 × 26 dans un tableau.

	52			
	×	…	…	
26	…	…	…	…
	…	…	…	…
				…

6 Effectue les opérations.

```
  124        205        136
×  31      ×  27      ×  15
 ----       ----       ----
  …          …          …
```

---

7 Recopie et complète.

3 g = … dg
2 300 g = … kg … g
600 cg = … g

3 kg 125 g = … g
20 cg = … dg
3 100 mg = … dg

45 g = … mg
1 dag = … dg
1 hg = … cg

---

8 Tous les matins, Nicolas met 2 morceaux de sucre dans son bol de lait. Un morceau de sucre pèse 6 g.

• Calcule la masse de sucre utilisée par Nicolas pour sucrer son lait :
– en une semaine,
– en un mois de 30 jours,
– en une année normale.

(Tu peux vérifier ton résultat avec la calculette.)

	oui	pas encore
1 Je sais reproduire une figure avec un compas, une équerre, une règle.		
2 Je sais écrire en lettres et en chiffres des nombres supérieurs à 10 000.		
3 Je connais la signification des chiffres dans les grands nombres.		
4 Je sais décomposer des nombres supérieurs à 10 000.		
5 / 6 / 8 Je sais calculer des produits.		
7 Je sais convertir des unités de masse.		

30 ATELIER PROBLÈMES

Je recherche les données nécessaires

1 **a)** Cinq enfants fabriquent chacun un bracelet. Pour chaque bracelet, il faut :
– 8 perles roses, qui mesurent 8 mm de diamètre et qui coûtent 9 € la boîte de 100 ;
– 4 perles bleues, qui mesurent 10 mm de diamètre et qui coûtent 10 c pièce ;
– des perles mauves, qui mesurent 12 mm de diamètre et qui coûtent 20 c pièce.

- Peux-tu calculer le nombre de perles nécessaires pour la fabrication de 5 bracelets ?
- Sinon, quels sont les renseignements dont tu as besoin pour faire ce calcul ?

b) Émilie veut fabriquer un bracelet avec 10 perles roses et 5 perles bleues.

- Dessine ce bracelet et calcule sa longueur.

---

2 **a)** Alicia a fait des achats. Complète sa facture.

objets	prix unitaire	nombre d'articles	total
BD	7 €	2	…
livre	6 €	3	…
agenda	…	1	4 €
classeur	2 €	…	10 €
			…

b) Au départ, Alicia avait 15 €. Elle a économisé 5 € chaque semaine.

- Peux-tu calculer si Alicia a assez pour payer sa facture ?
- Sinon, quels renseignements te manque-t-il ?

---

3 M. et Mme Vincent souhaitent passer 8 jours en pension complète avec leurs deux enfants à l'hôtel de la plage.

Pension complète par jour et par personne	adulte	enfant
Pleine saison : mai à septembre	35 €	20 €
Hors saison : octobre à avril	30 €	15 €

a) De quelle donnée as-tu besoin pour calculer la somme qu'ils doivent payer ?
b) Choisis toi-même cette donnée et réponds à la question.

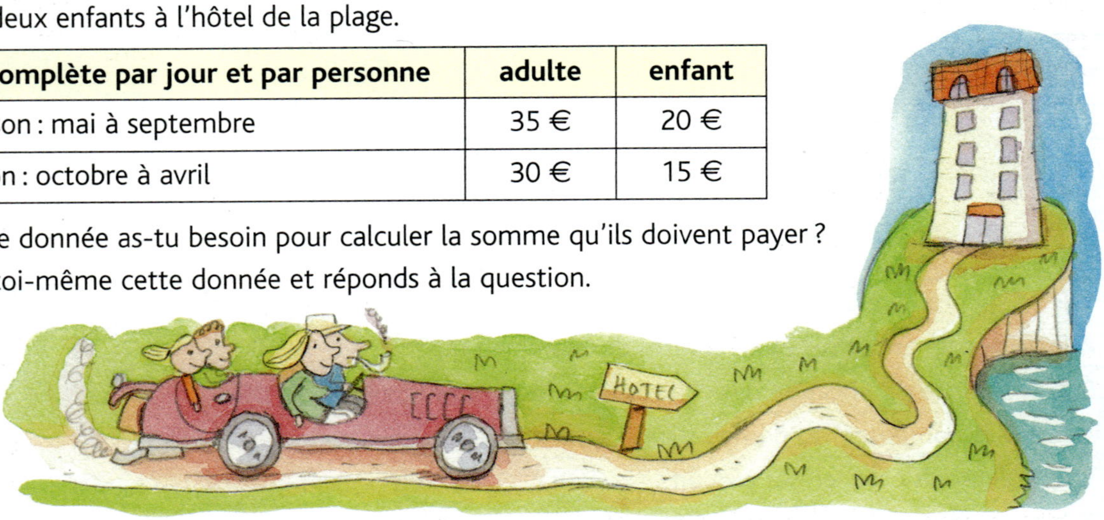

4 Voici le texte d'un problème :

« Pour se rendre à son travail, M. Boulanger prend le train chaque jour.
La SNCF lui propose 2 types d'abonnements :
– un abonnement qui coûte 426 € par an,
– un abonnement qui coûte 45 € par mois.
Il y a un train tous les quarts d'heure entre 7 h et 10 h et un train toutes les deux heures le reste de la journée. M. Boulanger travaille en moyenne 11 mois dans l'année.
Il prend le train le matin à 8 h.
Quelle est pour lui la formule la plus avantageuse ? »

a) Écris cet énoncé de problème en supprimant tout ce qui est inutile pour répondre à la question.

b) Résous le problème.

Je résous des problèmes

5 Mme Dumont commande 6 assiettes de fruits de mer à son poissonnier.

Assiette de fruits de mer cuits
150 g de langoustines 20/40,
180 g de bulots,
100 g de vignots,
100 g de crevettes grises,
100 g de crevettes 80/100,
50 g de crevettes 100/120,
680 g, soit le kilo : **11 € 03**

7,50 €

a) Quel poids total de langoustines cela fera-t-il ?

b) Quel poids total de crevettes y a-t-il dans chaque assiette ?

c) Quel prix Mme Dumont va-t-elle payer ?

6 Je consulte cette publicité.

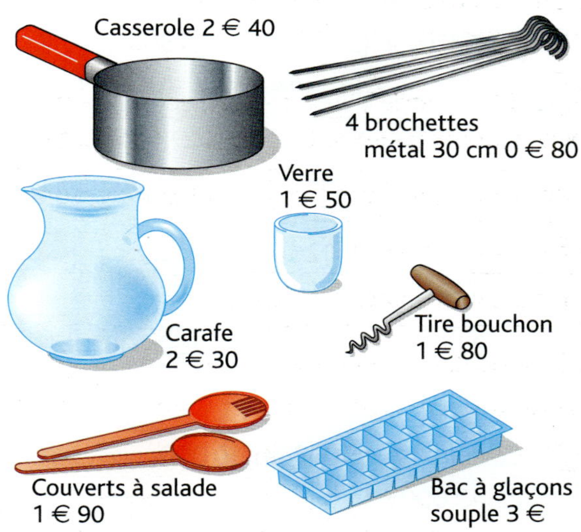

• Si j'achète un tire-bouchon, des couverts à salade et un bac à glaçons, combien devrai-je payer ?

31 Ranger les grands nombres

Je découvre

1 Le tableau suivant indique, en kilomètres, le diamètre de quelques planètes.

Planètes	Diamètre en km
Mercure	4 878
Vénus	12 100
Terre	12 742
Pluton	2 200
Jupiter	142 800

a) Range les nombres du tableau du plus petit au plus grand.

b) $4\,000 < 4\,878 < 5\,000$.

- Complète de la même façon :

  … $< 12\,742 <$ …

  … $< 142\,800 <$ …

c) Mercure a un diamètre de 4 878 km, soit environ 5 000 km.

- Quelle planète a un diamètre d'environ 140 000 km ?
- Donne, de la même façon, une valeur proche du diamètre de Vénus et de la Terre.

Je m'entraîne

2 Recopie et complète avec $>$, $<$ ou $=$.

$(7 \times 100\,000) + (2 \times 1\,000)$ … $(6 \times 100\,000) + (9 \times 1\,000) + (3 \times 100)$

$(5 \times 10^6) + (3 \times 10^4) + (5 \times 10^3) + 8$ … $(9 \times 10^5) + (7 \times 10^4) + 25$

$237 \times 1\,000$ … $230\,000 + 8\,000$.

$(9 \times 10^4) + (3 \times 10^2)$ … $90\,300$

$425\,000 + 212$ … $(4\,250 \times 100) + (22 \times 10)$

3 Range les nombres ci-dessous du plus grand au plus petit.

1 266 524 — 126 748 — 2 148 — 218 937 — 4 911 — 16 726 404 — 260 000 — 2 600 000

4 Recopie et complète avec $>$ ou $<$.

106 709 … 108 400

2 106 800 … 2 106 424

78 137 … 78 241

52 000 300 … 51 926 700

5 Compte de 10 000 en 10 000.

2 543 000 → … → … → … → … → … → 2 603 000

6 Range ces nombres du plus grand au plus petit.

735 118 — 734 209 — 735 207 — 735 000 — 734 999 — 734 000

Jouer avec les nombres

Écrire en chiffres : trois millions sept cent quarante mille, neuf cent mille soixante-sept, six millions dix-sept, soixante-dix mille quatre-vingt-neuf.

7 Recopie et complète.

	Nombre qui suit
5 726 939	...
926 799	...
826 999	...
399 999	...

Nombre qui précède	
...	575 428
...	317 520
...	15 800
...	27 000

8 Observe l'exemple et complète de même.

14 000 < 14 524 < 15 000

... < 729 433 < ...

... < 839 615 < ...

... < 756 826 < ...

... < 8 061 975 < ...

9 Comme dans l'exemple, cherche le nombre qui se trouve au milieu.

6 000 < 6 500 < 7 000

27 000 < ... < 28 000

76 100 < ... < 76 200

803 000 < ... < 804 000

10 Observe et continue.

6 724 – 6 734 – 6 744 – .... – 6 814

157 412 – 167 412 – .... – 237 412

7 726 514 – 8 726 514 – .... – 12 726 514

12 624 – 12 614 – .... – 12 544

235 826 – 234 826 – .... – 228 826

11 **Les principaux pays européens**

Pays	Superficie en km²	Population	Capitale et population
France	547 000	59 341 000	Paris : 2 152 000
Allemagne	357 020	82 440 000	Berlin : 3 475 000
Italie	301 363	56 332 000	Rome : 2 700 000
Belgique	31 602	10 310 000	Bruxelles : 136 400
Grande-Bretagne	245 000	57 340 000	Londres : 2 350 000
Espagne	505 000	40 409 000	Madrid : 2 910 000

a) Range ces pays du plus peuplé au moins peuplé.

b) Réponds par « vrai » ou « faux ».

- Le pays qui a le plus d'habitants a aussi la capitale la plus peuplée.
- Le pays le moins peuplé a la capitale la moins peuplée.
- C'est l'Espagne qui a la plus grande superficie.
- L'Italie arrive en 3ᵉ position pour sa superficie.

32 Réaliser des partages

Je découvre

1 **a)** Dominique a 52 cartes. Il les distribue une par une à 8 joueurs de façon que chacun en ait le même nombre.

Pour connaître le nombre de cartes reçues par chaque joueur, on peut :

- calculer ce qui a été donné après chaque tour :

nombres de tours	0	1	2	3	4	5	6
nombres de cartes distribuées	0	...	...	...	...	...	...

a 8 — a 8 — a 8 — a 8 — a 8 — a 8

$$52 = \underbrace{(8 \times 6)}_{48} + 4$$

- calculer ce qu'il reste après chaque tour :

r 8 — r 8 — r 8 — r 8 — r 8 — r 8

52 → 44 (1er tour) → 36 (2e tour) → 28 (3e tour) → 20 (4e tour) → 12 (5e tour) → 4 (6e tour)

$$52 - (8 \times 6) = 4$$

Chaque joueur reçoit 6 cartes, il en reste 4.

b) À ton tour, en utilisant les deux méthodes, partage un jeu de 52 cartes entre 7 joueurs de façon que chacun en ait le même nombre.

2 Le maçon doit placer une rangée de carreaux qui mesurent 12 cm de côté le long d'un mur qui mesure 3 m 60 cm de long.

- Combien de carreaux lui faudra-t-il ?

Je m'entraîne

3 **a)** Trace la droite numérique et complète la suite des multiples de 4.

10 × 4	11 × 4	12 × 4	13 × 4	14 × 4	15 × 4
40	...	...	...	...	...

b) Recopie et complète.

... × 4 < 41 < ... × 4 ... × 4 < 58 < ... × 4 ... × 4 < 63 < ... × 4

41 = (... × 4) + ... 58 = (... × 4) + ... 63 = (... × 4) + ...

Jouer avec les nombres

Calculer mentalement : 348 – 30, 567 – 130, 345 – 230, 675 – 50, 985 – 250.

4 Recopie et complète comme dans l'exemple.

$6 \times 10 < 63 < 6 \times 20$	$63 = (6 \times 10) + 3$
$8 \times … < 82 < 8 \times …$	$82 = (8 \times …) + …$
$9 \times … < 97 < 9 \times …$	$97 = (9 \times …) + …$
$4 \times … < 128 < 4 \times …$	$128 = (4 \times …) + 8$
$7 \times … < 212 < 7 \times …$	$212 = (7 \times …) + …$
$15 \times … < 153 < 15 \times …$	$153 = (15 \times …) + …$

5 **a)** Recopie et continue.

a 15	…	…	…	…	…	
0	15	30	…	…	…	…

b) Une grenouille fait des bonds de 15 cm. Elle veut se rendre dans son abri situé à 97 cm.

- Combien de bonds devra-t-elle faire ?

6 Les 118 élèves de l'école participent à une course par équipes.
Chaque équipe comporte 8 coureurs.

a) Recopie et complète la droite numérique.

80	…	…	…	…	…	…	…	…	…	160
10×8	11×8	…	…	…	…	…	…	…	…	20×8

$10 \times 8 < 118 < 20 \times 8$.

b) Indique le nombre d'équipes complètes que l'on pourra former.

c) Combien d'élèves restera-t-il ?
(Tu peux utiliser ta calculette pour vérifier tes calculs.)

7 Écris l'égalité qui correspond à l'énoncé du problème ci-dessous puis réponds à la question.
Hélène avait 78 €. Elle a acheté 10 romans au même prix. Il lui reste 18 €.

- Quel est le prix d'un roman ?

$78 + 10 + 18 = …$ $78 = (… \times 10) + 18$

$(78 \times 10) + 18 = …$

8 **a)** Une fleuriste a 67 roses.
Elle veut faire des bouquets de 5 roses.

- Combien de bouquets peut-elle faire ?

b) Elle vend chaque bouquet 4 €.
En fin de journée, elle a 52 €.

- Combien de bouquets a-t-elle vendus ?

33 Les parallélogrammes

Je découvre

1 Découpe, dans du papier-calque, deux bandes de largeurs différentes dont les bords sont des droites parallèles.

Place-les comme sur le schéma et marque les bords en utilisant un crayon.

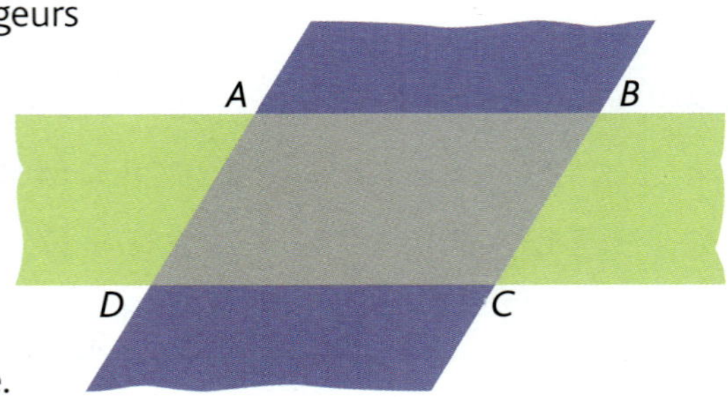

Tu obtiens une figure à quatre côtés : *ABCD*.
Les segments *AB* et *DC* sont parallèles,
les segments *AD* et *BC* sont parallèles.

On dit que le quadrilatère *ABCD* est un **parallélogramme**.

- Mesure les segments *AB* et *DC*, puis *BC* et *AD*.
Que remarques-tu ?

---

2 **Des parallélogrammes particuliers**

a) Avec ton équerre, place les deux bandes de façon que les bords de l'une soient perpendiculaires aux bords de l'autre.

- En utilisant ton équerre, trouve les angles droits du parallélogramme *ABCD*.
- Comment appelle-t-on cette figure ?

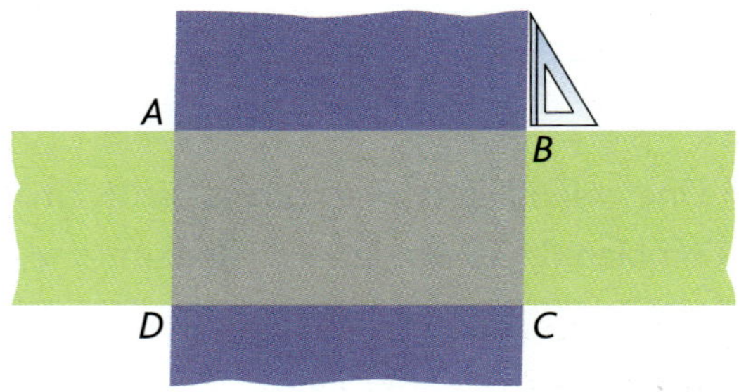

b) Choisis maintenant deux bandes de papier-calque de même largeur.

- Mesure la longueur des quatre côtés *AB*, *BC*, *CD*, *DA*.
Que remarques-tu ?

On dit que le quadrilatère *ABCD* est un **losange**.

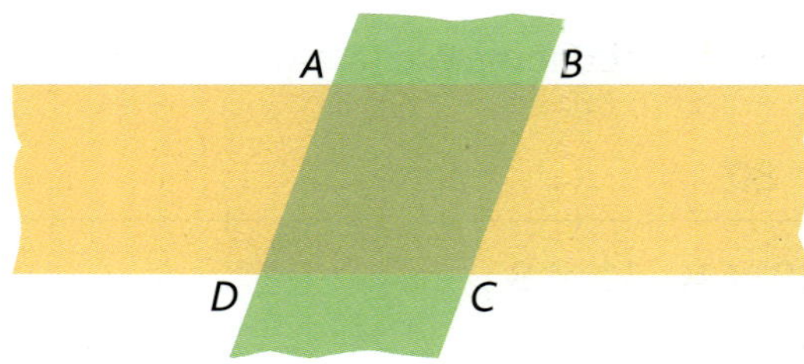

c) Choisis maintenant deux autres bandes de même largeur et place-les de façon que les bords de l'une soient perpendiculaires aux bords de l'autre.

- Mesure la longueur des 4 côtés *AB*, *BC*, *CD*, *DA*.
- Recherche avec ton équerre tous les angles droits du parallélogramme *ABCD*.
- Comment appelle-t-on cette figure ?

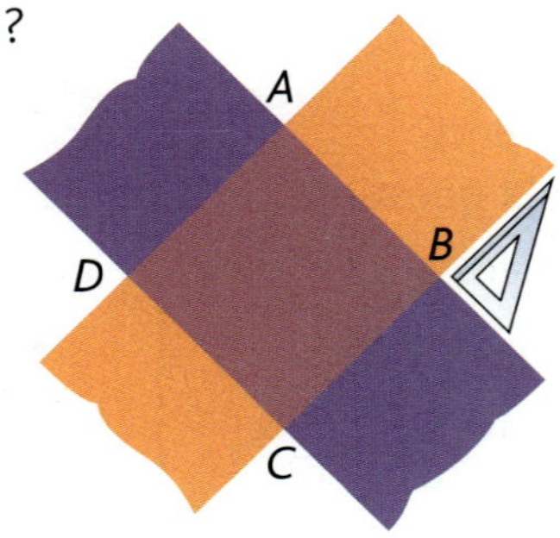

Jouer avec les nombres
Calculer sans poser la soustraction :
456 – 229, 247 – 139,
743 – 259, 443 – 199.

Je m'entraîne

3 Observe les figures ci-dessous.

A *B* *C* *D* *E*

- Recopie et complète le tableau.

(Utilise ton double décimètre ou ton compas, ta règle et ton équerre.)

Figure	Côtés opposés parallèles	4 côtés de même longueur	4 angles droits	Nom
A	X	X		losange
B				
C				
D				
E				

4 Construis deux parallélogrammes dont les côtés mesurent 4 cm et 6 cm.

5 Construis trois losanges de 6 cm de côté. Peux-tu les superposer ?

6 **a)** Reproduis le parallélogramme *ABCD* sur du papier quadrillé. Trace les segments *AC* et *BD*. Ce sont les diagonales du parallélogramme. Elles se coupent en un point *O*.

b) Compare la longueur des segments *AO* et *OC*, puis la longueur des segments *OD* et *OB*. Que remarques-tu ?

7 Dessine un losange sur ton cahier. Trace ses diagonales. Que remarques-tu ?

JE RETIENS

parallélogramme

Ses côtés opposés sont parallèles et ont la même longueur.

losange

C'est un parallélogramme ; ses 4 côtés ont la même longueur.

rectangle

C'est un parallélogramme qui a 4 angles droits.

carré

C'est un parallélogramme qui a 4 angles droits et dont les côtés ont la même longueur.

34 ATELIER PROBLÈMES

J'identifie les données manquantes

1 Réponds aux questions ou précise les données qui te manquent pour répondre.

Ouvrage	Référence	Prix
Larousse junior des personnages	565028	23 €
Larousse junior de l'Astronomie	565045	23 €
Larousse junior de la Mythologie	565066	23 €
Larousse junior de l'Égypte	565059	23 €

a) Quelle est la référence du *Larousse junior de l'Égypte* ?

b) Quel est le titre du livre qui a pour référence le n° 565066 ?

c) Combien de pages possède le livre qui a pour sujet les personnages célèbres ?

d) Une école achète :
– 3 *Larousse junior de l'Astronomie*,
– 7 *Larousse junior de l'Égypte*,
– 2 *Larousse junior des Personnages*.

• Quel sera le montant de la facture ?

e) L'école aura-t-elle assez d'argent pour acheter, en plus, 4 *Larousse junior de la Mythologie* ?

---

2 Réponds aux questions si tu le peux. Sinon explique pourquoi.

A
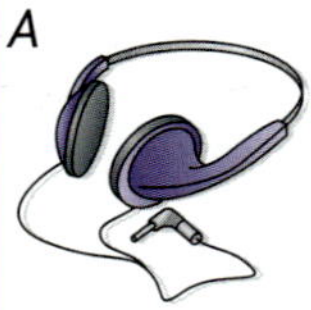
Casque stéréo ultra-léger
19,7 €

B
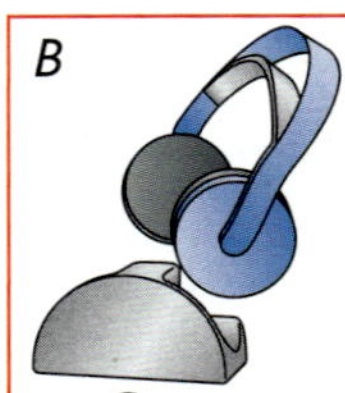
Casque stéréo sans fil
72,5 €

C
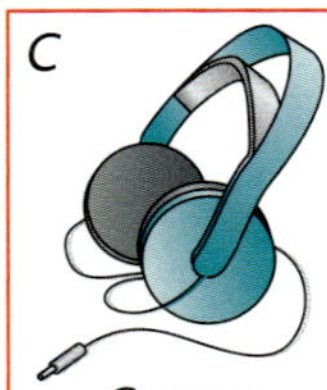
Casque stéréo
14,5 €

D
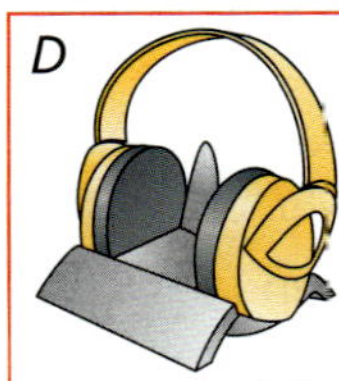
Casque stéréo sans fil rechargeable
85,5 €

a) Émilie veut s'acheter un casque stéréo sans fil et ne veut pas dépenser plus de 75 €. Quel modèle peut-elle choisir ?

b) Annie a de l'argent dans sa tirelire ; quel casque peut-elle acheter ?

c) Annie choisit le casque *A* ; les autres étaient trop chers. Quels sont ceux qu'elle ne pouvait pas acheter ?

3 Réponds aux trois questions ou précise les données qui te manquent pour répondre.

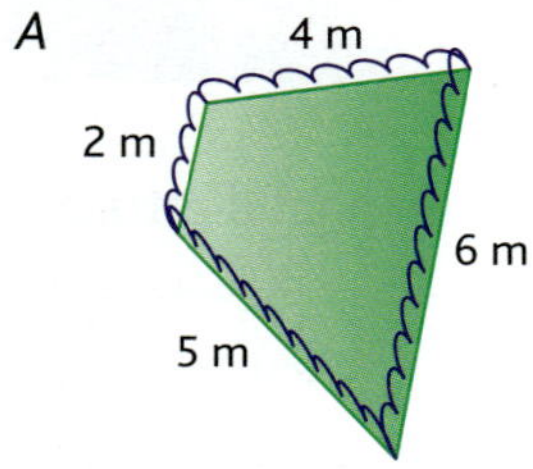

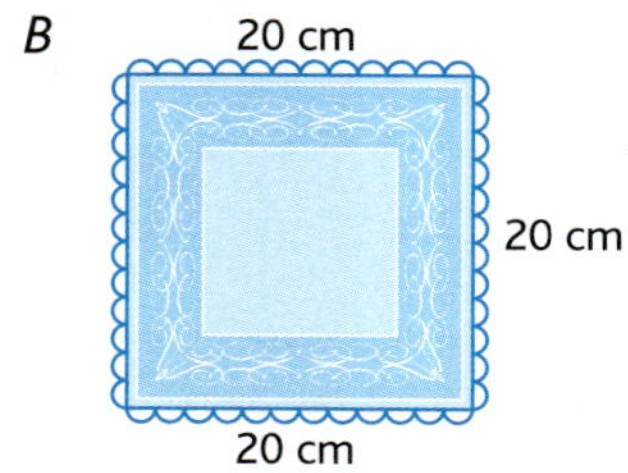

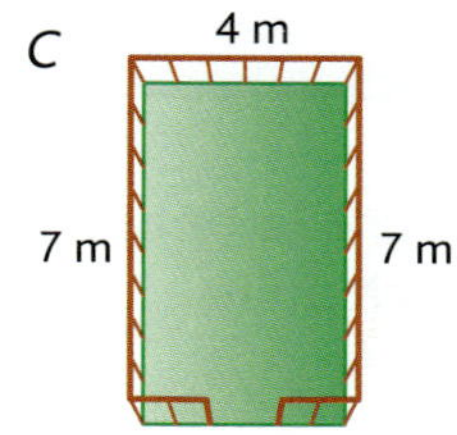

a) Quelle est la longueur de la bordure qui entoure la pelouse (*A*) ?

b) Quelle est la longueur de la dentelle qui entoure le napperon (*B*) ?

c) Quelle est la longueur de la clôture autour du terrain (*C*) ?

---

4 **a)** Observe ces deux balances :

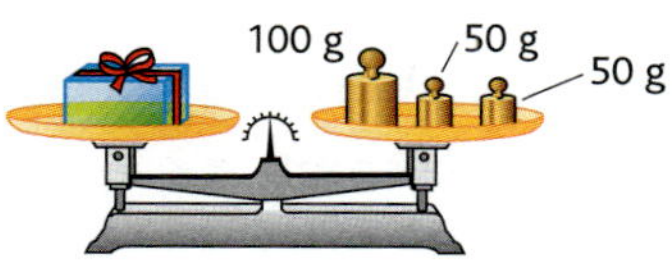

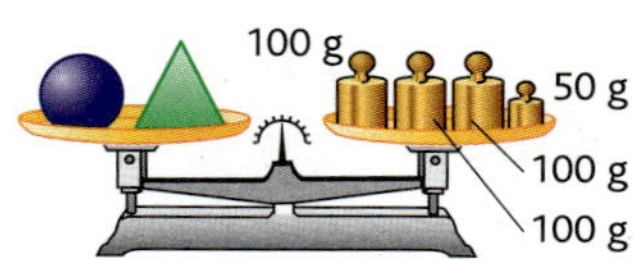

b) Quelle est la masse du paquet ? celle du triangle ? celle de la balle ?

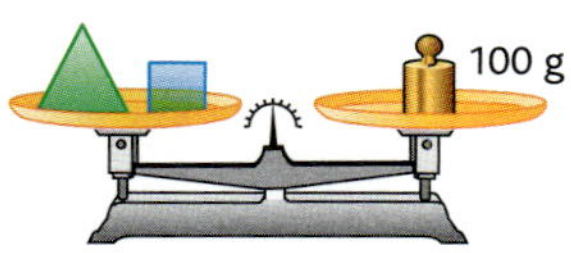

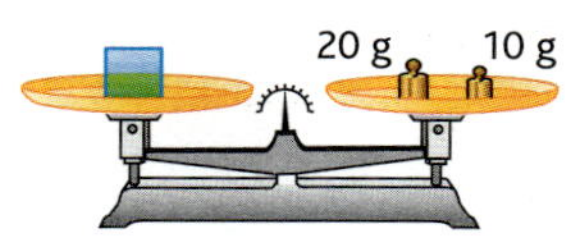

c) Maintenant, peux-tu répondre à toutes les questions ?

---

5 Voici un planning indiquant les heures d'affluence d'un bureau de Sécurité sociale.

	8 h 30 9 h 30	9 h 30 10 h 30	10 h 30 11 h 30	11 h 30 12 h 30	12 h 30 13 h 30	13 h 30 14 h 30	14 h 30 15 h 30	15 h 30 16 h 30	16 h 30 17 h 30
lundi	faible	faible	faible	faible	moyenne	faible	faible	faible	faible
mardi	faible	moyenne	moyenne	moyenne	moyenne	moyenne	moyenne	moyenne	moyenne
mercredi	faible	importante	importante	importante	importante	importante	importante	importante	importante
jeudi	faible	moyenne	moyenne	moyenne	moyenne	importante	importante	importante	importante
vendredi	faible	moyenne	moyenne	moyenne	moyenne	moyenne	moyenne	moyenne	moyenne

Attente : faible — moyenne — importante

a) M. Martin est libre le mardi. Entre quelle heure et quelle heure vaut-il mieux qu'il se rende dans ce bureau ?

b) Quel est le jour où l'attente est la plus forte ?

c) Quel est le jour où l'attente est la plus faible ?

d) Si M. Simon se rend dans ce bureau à 9 h 30 un vendredi, combien de temps devra-t-il attendre ?

BILAN DE LA PÉRIODE 2

COMPÉTENCES À ÉVALUER
1. Rechercher les données manquantes.
2. Rechercher les données nécessaires.
3. Effectuer des multiplications.
4. Reconnaître les multiples d'un nombre.

1 **Action de la température sur la vie d'une chenille**

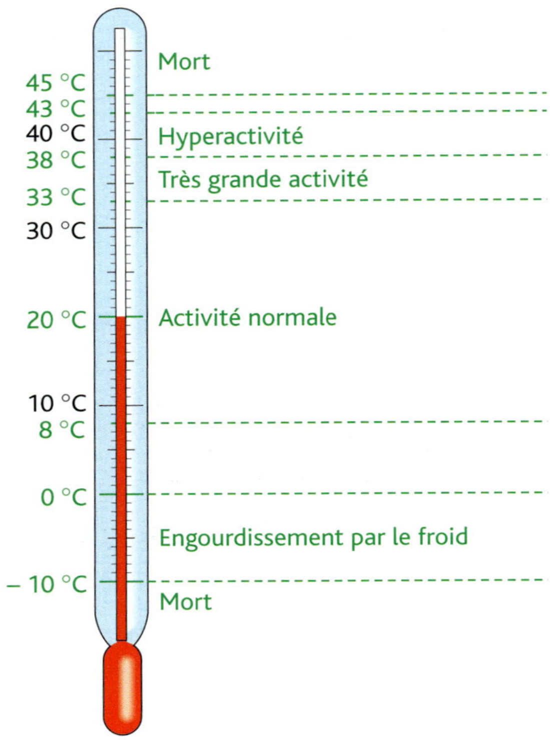

a) Entre quelles températures la chenille est-elle engourdie par le froid ? par la chaleur ?

b) Que se passe-t-il entre 0 °C et 8 °C ? Si tu ne peux pas répondre, précise pourquoi.

2 Voici le tarif d'un parc d'attractions :

	Adultes	Enfants (– de 12 ans)
Tarifs pour la journée entre le 01/12 inclus et le 31/12 inclus	11 €	8 €
Tarifs pour la journée le reste de l'année	13 €	11 €

a) M. et Mme Banier veulent se rendre dans ce parc avec leurs trois enfants de 6, 11 et 15 ans, le 15 décembre.
- Combien paieront-ils ?

b) Ils ont finalement un empêchement et décident d'y aller le 14 janvier suivant.
- Combien paieront-ils ?

3 Pose et effectue les produits ci-dessous.

63×3	57×25
75×6	142×7
108×36	146×23

4 Recopie et complète le tableau ci-dessous.

	55	60	75	100	225	300
est multiple de 5	X					
est multiple de 15						
est multiple de 20						
est multiple de 25						

5 a) Reproduis la figure ci-dessous.

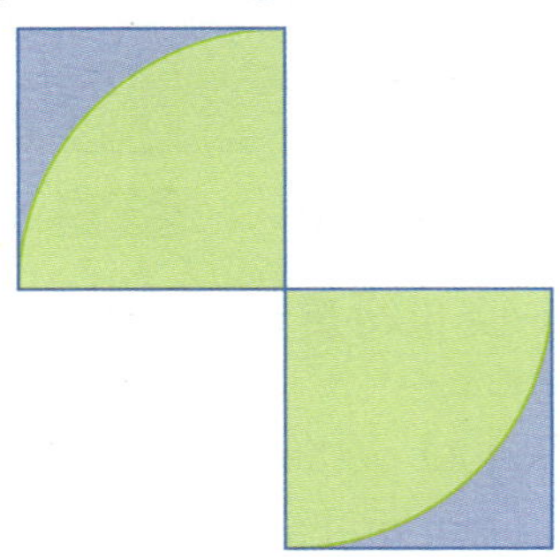

b) Indique les étapes de construction.

5. Reproduire une figure.
6. Écrire et ranger des nombres supérieurs à 10 000.
7 / 8. Connaître les mesures de masse.
9 et 10. Résoudre des problèmes de partages.

6 Écris le nombre qui précède et celui qui suit le nombre donné.

…	838 999	…
…	100 000	…
…	78 799	…
…	136 110	…
…	240 000	…

…	3 000 000	…
…	6 599	…
…	3 099	…
…	9 900	…
…	12 100	…

7 Recopie et complète.

8 250 g = … hg … g
780 g = … hg … dag
52 dag = … hg … g

1 kg 250 g = … g
5 hg 8 dag = … g
3 kg 80 g = … g

350 dg = … g
3 010 mg = … g … cg
72 000 mg = … g … dg

8 Combien pèsent les objets ci-dessous ?

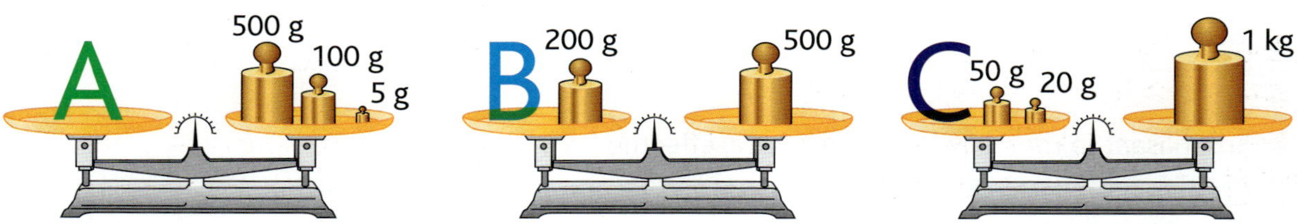

A : ....   B : ....   C : ....

9 Une fleuriste vend des bouquets tout prêts de 6 tulipes.

• Combien de bouquets peut-elle réaliser avec 54 tulipes ?

10 Recopie et complète la facture suivante.

12	rosiers à 4 € pièce :	… €
…	hortensias à 7 € pièce :	63 €
9	fraisiers à … € pièce :	27 €
	total :	… €

35 Utiliser la calculette (2)

Je découvre

1 M. Dupont emprunte 10 000 € à la banque pour acheter une voiture.
Dans une première banque, on lui propose de rembourser 420 € pendant 6 mois, puis 450 € pendant 18 mois.

a) Sur ton cahier, calcule : (420 × 6) + (450 × 18).

b) Avec ta calculette, effectue le calcul ci-dessous.

ON | 420 | × | 6 | + | 450 | × | 18 | =

ON | 420 | × | 6 | M+ | 450 | × | 18 | M+ | MRC

Ta calculette possède une mémoire qui peut conserver un nombre pendant que tu effectues d'autres calculs.
Cela te permet de faire des calculs avec des parenthèses.

M+ ajoute à la mémoire le nombre écrit à l'écran (un M apparaît alors sur l'écran).

MRC rappelle sur l'écran le nombre qui est dans la mémoire.
Deux appuis sur MRC effacent le contenu de la mémoire.

---

2 En utilisant la mémoire de ta calculette, effectue les calculs ci-dessous.
(147 × 3) + (348 × 55)   258 + (64 × 51)   (367 × 22) + (489 × 17)

---

3 a) Sur ton cahier, calcule **(141 × 6) – (121 × 3)**.

b) Avec ta calculette, effectue le calcul ci-dessous.

ON | 141 | × | 6 | M+ | 121 | × | 3 | M– | MRC

• Que constates-tu ?

La touche M– retranche à la mémoire le nombre écrit à l'écran.

---

4 En utilisant la mémoire de ta calculette, effectue les calculs ci-dessous.
(129 × 13) – (879 × 17)   19 745 – (147 × 25)   (192 × 24) – (63 × 87)

Jouer avec les nombres

Calculer : 265 × 15, 354 × 2, 532 × 38.

Je m'entraîne

5 Effectue les calculs avec la calculette.

(125 × 36) + (1 832 × 11) = …

(514 × 83) – (132 × 92) + (817 × 57) = …

114 × (1 813 – 821) + 25 321 = …

117 824 – (126 × 237) – 80 607 = …

6 M. Martin a déposé 300 € à la banque et chaque mois il verse 50 €.

- Combien d'argent aura-t-il versé au bout de 6 mois ? d'un an ? de 2 ans ?

7 **a)** Voici deux programmes de calcul. Utilise-les avec des nombres de ton choix.

ON ► … (tape un 1er nombre) ► × ► … (tape un 2e nombre) ► + ► 125 ► = ► … (**résultat**)

ON ► … (tape un 1er nombre) ► × ► 12 ► M+ ► … (tape un 2e nombre) ► × ► 23 ► M– ► MRC ► … (**résultat**)

b) Écris ces calculs avec des parenthèses.

8 **a)** On veut calculer le produit **542 × 109.**

- Indique un nombre proche du résultat.
- Cherche le dernier chiffre du résultat.
- Calcule ce produit avec ta calculette.

b) Fais le même travail avec le produit 987 × 295.

9 **a)** Essaie d'effectuer le produit **79 857 × 3 204** avec ta calculette.

- La machine peut-elle faire le calcul ?

b) Comment pourrais-tu faire pour calculer ce produit ?

10 **La légende du jeu d'échecs**

Un prince persan ayant promis une récompense à l'inventeur du jeu d'échecs, celui-ci demanda qu'on le paye en lui mettant un grain de blé sur la première case du jeu, 2 sur la 2e, 4 sur la 3e, 8 sur la 4e…

- Combien de grains furent placés sur la 5e case ? la 6e ? la 10e ? la 20e ? *(Utilise ta calculette.)*

36

Mesurer des durées

Je découvre

1 Au même moment, il n'est pas la même heure dans tous les pays du monde. Voici un tableau qui indique le décalage horaire de certains pays par rapport à la France.

	décalage horaire		décalage horaire
Allemagne	0	Finlande	+ 1
Argentine	– 4	Soudan	+ 1
Australie	+ 7	Suède	0
États-Unis	– 6	Chine	+ 7

Lorsqu'il est 12 h en France, il est 19 h en Chine et 6 h aux États-Unis.

a) Il est 15 h à Paris. Quelle heure est-il en Argentine ? en Finlande ? en Chine ?

b) Il est 19 h en Australie. Quelle heure est-il en France ?

2 Voici le classement général à la fin du Tour de France 2002 :

Position	Nom	Nationalité / Équipe	Temps
1	Lance Armstrong	USA / USP	82 h 05'12''
2	Joseba Beloki	Esp / ONE	à 07'17''
3	Raimondas Rumsas	Lit / LAM	à 08'17''
4	Santiago Botero	Col / KEL	à 13'10''
5	Igor Gonzalez Galdeano	Esp / ONE	à 13'54''
6	José Azevedo	Por / ONE	à 15'44''
7	Francisco Mancebo	Esp / BAN	à 16'05''
8	Levy Leipheimer	USA / RAB	à 17'11''
9	Roberto Heras	Esp / USP	à 17'12''
10	Carlos Sastre	Esp / CST	à 19'05''

Lance Armstrong a fini premier en 82 h 5 min 12 s (82 h 05'12'').
Joseba Beloki est arrivé deuxième avec 7 min 17 s (7'17'') de retard.

Pour mesurer les petites durées, on utilise un chronomètre.
La petite aiguille mesure les minutes.
La grande aiguille mesure les secondes.
Le chronomètre indique 7 min 17 s.

1 min = 60 s

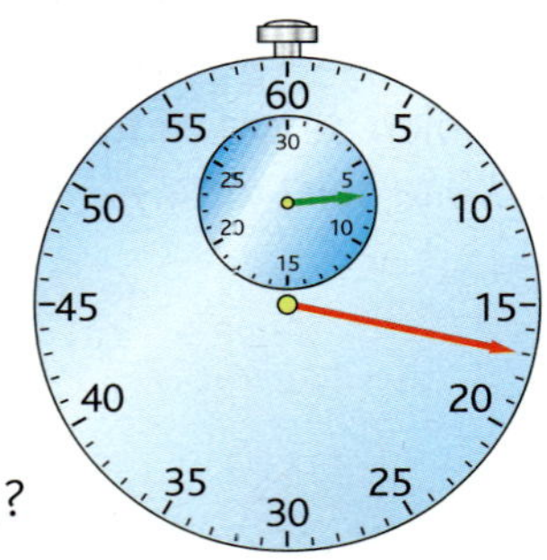

a) Quel est le retard de Francisco Mancebo par rapport à Lance Armstrong ?

b) Quel est le retard de José Azevedo par rapport à Lance Armstrong ?

c) Quel est le retard de Francisco Mancebo par rapport à José Azevedo ?

Jouer avec les nombres

Calculer mentalement : le double de 52, le double de 67, le triple de 121, le triple de 1 023.

Je m'entraîne

3 Dessine un cadran de montre pour chacune des heures ci-dessous.

16 h   7 h 15 min   11 h 25 min   3 h 50 min

4 Quelle heure indique chaque horloge ?

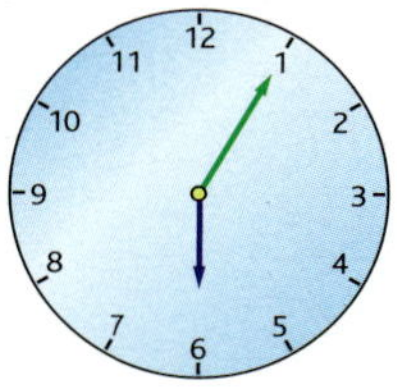

a
le matin

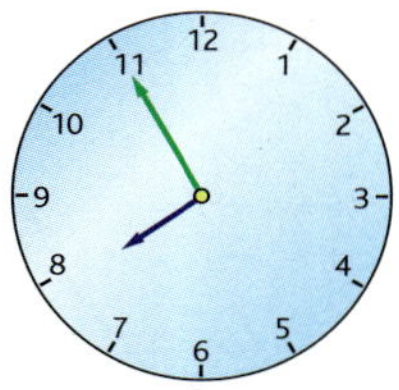

b
l'après-midi

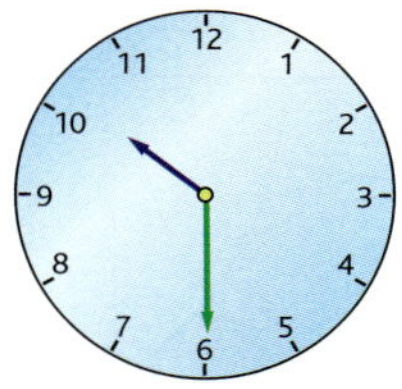

c
le matin

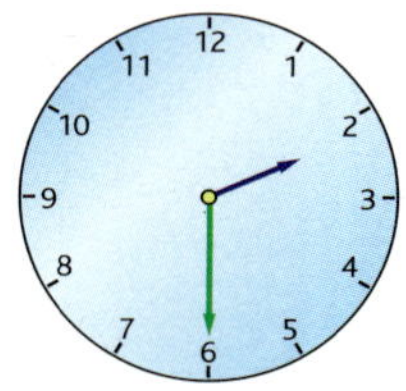

d
l'après-midi

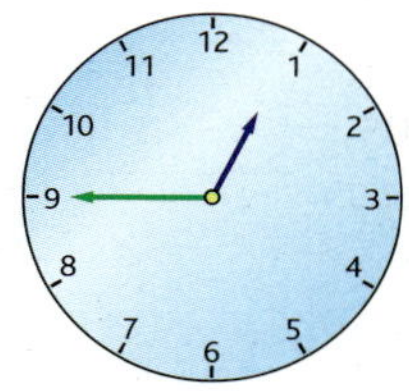

e
le matin

5 Recopie et complète le tableau.

neuf heures dix	9 h 10 min	vingt-deux heures trente	...
huit heures quinze	...	neuf heures et quart	...
une heure et demie	...	dix heures quinze	...
midi vingt	...	six heures quarante	...

6 Reporte-toi au tableau du classement général du Tour de France 2002 et écris le nom des coureurs dont le retard est indiqué par les chronomètres ci-dessous.

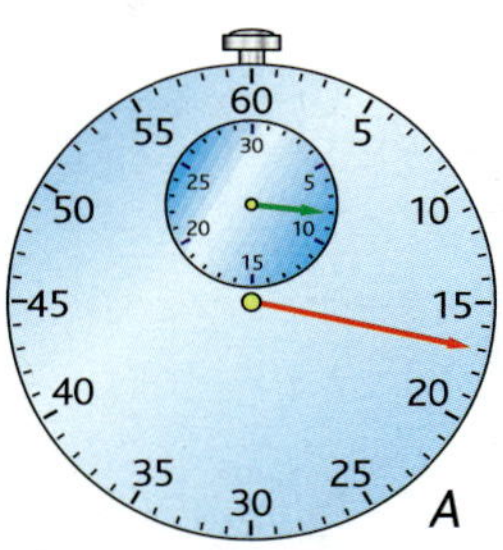

A

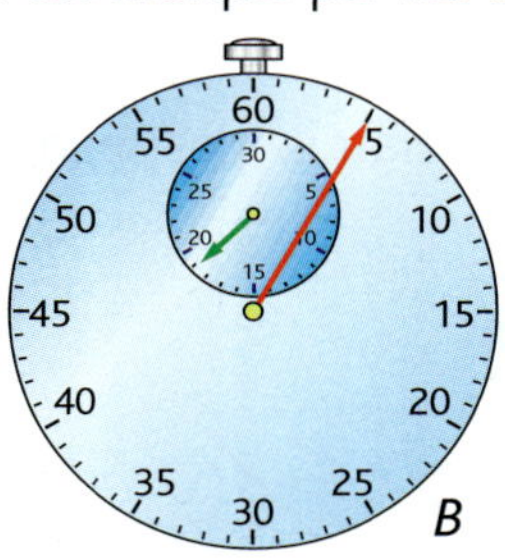

B

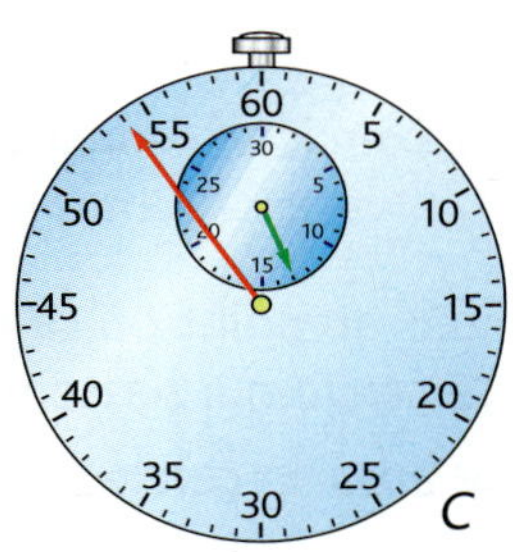

C

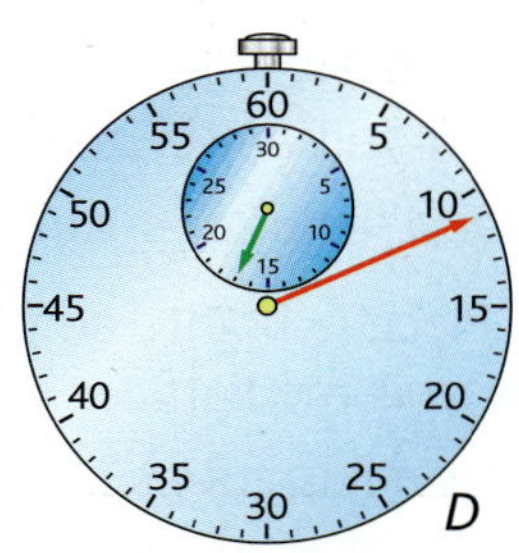

D

7 Range les durées suivantes de la plus courte à la plus longue.

2 h 10 s   1 min 28 s   11 h 6 min
95 s   120 min   3 600 s

8 Quand il est 15 h en France, il est 8 h au Mexique et 3 h du matin à Tahiti.

- Quelle heure est-il en France et au Mexique lorsqu'il est 15 h 30 à Tahiti ?

JE RETIENS

1 h = 60 min   **1 min = 60 s**   **1 h = (60 × 60) s = 3 600 s**

37 Utiliser les instruments

Je découvre

1 a) Observe cette figure.

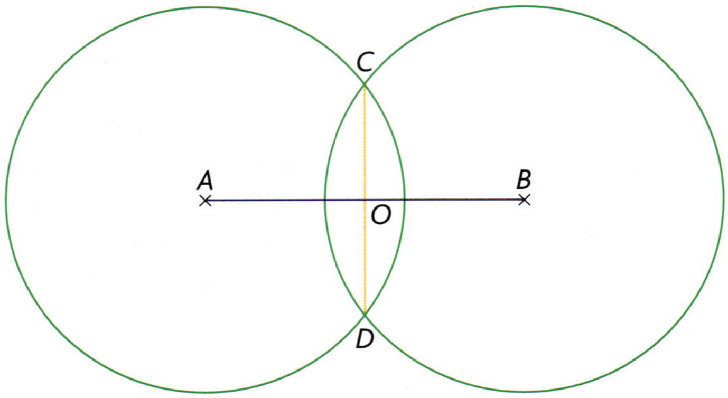

Voici sa fiche de construction.

– Trace un segment *AB* de 4 cm.
– Dessine un cercle de centre *A* dont le rayon mesure plus de 2 cm.
– Garde le même écartement de compas et trace le cercle de centre *B*.
Les cercles se coupent en deux points : *C* et *D*.
– Trace le segment *CD*. Il coupe le segment *AB* au point *O*.

b) Compare les longueurs des segments *OA* et *OB* avec ton compas.

c) Vérifie avec ton équerre que les segments *AB* et *CD* sont perpendiculaires.
On dit que le segment *CD* est la **médiatrice** du segment *AB*.

---

2 a) Dessine un triangle *ABC*.

b) En utilisant la méthode de l'exercice 1, construis la médiatrice des segments *AB*, *BC* et *AC*.

- Que remarques-tu ?

c) Place la pointe de ton compas au point où se coupent les trois médiatrices et trace le cercle qui passe par *A*.

- Par quels autres points passe aussi le cercle ?

Tu as tracé un cercle qui passe par les trois sommets du triangle *ABC*.

d) Recommence le tracé en utilisant un autre triangle.

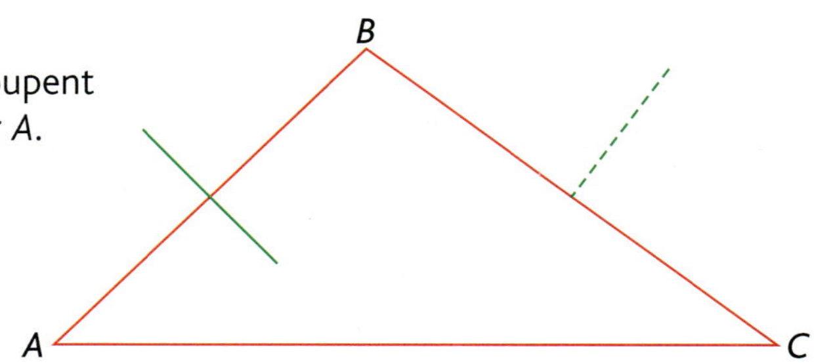

Jouer avec les nombres

En utilisant la calculette et le crayon, calculer :
111 × 2 222,   11 111 × 2 222,
111 111 × 2 222.

Je m'entraîne

3 Voici la fiche de construction d'une figure.

– Trace un cercle de centre *O* et de rayon 3 cm.
– Trace un diamètre *AB* de ce cercle.
– Avec ton équerre trace le diamètre *CD* perpendiculaire à *AB*.
– Trace les segments *AC*, *CB*, *BD*, *DA*.

a) Trace la figure.

b) En utilisant ton équerre et ton double décimètre, indique la nature du quadrilatère *ACBD*.

4 Voici la fiche de construction d'une figure.

– Trace un cercle de centre *O* et de rayon 4 cm.
– Trace un diamètre *AB* de ce cercle.
– Marque le milieu *I* du segment *AO* en utilisant ton double décimètre.
– Avec ton équerre, trace la perpendiculaire au segment *AO* qui passe par le point *I*. Elle coupe le cercle en deux points : *E* et *F*.
– Trace le triangle *EBF*.

a) Trace la figure.

b) Mesure les segments *EB*, *BF* et *EF*.

- Que remarques-tu ?

---

5 En utilisant un verre rond, dessine un cercle sur du papier-calque puis découpe-le.

- Peux-tu retrouver son centre ?

(Tu peux faire des pliages ou utiliser ta règle, ton équerre et ton compas.)

---

6 **a)** Observe la figure.

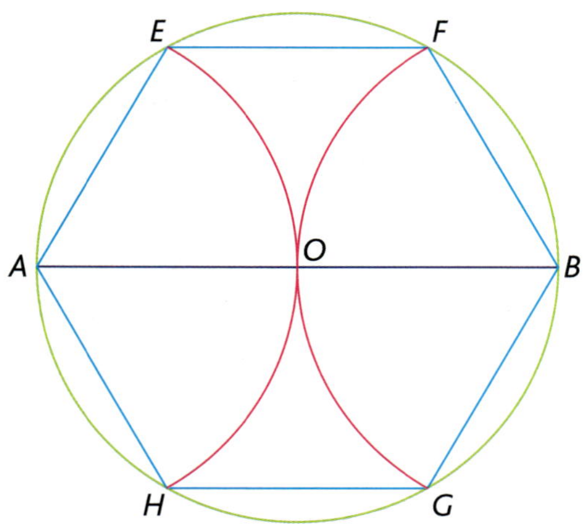

b) Établis sa fiche de construction.

c) Compare les longueurs des segments *AE*, *EF*, *FB*, *BG*, *GH* et *HA* avec ton compas.

- Que remarques-tu ?

7 Pour Noël, Daniel a fabriqué une étoile à six branches. Voici la construction qu'il a réalisée.

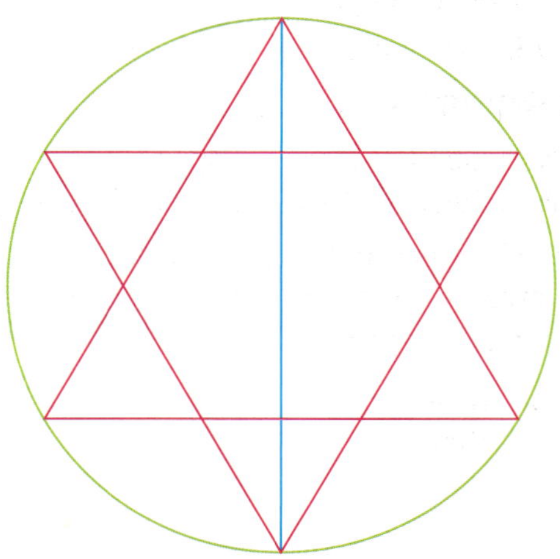

a) Écris son programme de construction.

b) Réalise l'étoile.
(La construction de l'exercice 6 peut t'aider.)

38

ATELIER PROBLÈMES

Je représente des données

1 Dans une ville, on a enquêté sur les activités des personnes le dimanche.
100 personnes ont été interrogées. Voici les résultats :

- Ceux qui travaillent sont les moins nombreux.
- Il y a autant de personnes qui visitent leur famille que de personnes qui font du sport.
- Ceux qui vont au cinéma sont moins nombreux que ceux qui font du sport mais plus nombreux que ceux qui travaillent.
- Ceux qui se promènent sont le même nombre que ceux qui visitent leur famille et ceux qui font du sport réunis.
- Ceux qui restent regardent la télévision.

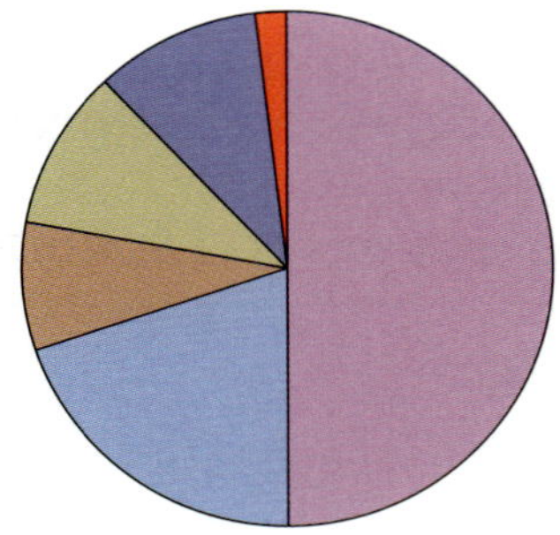

- Précise à quelles activités correspondent les couleurs de ce graphique.

2 Voici ce que Mme Thomas a acheté au supermarché.

2€ 50
Riz sachets cuisson 10 min Mamie Sam's 5 × 200 g

2€ 60
Pâte à tarte Maurice 2 × 230 g

1€ 30

Croquettes de poisson surgelées Atrapfour 6 × 300 g

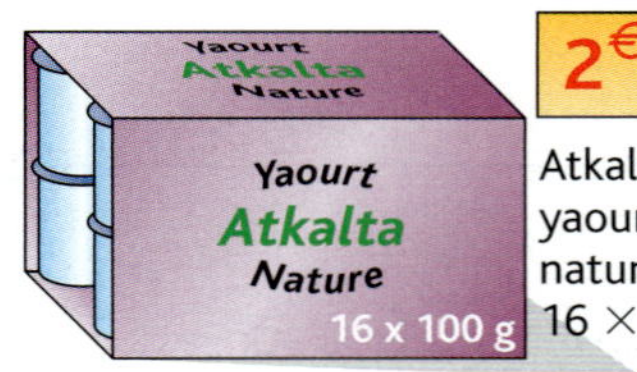

2€ 80
Atkalta yaourt nature 16 × 100 g

- Complète ce tableau avec les renseignements que tu peux trouver sur l'image.

	Pâte à tarte	Croquettes de poisson	Riz	Yaourts
Conditionnement	par 2	...	...	...
Masse	...	...	...	...
Prix	...	...	...	...

3 Établis un tableau pour présenter les données figurant sur ces cachets de la poste.

4 **Le timbre à quel prix ?**

Italie	Suède	Allemagne	France	Belgique	Grèce	Royaume-Uni	Portugal	Irlande	Espagne
62	61	55	50	49	45	44	43	41	25

Prix en centimes d'euro, pour un pli domestique de 20 g

- D'après le modèle ci-dessous, représente ces données par un graphique en bâtons.

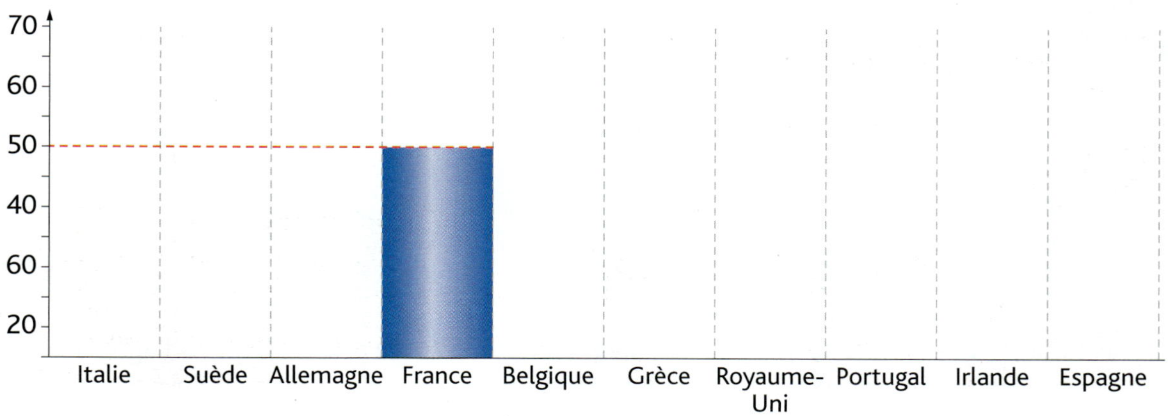

39

ÉTAPE 1

1 Complète les calculs ci-dessous en utilisant ta calculette.

a) [1] [2] [8] [+] [2] [5] [6] [=] [...] [×] [4] [9] [=] [...]

b) [1] [3] [×] [1] [2] [=] [...] [×] [1] [8] [=] [...]

c) [1] [4] [3] [×] [1] [3] [M+] [2] [1] [4] [×] [2] [5] [M+] [MRC] [...]

2 Effectue les calculs ci-dessous avec ta calculette.

$(34 \times 12) + 16 = ...$ $(16 + 45) \times 24 = ...$ $6 \times (37 + 29) = ...$

3 Écris l'heure d'une autre façon.

sept heures et quart : ... 16 h 30 min : ...
deux heures et quart : ... 17 h 40 min : ...
dix heures moins le quart : ... 8 h 15 min : ...
sept heures et demie : ... 7 h 45 min : ...
midi moins dix : ... 9 h 50 min : ...

4 Voici l'heure affichée sur un réveil :

18:35

Représente, sur un cadran avec des aiguilles, l'heure qu'il sera 15 minutes plus tard.

5 Écris l'heure indiquée par chaque réveil.

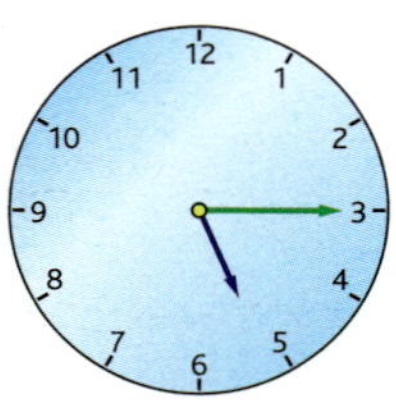
a
le matin

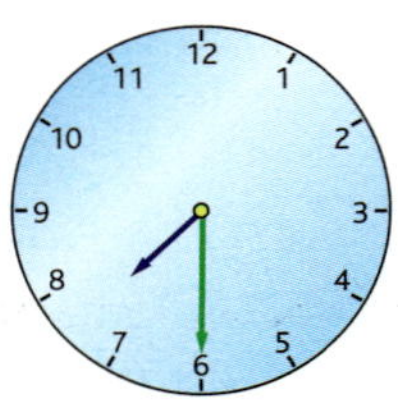
b
le soir

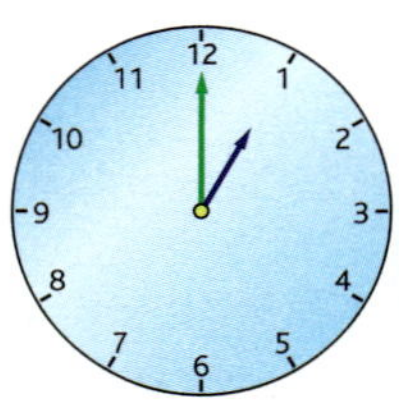
c
l'après-midi

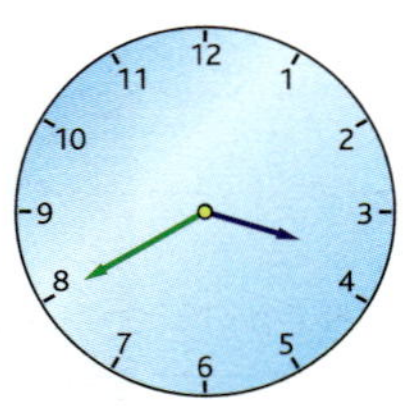
d
le matin

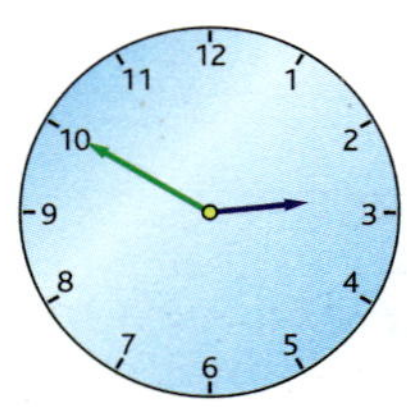
e
l'après-midi

6 Voici l'heure indiquée par une horloge :

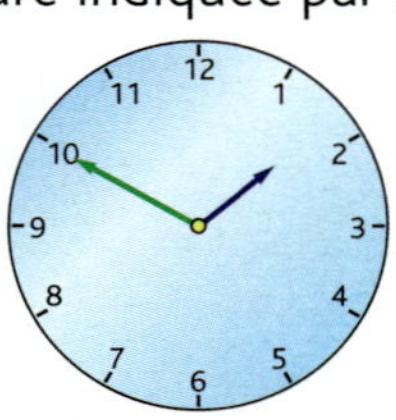

Donne de 2 façons différentes l'heure qu'elle affichera 20 minutes plus tard.

7 Un fichier de mathématiques coûte 9 €.

a) Avec 200 €, combien de manuels le maître pourra-t-il acheter pour ses élèves ?

b) Lui restera-t-il de l'argent ? Combien ?

8 Voici la fiche de construction d'une figure.

– Trace un cercle de centre *O* et de rayon 4 cm.
– Trace un diamètre *AB* de ce cercle.
– Trace le cercle de centre *B* et de rayon 4 cm.
– Ce cercle coupe le premier cercle en *C* et *D*.
– Trace le triangle *ACD*.

a) Trace la figure.

b) Avec ton double décimètre, mesure les longueurs des côtés du triangle.

9 Dans une régate, le premier voilier est arrivé à 14 h 54 min.

Le second voilier est arrivé à 15 h 02 min.

- Quel retard a-t-il sur le premier ?

10 **a)** Établis la fiche de construction de la figure ci-dessous.

b) Reproduis-la.

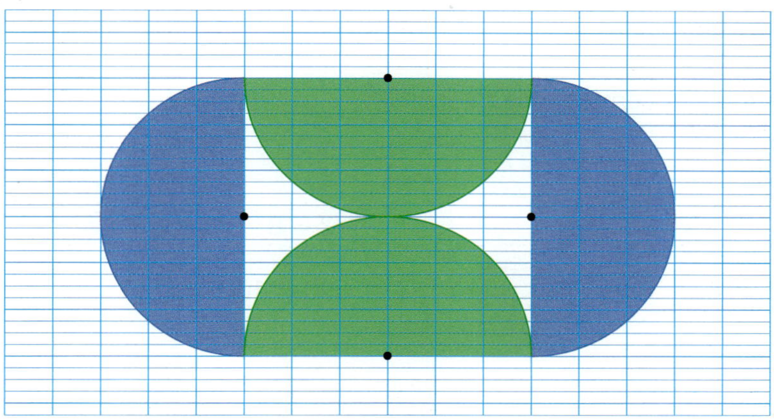

11 Pierre est malade ; le médecin lui prescrit des antibiotiques. Il doit prendre 5 cachets par jour pendant 13 jours. Il y a 8 cachets dans une boîte d'antibiotiques.

- Combien de boîtes le pharmacien devra-t-il lui vendre ?

	oui	pas encore
1 / 2 Je sais effectuer des calculs avec la calculette.		
3 / 4 / 5 / 6 Je sais écrire et lire l'heure.		
8 Je sais utiliser une fiche de construction.		
9 Je sais mesurer des durées.		
10 Je sais établir une fiche de construction.		
7 / 11 Je sais résoudre des situations de partage.		

40 La division : quotient exact

Je découvre

1 Au magasin Pacher, le lot de 12 verres coûte 60 €.

a) Complète : 12 × […] = 60.

b) Quel est le prix d'un verre ?

On peut aussi écrire : 60 : 12 = […]

On lit : « 60 divisé par 12 ».

[…] est le **quotient exact** de 60 divisé par 12.

2 Dans le magasin Trouvetou, le lot de 8 verres coûte 48 €.

a) Calcule le prix d'un verre.

b) Dans quel magasin le verre est-il vendu au prix le plus bas ?

3 Observe l'exemple et complète de même.

56 = 8 × [7] 56 : 8 = [7]

45 = 5 × […]	45 : 5 = […]	72 = 8 × […]	72 : 8 = […]
63 = 9 × […]	63 : 9 = […]	600 = 100 × […]	600 : 100 = […]

Je m'entraîne

4 Recopie et complète.

… × 6 = 48	8 × … = 64
… × 5 = 30	8 × … = 24
… × 13 = 26	9 × … = 45
… × 50 = 500	21 × … = 84
… × 5 = 100	11 × … = 33

5 Pour chaque produit, écris les deux divisions correspondantes.

8 × 3 = 24	24 : 8 = 3	24 : 3 = 8
9 × 4 = 36	…	…
8 × 9 = …	…	…
7 × 6 = …	…	…
12 × 2 = …	…	…

6 Des joueurs jouent avec un jeu de 52 cartes.
On distribue le quart des cartes à chacun.

- Combien de cartes chaque joueur a-t-il ?

7 On réunit les élèves des deux CM1 de l'école. Cela fait 54 élèves au total.
On dispose les élèves en 6 colonnes.

- Combien de rangées y a-t-il ?

Jouer avec les nombres

Calculer mentalement : Je pars à 12 h 15 et mon trajet dure 25 minutes. Quelle est mon heure d'arrivée ? J'arrive à 15 h 15 et mon trajet a duré 3 h 20. À quelle heure suis-je parti ?

8 Observe le ticket de caisse.

CAUSSINETTE
78 POSSINETTE
102, Rue des champêtres

Soda	2 bouteilles de 2 L	4 €
Marrons entiers	4 lots de 3 boîtes	24 €
Café	2 lots de 2 paquets	12 €
Total à régler :		40 €

Heure : 11h52 le 06/01/2004

a) Quel est le prix d'un litre de soda ?

b) Quel est le prix d'une boîte de marrons entiers ?

c) Quel est le prix d'un paquet de café ?

9 a) Marie choisit un nombre. Ce nombre a pour moitié 420.

- Quel nombre a-t-elle choisi ?

b) Je pense à un nombre. Je le multiplie par 6, j'ajoute le tiers de 15, je trouve 53.

- À quel nombre ai-je pensé ?

10 Un avion a transporté 416 personnes en 4 fois. À chaque voyage, toutes les places étaient occupées.

- Combien de passagers l'avion a-t-il transportés à chaque voyage ?

11 Éric et Nathalie ont acheté des bandes dessinées qui coûtent 8 € pièce.
Éric a payé 56 €, Nathalie 8 €.

- Cherche le nombre de revues achetées par chaque enfant.

12 Un train se compose de 7 wagons de seconde classe et de 3 wagons de première classe. Il peut transporter 490 passagers en seconde classe et 150 passagers en première classe.

- Combien de passagers peut-il transporter :
– dans un wagon de première classe ?
– dans un wagon de seconde classe ?

13 J'ai un billet de 20 € dans ma poche.
Je dépense 12 € chez le boucher.

Il me reste juste assez pour acheter 4 boîtes de biscuits.

- Combien coûte une boîte de biscuits ?

JE RETIENS

Quand je **divise un nombre par 3**, le nombre que j'obtiens est son **tiers**.

Quand je **divise un nombre par 4**, le nombre que j'obtiens est son **quart**.

Pour obtenir la **moitié** d'un nombre, je le **divise par 2**.

41 La division avec reste

Je découvre

1 **a)** Un jardinier veut planter 164 oignons de tulipes dans des bacs qui peuvent contenir 9 oignons chacun.

- Combien de bacs lui faudra-t-il ?

Le jardinier doit répartir les 164 oignons par groupes de 9 :

$9 \times \mathbf{10} < 164 < 9 \times \mathbf{20}$

$90 < 164 < 180.$

Il peut déjà remplir 10 bacs et il lui reste
164 − 90 = 74 oignons.
Pour répartir ces 74 oignons par groupes de 9, on écrit :

$9 \times \mathbf{8} < 74 < 9 \times \mathbf{9}.$

$72 < 74 < 81.$

Il peut à nouveau remplir 8 bacs et il lui reste 74 − 72 = **2** oignons.

$164 = (9 \times \mathbf{10}) + (9 \times \mathbf{8}) + 2$ ou $164 = (9 \times \mathbf{18}) + \mathbf{2}$, 2 est inférieur à 9.

Le jardinier pourra donc remplir **18** bacs et il lui restera **2** oignons.

On a divisé **164 par 9.** $\mathbf{164} = (\mathbf{9} \times \mathbf{18}) + \mathbf{2}$

164 est le **dividende**,
9 est le **diviseur**,
18 est le **quotient**,
2 est le **reste**,
le **reste** est inférieur au **diviseur**.

b) Calcule de la même façon le nombre de bacs qui seront nécessaires au jardinier pour planter 254 narcisses. Chaque bac peut contenir 12 narcisses.

Je m'entraîne

2 Complète les égalités suivantes.

… = (6 × 9) + 3

61 = (6 × …) + 1

40 = (6 × …) + …

3 = (6 × …) + …

3 Calcule le **quotient** et le **reste** dans la division de :

44 par 7	421 par 10
53 par 8	815 par 100
23 par 4	2 034 par 1 000
91 par 20	900 par 100

4 Observe l'exemple et calcule de la même façon.

53	8
− 48	6
5	quotient
reste	

53 = (8 × 6) + 5

39 | 7 ……

85 | 9 ……

68 | 8 ……

61 | 7 ……

Jouer avec les nombres

Continuer le plus loin possible les suites :

132 →(a 11)→ … →(a 11)→ … →(a 11)→ …

5 Complète la suite des multiples de 7.

$7 \times 0 = 0$ $7 \times 1 = ...$ $7 \times 2 = ...$ $7 \times 3 = ...$ $7 \times 4 = ...$

$7 \times 5 = ...$ $7 \times 6 = ...$ $7 \times 7 = ...$ $7 \times 8 = ...$ $7 \times 9 = ...$ $7 \times 10 = ...$

a) Entre quels multiples de 7 peux-tu placer le nombre 34 ? le nombre 5 ? le nombre 25 ?

b) Recopie et complète :

$7 \times ... < 34 < 7 \times ...$ $34 = (7 \times ...) + ...$

$7 \times ... < 5 < 7 \times ...$ $5 = (7 \times ...) + ...$

$7 \times ... < 25 < 7 \times ...$ $25 = (7 \times ...) + ...$

---

6 Observe comment on a calculé le quotient et le reste dans la division de 729 par 7.

$729 = 700 + 29$ $729 = (7 \times 100) + (7 \times 4) + 1$ $729 = (7 \times 104) + 1$

- Calcule de même le **quotient** et le **reste** de :

537 divisé par 5 349 divisé par 3 806 divisé par 8

---

7 Dans la division de 2 847 par 9, Éric a trouvé 12 comme reste.

- Penses-tu que son calcul soit exact ? Pourquoi ?

---

8 Un commerçant doit vendre 458 kg de pommes de terre.
Il les place dans des filets de 5 kg.

a) Combien de filets obtient-il ?

b) Quelle masse de pommes de terre reste-t-il ?

9 Huit personnes veulent acheter en commun un objet qui coûte 837 €.

a) Est-il possible que chacune des huit personnes paie exactement la même somme ? Pourquoi ?

b) Comment peuvent-ils faire ?

JE RETIENS

Pour diviser 139 par 8, j'encadre 139 par deux multiples de 8 qui se suivent :

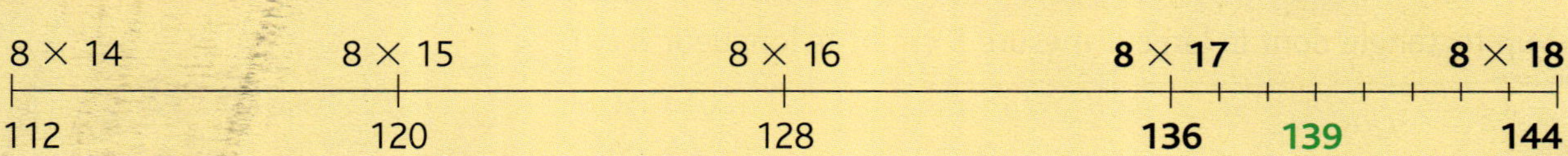

$139 = (8 \times 17) + 3$ $3 < 8$

dividende diviseur quotient reste

le **reste** est toujours inférieur au **diviseur**.

42 Carrés et rectangles

Je découvre

1 Voici deux figures obtenues en assemblant quatre carrés.

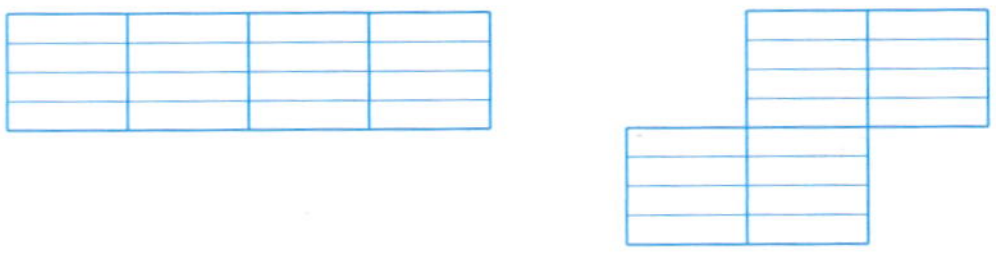

a) Dessine sur ton cahier toutes les figures que tu peux obtenir en assemblant quatre carrés.
Attention, les carrés doivent avoir un côté commun (et pas seulement un sommet).

b) On a assemblé six de ces figures pour fabriquer un rectangle de quatre carreaux de largeur et six carreaux de longueur.

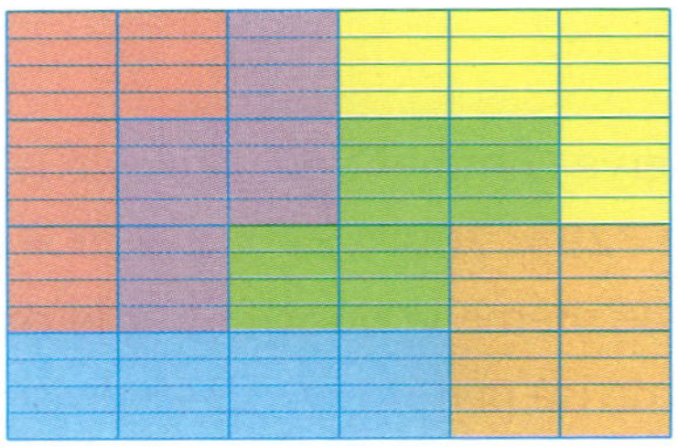

• Essaie de fabriquer de la même façon un rectangle de quatre carreaux de largeur sur sept carreaux de longueur. *(Tu peux utiliser plusieurs fois le même assemblage si tu veux.)*

---

2 Observe la figure.

a) Trouve trois carrés.

b) Cherche deux rectangles qui ont la même longueur et la même largeur.

c) Redessine cette figure en doublant ses dimensions.

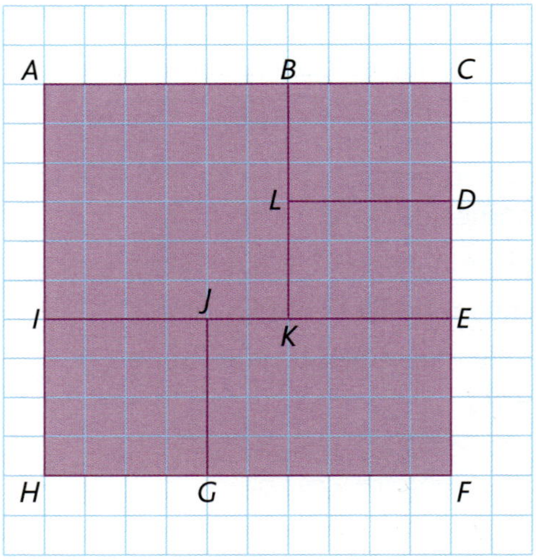

Je m'entraîne

3 En utilisant ton double décimètre et ton compas, construis :

a) un carré dont le côté mesure 6 cm ;

b) un rectangle dont la largeur mesure 5 cm et la longueur 8 cm.

---

4 En utilisant ton double décimètre et ton équerre, construis :

a) un rectangle dont la largeur mesure la moitié de la longueur ;

b) un rectangle dont la longueur mesure le triple de la largeur.

Jouer avec les nombres

Compléter : 145 = (10 × ...) + 5,
454 = (10 × ...) + 4,
567 = (100 × ...) + 67.

5 Voici le début d'un rectangle.

- Reproduis le début du tracé et termine-le.

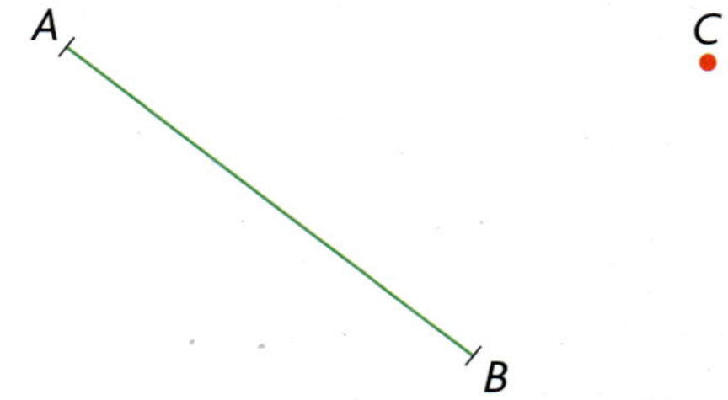

6 Observe les deux figures.

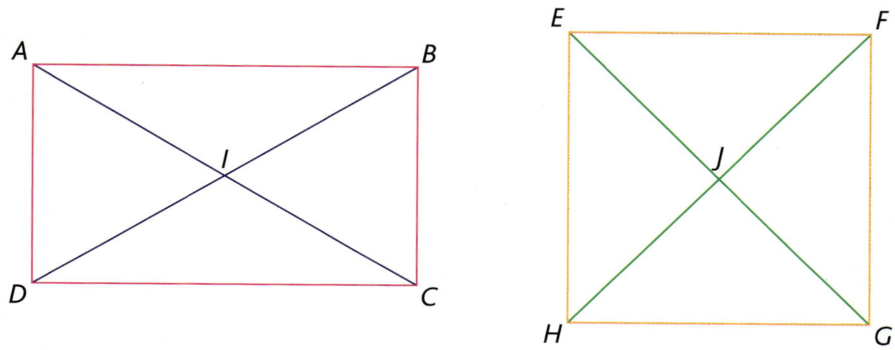

- Recopie et complète le tableau *(tu peux utiliser ton double décimètre et ton équerre)*.

	les diagonales ont le même milieu	**les diagonales sont de même longueur**	**les diagonales sont perpendiculaires**
carré	oui	...	...
rectangle	...	...	...

7 En utilisant ton double décimètre et ton équerre, construis :

a) un carré dont la diagonale mesure 6 cm ;

b) un rectangle dont la diagonale mesure 7 cm.

8 Dessine un carré *ABCD* de 6 cm de côté.
Les diagonales se coupent en *O*.
Trace le cercle de centre *O* et passant par *A*.

- Que remarques-tu ?

9 a) Trace un cercle de centre *O*, de 4 cm de rayon.

b) Dessine plusieurs rectangles dont les 4 sommets sont sur le cercle. Comment as-tu fait ?

c) De quelle longueur sont les diagonales de ces rectangles ?

43 Calculer des durées

Je découvre

1 Voici un programme de télévision.

TF1	France 2	France 3	Canal+	Arte	M6
SAMEDI					
20.50 NICE PEOPLE (Jeu) par F. Flament et Arthur	**20.55 LES 50 ANS DE LA PATROUILLE DE FRANCE**	**20.40 FOOTBALL : SOCHAUX - MONACO** Coupe de la Ligue	**21.00 SIX FEET UNDER (Série)** avec Richard Jenkins	**20.45 L'EMPEREUR DES STEPPES (Documentaire)**	**20.50 LA TRILOGIE DU SAMEDI : (Séries)** Smallville, Dark Angel.
23.10 LES EXPERTS (Série) avec William Peterson	**23.20 TOUT LE MONDE EN PARLE (Magazine)** par Thierry Ardisson	**23.25 LES FEUX DE LA RAMPE** Bernard Giraudeau	**23.00 RUSH HOUR 2 (Film)** avec Jackie Chan	**22.30 GARDER LA FRONTIERE ! (Téléfilm)**	**0.20 X-FILES (Série)** avec David Duchovny

a) Sur quelle chaîne est diffusé le match de football Sochaux/Monaco ?

b) À quelle heure commence l'émission *Tout le monde en parle* ?

c) Combien de temps dure le documentaire *L'empereur des steppes* ?

d) On veut enregistrer ce documentaire et le film qui passe sur Canal+, et qui dure 1 h 30, sur la même cassette de 180 min. Sera-t-elle suffisante ?

2 Voici le contenu d'un disque laser.

a) Quelle est la durée de *l'Allegro Maestoso* ?

b) Quelle est la durée du morceau de musique le plus court du disque ?

c) La durée totale de la *Symphonie* a été oubliée. Calcule-la.

d) Quelle est la durée totale de ce disque ? Exprime-la de deux façons.

WOLFGANG AMADEUS MOZART (1756-1791)	
Concerto pour clarinette et orchestre	**28'07**
1 Allegro	11'55
2 Adagio	7'21
3 Rondo : Allegro	8'51
Symphonie	**?**
1 Allegro Maestoso	4'39
2 Andante Grazioso	4'20
3 Allegro	4'19
Concerto pour basson et orchestre	**19'23**
7 Allegro	7'44
8 Andante Ma Adagio	7'21
9 Rondeau : Tempo Di Menuetto	4'18

Jouer avec les nombres

Calculer mentalement :
la moitié de 24, de 36 ;
le tiers de 24, de 39.

Je m'entraîne

3 Recopie et complète.

1 h 35 min = ... min
5 h 15 min = ... min
2 h 45 min = ... min
172 s = ... min ... s
180 s = ... min
350 s = ... min ... s

4 Recopie et complète.

2 min = ... s
3 min 10 s = ... s
2 min 55 s = ... s
1 min 15 s = ... s
4 min 30 s = ... s
30 min = ... s

5 Calcule.

4 min + 3 min 30 s + 15 s = ...
3 h 12 min + 1 h 15 min + 20 s = ...
5 h 55 min − 1 h 15 min = ...
8 h 40 min − 7 h 30 min = ...

6 Un match de football s'est déroulé ainsi : deux mi-temps de 45 min, une pause de 15 min et deux prolongations de 15 min.
Il a débuté à 14 h 30.

- À quelle heure s'est-il terminé ?

7 Calcule.

1 min 30 s	3 h 26 min	12 h 35 min	27 min 18 s
+ 4 min 27 s	+ 2 h 34 min	− 9 h 20 min	− 15 min 23 s
...	...	...	...

8 Voici un panneau indiquant les heures de départ d'un autobus.

	semaine : 5 h 30 → 23 h	**samedi :** 5 h 30 → 23 h	**dimanche :** 6 h → 23 h
départ toutes les :	5 minutes	7 minutes	20 minutes

- Recopie et complète le tableau.

	semaine	**samedi**	**dimanche**
1er départ	5 h 30	5 h 30	6 h
2e départ	5 h 35	...	...
3e départ	...	...	...
4e départ	...	...	...

JE RETIENS

15 min 37 s + 26 min 53 s

min	s
15	37
+ 26	53
41	90
1 ←	60 + 30
42	30

3 h 36 min − 1 h 49 min

h	min
~~3~~	~~36~~
2 + 1 →	60 96
− 1	49
1	47

44

ATELIER PROBLÈMES

Je me pose des questions

1 Marc veut téléphoner à son oncle qui habite à la Réunion.

- En étudiant les informations téléphoniques ci-dessous, quelles questions doit-il se poser ?

Les communications nationales		
Vers les DOM et les collectivités territoriales		**Décalage horaire**
Guadeloupe	Composez le : – 05 90 xx xx xx pour joindre un poste fixe ; – 06 90 xx xx xx pour joindre un mobile.	– 4 h
Guyane	Composez le : – 05 94 xx xx xx pour joindre un poste fixe ; – 06 94 xx xx xx pour joindre un mobile.	– 3 h
Martinique	Composez le : – 05 96 xx xx xx pour joindre un poste fixe ; – 06 96 xx xx xx pour joindre un mobile.	– 4 h
Réunion	Composez le : – 02 62 xx xx xx pour joindre un poste fixe ; – 06 92 xx xx xx pour joindre un mobile.	+ 4 h
Mayotte	Composez le : – 02 69 xx xx xx.	+ 3 h
Saint-Pierre-et-Miquelon	Composez le : – 05 08 xx xx xx.	– 3 h

Tarif général en € TTC				
	Crédit temps		Tarifs/minute, au-delà du crédit temps	
	Durée	**Prix**	**Tarif normal (1)**	**Tarif réduit (2)**
Zone locale	60 secondes	0,09 €	0,03 €	0,02 €
Nationale (+ de 30 km)	39 secondes	0,11 €	0,09 €	0,06 €
DOM	10 secondes	0,11 €	0,27 €	0,22 €
Mayotte	4 secondes	0,11 €	0,56 €	0,36 €

(1) Tarif normal : de 8 h à 19 h, du lundi au vendredi.
(2) Tarif réduit : de 19 h à 8 h du matin, du lundi au vendredi, le week-end, 01/01, lundi de Pâques, 01/05, 08/05, Ascension, lundi de Pentecôte, 14/07, 15/08, 01/11, 11/11, 25/12.

2 Quelle question peux-tu poser dans chaque situation ? Donne la réponse.

a) Une pendule avance de 8 secondes par heure.

b) Éric va faire des courses avec un billet de 20 €. Il dépense 7 € à l'épicerie, 8 € à la boucherie et 5 € à la pâtisserie.

c) Le compteur d'une voiture marque 45 824 km.

La révision doit être faite à 50 000 km.

d) Voici les tarifs d'un parking souterrain.

Parc de stationnement	Tarifs
1re heure	2 €
2e heure	1 € 50 c
à partir de la 3e heure	1 € de l'heure
nuit 22 h à 8 h	50 c de l'heure
Toute heure commencée est due.	

M. Boulanger a garé sa voiture à 9 h 30 min et l'a reprise à 11 h 20 min.

M. Martin a garé sa voiture le mardi à 18 h et l'a reprise le mercredi matin à 9 h 30 min.

Je résous des problèmes

3 Pour chaque énoncé de problème, pose des questions et réponds-y.

a) Pour son anniversaire Charlène a reçu 30 €.
Elle veut s'acheter des magazines sur les animaux qui coûtent 4 € pièce.

b) Le fermier range ses œufs dans des boîtes de 12.
Il a 243 œufs à ranger.

c) Dans un restaurant scolaire, il y a 8 tables de 8 élèves et 5 tables de 6.

d) Alicia a 29 €. Cassandre a 8 € de plus qu'Alicia, mais elle a 12 € de moins qu'Elsa.

e) La voiture et la caravane de M. Dupont pèsent ensemble 1 820 kg.
La voiture pèse 420 kg de plus que la caravane.

f) Dans une salle de cinéma, il y a 9 rangées de 25 fauteuils à gauche de l'allée centrale et 6 rangées de 20 fauteuils à droite. 187 places sont déjà occupées.

g) Le directeur de l'école veut former des équipes de 6 joueurs avec les 74 élèves des 3 classes de CM1 de l'école.

ÉTAPE 2

1 **Les figures mystérieuses**

a) Je suis un quadrilatère dont les diagonales se coupent en leur milieu. Mes angles sont droits. Qui suis-je ?

b) Je suis un quadrilatère. Mes diagonales ont la même longueur. Elles sont perpendiculaires et se coupent en leur milieu. Qui suis-je ?

c) Je suis un parallélogramme et mes quatre côtés ont la même longueur. Qui suis-je ?

2 Reproduis les figures ci-dessous sur ton cahier.

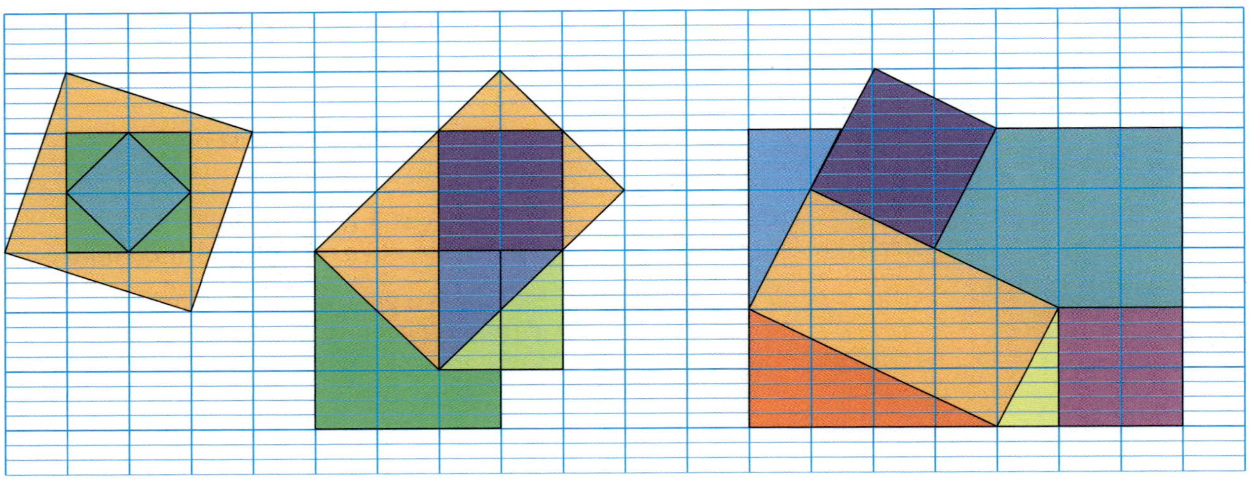

3 Recopie et complète.

48 = 6 × ...　　46 = (5 × ...) + 1　　35 : 5 = ...

34 = (7 × 4) + ...　　75 = (6 × ...) + 3　　40 : 8 = ...

4 Parmi les nombres suivants, trouve tous les multiples de 18.

360　　1 800　　182　　72　　108　　72 + 18

5 Calcule.

1 h 26 min
\+ 2 h 24 min
....

26 min 45 s
\+ 54 min 10 s
....

6 Recopie et complète le tableau.

	quotient	reste
54 divisé par 5	…	…
42 divisé par 5	…	…
13 divisé par …	3	1
25 divisé par 8	…	…
… divisé par 6	5	3

7 Recopie et complète.

417 s = … min … s

1 315 s = … min … s

2 j 12 h = … h

72 min = … h … min

845 min = … h … min

58 h = … j … h

8 **Problèmes**

a) Alicia veut faire cuire son gâteau. Il doit cuire 45 min. Il est 14 h 20 min quand elle le met dans le four.

- À quelle heure sera-t-il cuit ?

b) Le train parti à 11 h 15 min ce matin de Bordeaux entre en gare de Paris à 15 h 05 min.

- Quelle a été la durée du voyage ?

c) La pendule avance de 18 minutes.

- Quelle heure est-il ?

	oui	pas encore
1 Je sais reconnaître les parallélogrammes : rectangles, losanges, carrés.		
2 Je sais tracer des carrés et des rectangles.		
3 / 4 Je connais les multiples d'un nombre.		
5 / 7 Je sais convertir des unités de durée.		
6 Je sais calculer le quotient et le reste d'une division.		
8 Je sais calculer des durées.		

46 Technique opératoire de la division (1)

Je découvre

1 Antoine et Perrine veulent distribuer 542 jetons à 8 joueurs.
Voici leurs calculs.

Antoine

$\mathbf{8} \times 10 < \mathbf{542} < \mathbf{8} \times 100$

le résultat est compris entre 10 et 100, il a donc 2 chiffres.

	542	8
$60 \times 8 \rightarrow$	− 480	60
	62	
$7 \times 8 \rightarrow$	− 56	7
	6	

Perrine

c d u	8
5 4 2	d u
− 4 8 ↓	6 7
6 2	
− 5 6	
6	

54 dizaines divisé par 8 : le **quotient** est égal à **6** ;
$6 \times 8 = 48$, $54 - 48 = 6$, j'abaisse 2.

62 unités divisé par 8 : le **quotient** est égal à **7** ;
$7 \times 8 = 56$, $62 - 56 = 6$, le **reste** est **6**.

Vérifions : $\mathbf{542} = (\mathbf{67} \times \mathbf{8}) + \mathbf{6}$ $\quad \mathbf{6} < \mathbf{8}$.

• S'il y a 695 jetons et 7 joueurs, utilise la méthode de ton choix pour calculer le nombre de jetons que chaque joueur va recevoir.

Je m'entraîne

2 Effectue les divisions ci-dessous. Vérifie les calculs en complétant les égalités.

97 | 3

$97 = (\ldots \times 3) + \ldots$
$\ldots < 3$

697 | 5

$697 = (\ldots \times 5) + \ldots$
$\ldots < 5$

9 884 | 7

$9\,884 = (\ldots \times 7) + \ldots$
$\ldots < 7$

3 Effectue les divisions ci-dessous. Vérifie tes calculs.

538 | 8

479 | 7

883 | 9

8 341 | 7

Jouer avec les nombres

Calculer : 24 : 6, 48 : 6, 84 : 4, 72 : 9.

4 Pour chacune des divisions, indique le nombre qui te paraît le plus proche du quotient.

	Nombre le plus proche du quotient			
649 | 8	50	40	80	100
2 967 | 6	100	50	500	700
9 270 | 9	100	600	1 000	800

5 Observe l'exemple et complète le tableau.

dividende	diviseur	calcul approché	nombre de chiffres au quotient
814	5	5 × 100 < 814 < 5 × 1 000	3
1 275	4	4 × ... < 1 275 < 4 × ...	...
25 217	8	8 × ... < 25 217 < 8 × ...	...
14 832	6	6 × ... < 14 832 < 6 × ...	...

6 **a)** Quatre enfants veulent partager équitablement leurs économies.
Ils ont 132 € au total.

- Quelle somme chacun va-t-il recevoir ?

b) Avec sa part, Éric voudrait acheter un jeu électronique qui coûte 35 €.

- A-t-il assez d'argent ?

c) Émilie voudrait acheter 6 livres qui coûtent 6 € pièce.

- A-t-elle assez d'argent ?
- Sinon, combien peut-elle en acheter ?

7 Le directeur de l'école pourrait acheter 8 livres à 12 € pièce pour la BCD.
Il lui resterait alors 15 €.
Finalement, il préfère acheter des albums à 8 € pièce.

- Combien peut-il en acheter ?

8 Calcule le quotient et le reste de la division de :

436 par 9 — 748 par 6
1 439 par 7 — 4 535 par 8

9 Un maraîcher a 846 fraisiers.
Il veut les planter en rangées, chaque rangée contenant le même nombre de fraisiers.

- Doit-il faire 8 rangées ou 6 rangées ?

47 Technique opératoire de la division (2)

Je découvre

1 On veut diviser **5 546 par 24**.
24 × 100 < 5 546 < 24 × 1 000, le quotient est compris entre 100 et 1 000, il a donc 3 chiffres.

```
              5 5 4 6 | 2 4
24 × 2 →    −   4 8   |------
                ---   | c d u
                  7 4 | 2 3 1
24 × 3 →    −     7 2 |
                  ---
                    2 6
24 × 1 →    −       2 4
                    ---
                      2
```

Vérifions :

```
   231
×   24
------
   924
  4620
------
  5544
```

5 544 + **2** = 5 546

Je m'entraîne

2 Pour diviser 4 624 par 100, on écrit :

4 624 = (46 × 100) + 24   24 < 100,   le quotient est 46,   le reste est 24.

• Fais de même pour diviser les nombres ci-dessous par 100 :

5 312   42 324   806   159   4 008

3 Divise les nombres ci-dessous par 1 000.

7 627   14 834   9 120   5 048   60 906   125 081   1 338   99

4 Pose et effectue les opérations ci-dessous.

64 divisé par 20   274 divisé par 50   659 divisé par 60
749 divisé par 80   678 divisé par 70   884 divisé par 40

5 Effectue les divisions ci-dessous.

185 | 15   538 | 23   4 684 | 45   2 871 | 83

Jouer avec les nombres

Compléter : $139 = (13 \times ...) + 9$,
$94 = (11 \times ...) + 6$,
$136 = (11 \times ...) + 4$.

6 Un imprimeur a fabriqué 37 820 cartes de vœux.

a) Ces cartes sont emballées par paquets de 10.

- Combien de paquets pourra-t-il faire ?

b) Ces paquets sont ensuite expédiés par cartons de 100.

- Combien de cartons pourra-t-il remplir ?
- Combien de paquets restera-t-il ?

---

7 Pour son anniversaire, Éric a invité 12 copains ; ils seront donc 13 enfants.

a) Il compte acheter 4 bouteilles de limonade. Avec une bouteille, il peut remplir 8 verres.

- Combien de verres pourra-t-il remplir ?
- Combien de verres chaque enfant pourra-t-il boire ?

b) Il achète aussi 6 paquets de bonbons. Chaque paquet contient 20 bonbons.

- Combien de bonbons chaque enfant aura-t-il ?
- Restera-t-il des bonbons ? Combien ?

8 Un agriculteur a récolté 535 sacs de 50 kg de pommes de terre. Il doit rentrer ces sacs dans un hangar situé à 4 km. Il ne peut transporter que 45 sacs dans sa remorque à chaque voyage.

a) Combien de voyages devra-t-il faire ?

b) Combien de sacs transportera-t-il lors du dernier voyage ?

c) Combien de kilomètres va-t-il parcourir en tout pour rentrer ses pommes de terre ?

---

9 **a)** Douze personnes déjeunent au restaurant. L'addition se monte à 252 €.

- Toutes ont pris le même menu. Quel est le prix du repas par personne ?

b) Six personnes commandent un café. L'addition se monte maintenant à 264 €.

- Quel est le prix du repas pour ceux qui ont bu du café ?

---

10 Pour la fête de l'école, le droit d'entrée est de 5 € pour un adulte et 3 € pour un enfant. La recette a été de 656 € et on sait que 112 enfants ont assisté à la fête.

a) Combien d'adultes ont assisté à la fête ?

b) Combien de spectateurs y avait-il au total ?

11 Les 25 élèves de la classe de CM1 veulent faire un voyage au bord de la mer.
Le coût du voyage est de 737 €.
La caisse de la coopérative contient 212 €.

- Quelle somme chaque élève devra-t-il verser ?

48

Les triangles

Je découvre

1 Reproduis la figure ci-contre en suivant le programme de construction.

– Trace un segment *AB* de 6 cm de longueur avec un double décimètre.

– Trace le cercle de centre *A*, de rayon 5 cm.

– Trace le cercle de centre *B*, de rayon 4 cm.
Ces deux cercles se coupent en deux points *C* et *D*.

– Trace les segments *AC*, *BC*, *AD* et *BD*.

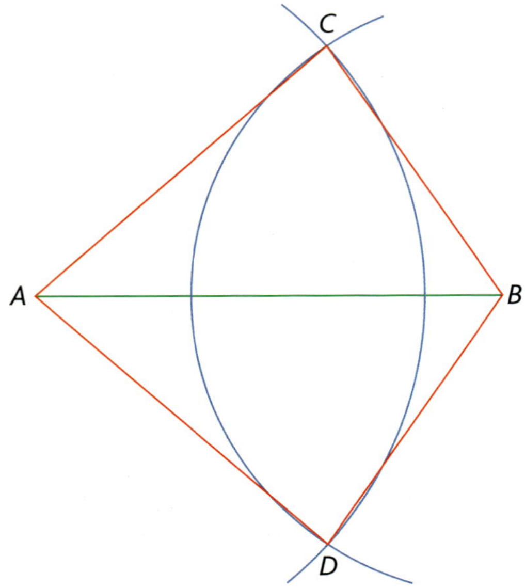

a) Mesure avec ton double décimètre les côtés *AC* et *BC* du triangle *ABC*.

b) Que peux-tu dire des deux triangles *ABC* et *ABD* ?

2 En utilisant les instruments (équerre, compas, double décimètre), complète le tableau ci-dessous.

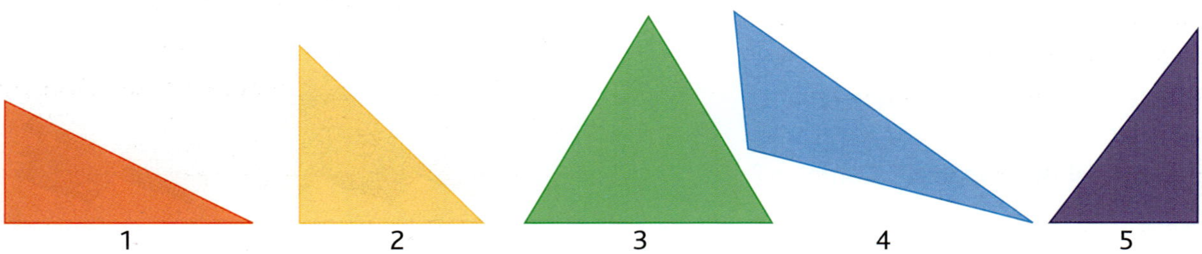

Numéro du triangle	1 angle droit	2 côtés de même longueur	3 côtés de même longueur
1	X		
2			
3			
4			
5			

Les triangles **1**, **2** et **5** sont des triangles **rectangles**, le triangle **2** est un triangle **rectangle isocèle** et le triangle **3** est un triangle **équilatéral**.

Jouer avec les nombres

Calculer : 534×2, 367×14, 654×56.

3 Construis, lorsque c'est possible, les triangles dont les longueurs des côtés sont indiquées dans le tableau.

triangle	1er côté	2e côté	3e côté
A	3 cm	5 cm	4 cm
B	5 cm	3 cm	7 cm
C	4 cm	6 cm	4 cm
D	7 cm	2 cm	4 cm
E	4 cm	4 cm	4 cm

a) Y a-t-il des triangles que tu ne peux pas construire ? Pourquoi ?

b) En utilisant ton équerre et ton double décimètre, recherche s'il y a des triangles rectangles, isocèles ou équilatéraux parmi ceux que tu viens de construire.

Je m'entraîne

4 a) En utilisant ton compas et ton double décimètre, construis un carré *ABCD*.

b) Trace la diagonale *AC*.

c) Que peux-tu dire des triangles *ABC* et *ACD* ?

5 a) En suivant la fiche de construction de l'exercice 1, trace un triangle *ABC*.
Le côté *AB* mesure 6 cm, le côté *BC* mesure 8 cm et le côté *AC* mesure 10 cm.

b) Appelle *I* le milieu du côté *AB*, *J* le milieu du côté *BC* et *K* le milieu du côté *AC*.

c) Construis le triangle *IJK*.

- Mesure la longueur de ses côtés.
- Que remarques-tu ?

6 a) À l'aide de ton compas et de ton double décimètre, reproduis la figure ci-dessous.

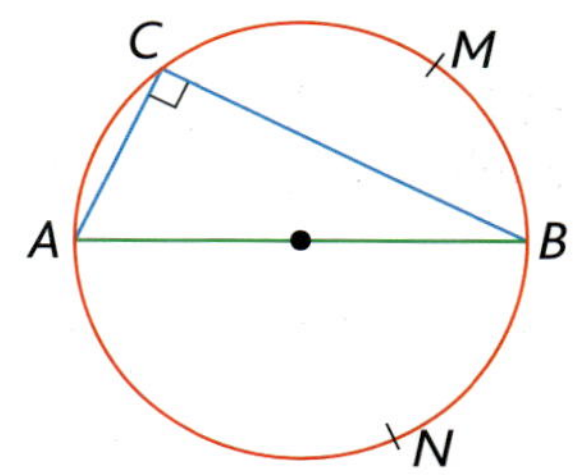

- Que peux-tu dire du triangle *ABC* ?

b) Trace les triangles *AMB* et *ANB*.

- Quelles remarques peux-tu faire ?

c) Utilise la propriété que tu viens de découvrir pour tracer un rectangle.

7 Trace un triangle équilatéral *ABC* de 5 cm de côté et découpe-le. Plie-le en deux de façon à superposer *B* et *C*. Puis repasse le pli avec ton crayon et ta règle. Tu obtiens deux triangles.

- Que peux-tu dire de ces triangles ?

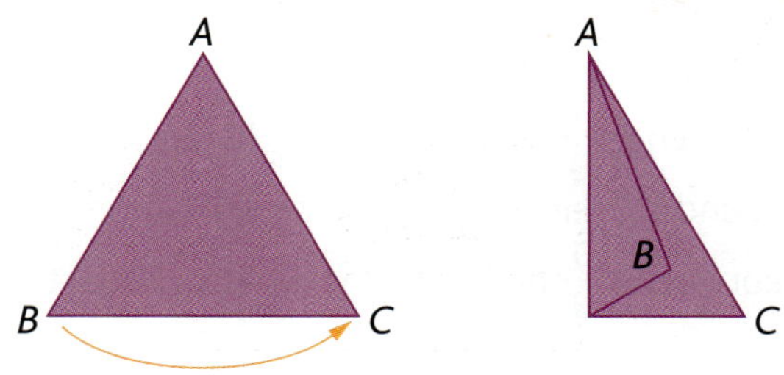

Je retiens

Un triangle rectangle a un angle droit.

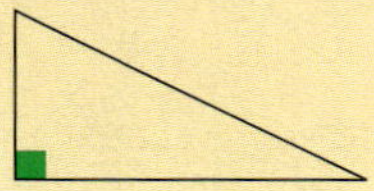

Un triangle isocèle a deux côtés de même longueur.

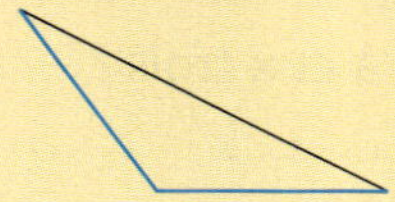

Un triangle équilatéral a trois côtés de même longueur.

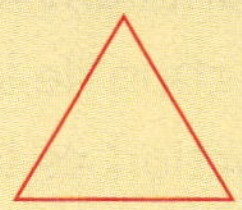

49 Les fractions (1)

Je découvre

1 a) On a partagé une bande de papier *AB* en 5 morceaux de même longueur.

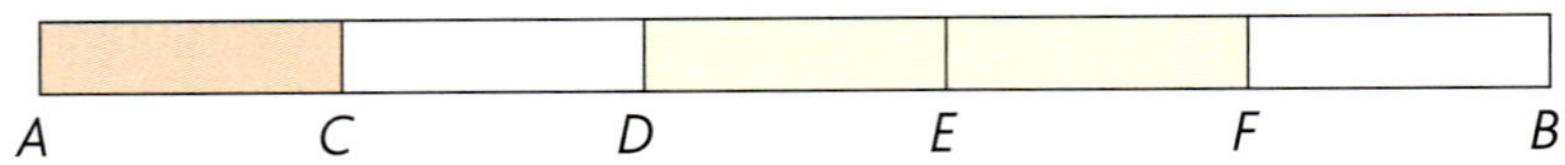

On dit que chaque morceau représente **un cinquième** de la bande *AB*.
Par exemple : *AC* représente un cinquième de *AB*.

On écrit : $AC = \frac{1}{5} AB$.

> $\frac{1}{5}$ est une **fraction** et se lit **un cinquième**.

DF, qui est constitué de deux morceaux, représente **deux cinquièmes** de *AB*.

On écrit $DF = \frac{2}{5} AB$.

- Quelle fraction de *AB* représente chacun des morceaux suivants :
  CD ? *AE* ? *CB* ? *FB* ? *EB* ? *AB* ?

b) On a partagé une bande de papier *IJ* en 6 morceaux de même longueur.

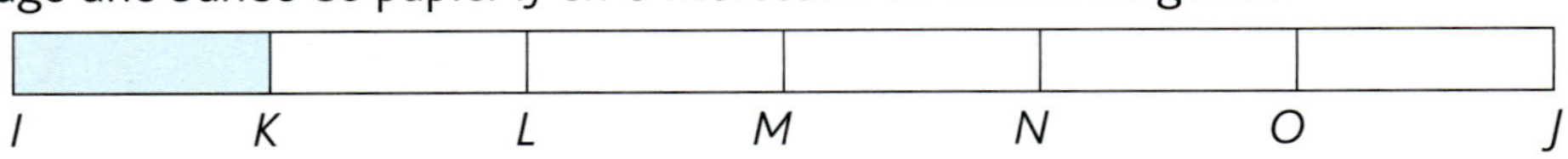

Le morceau *IK* représente **un sixième** de *IJ*. On écrit : $IK = \frac{1}{6} IJ$.

- Recopie et complète le tableau ci-dessous.

KL	LN	OJ	IN	MJ	KJ	IO	KO
$\frac{1}{6}$ IJ	… IJ	… IJ	… IJ	… IJ	… IJ	… IJ	… IJ

c) Fractions particulières

- Quand on partage une bande en 2 morceaux de même longueur, chaque morceau représente la moitié de la bande. On écrit $\frac{1}{2}$ et on lit **un demi**.
- Quand on partage une bande en 3 morceaux de même longueur, chaque morceau représente $\frac{1}{3}$ de la bande : on lit **un tiers**.
- Quand on partage une bande en 4 morceaux de même longueur, chaque morceau représente $\frac{1}{4}$ de la bande : on lit **un quart**.

---

2 a) On a partagé une tarte en 8 parts égales.

- Quelle fraction de la tarte représente chaque morceau ?

b) Trois enfants ont mangé chacun un morceau de tarte.

- Quelle fraction de la tarte ont-ils mangée à eux trois ?
- Quelle fraction de la tarte reste-t-il ?

Jouer avec les nombres

Calculer le quotient et le reste des divisions :
134 par 10, 345 par 10, 3 456 par 100,
5 480 par 100, 3 470 par 10.

Je m'entraîne

3 Pour chaque dessin, quelle fraction représente la partie coloriée ?

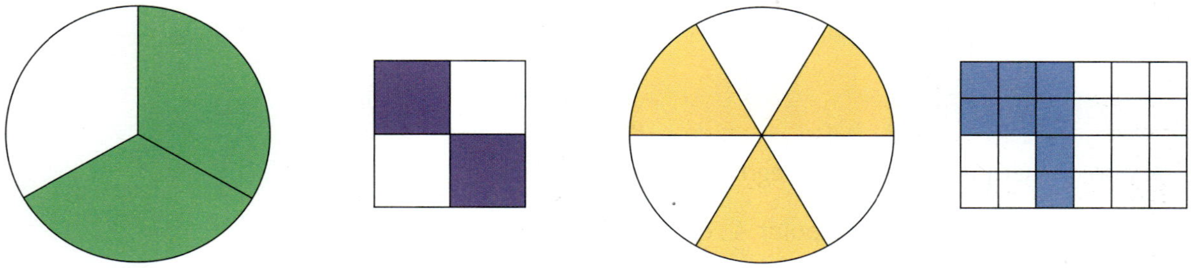

4 Reproduis (ou décalque) les figures suivantes et colorie une partie de la figure correspondant à la fraction indiquée.

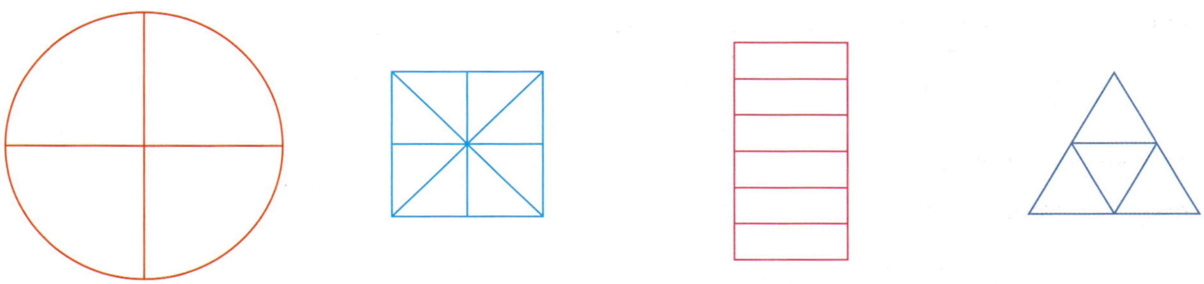

$\frac{3}{4}$ $\frac{5}{8}$ $\frac{2}{6}$ $\frac{1}{2}$

5 Observe l'exemple.

trois septièmes : $\frac{3}{7}$

- Écris en chiffres les fractions ci-dessous.

deux tiers un demi trois quarts
trois sixièmes quatre cinquièmes

6 Observe l'exemple.

$\frac{1}{5}$: un cinquième

- Écris en lettres les fractions suivantes.

$\frac{3}{4}$ $\frac{2}{5}$ $\frac{1}{2}$ $\frac{2}{3}$ $\frac{7}{8}$ $\frac{5}{6}$

7 Après le repas, il reste $\frac{1}{6}$ du gâteau.

- Quelle fraction a été mangée ?

(Tu peux faire un dessin.)

8 J'ai 12 € dans ma tirelire. J'en dépense un tiers.

- Combien me reste-t-il ?

9 J'ai déjà lu les trois cinquièmes de mon livre.

- Écris sous forme de fraction ce qu'il me reste à lire.

10 Un litre représente 100 cL.

- Combien de centilitres représentent les trois quarts d'un litre ? un demi-litre ?

50 Les fractions (2)

Je découvre

1 a) On a gradué le segment AB.

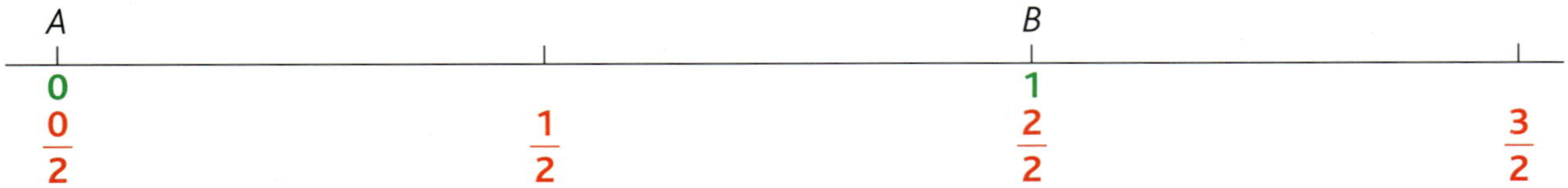

La fraction $\frac{1}{2}$ marque le milieu du segment AB.

0 et $\frac{0}{2}$ correspondent au même point A : on écrit $0 = \frac{0}{2}$.

1 et $\frac{2}{2}$ correspondent au même point B : on écrit $1 = \frac{2}{2}$.

b) On a partagé le segment CD en **3 parties** de même longueur, puis en **6 parties** de même longueur.

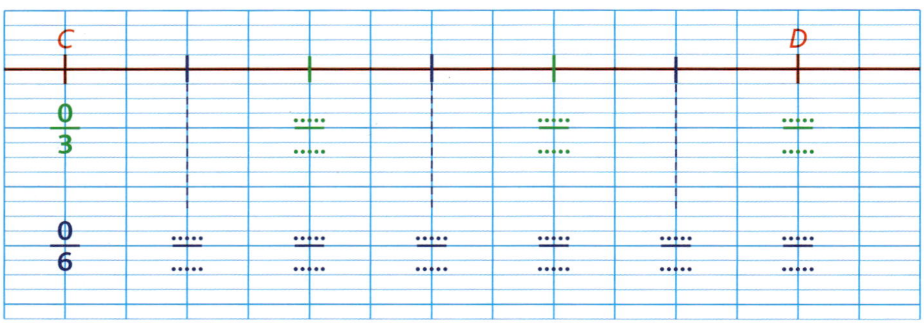

- Reproduis la droite sur ton cahier et complète avec les fractions correspondantes.
- Écris toutes les égalités possibles.

Je m'entraîne

2 Reproduis la droite sur ton cahier.

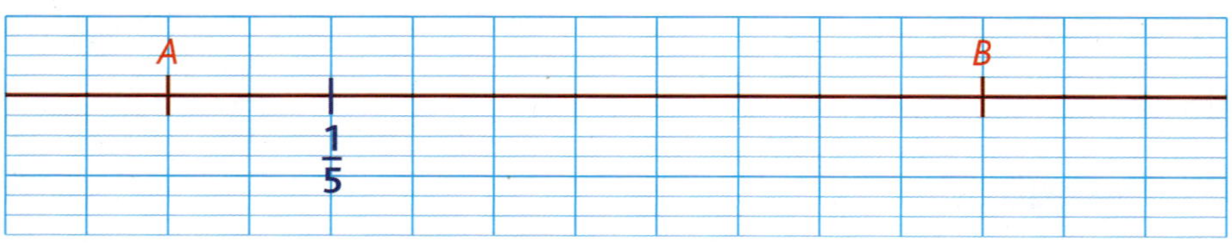

a) Place en **bleu** les points qui correspondent aux fractions ci-dessous.

$\frac{0}{5}$ $\frac{2}{5}$ $\frac{3}{5}$ $\frac{4}{5}$ $\frac{5}{5}$

b) Place en **rouge** les points qui correspondent aux fractions ci-dessous.

$\frac{0}{10}$ $\frac{1}{10}$ $\frac{2}{10}$ $\frac{3}{10}$ $\frac{4}{10}$ $\frac{5}{10}$ $\frac{6}{10}$ $\frac{7}{10}$ $\frac{8}{10}$ $\frac{9}{10}$ $\frac{10}{10}$

c) Recopie et complète les égalités.

$\frac{1}{5} = \frac{...}{10}$ $\frac{2}{5} = \frac{...}{10}$ $\frac{3}{5} = \frac{...}{10}$ $\frac{8}{10} = \frac{...}{...}$ $\frac{10}{10} = ...$ $\frac{0}{10} = ...$

Jouer avec les nombres

Écrire en minutes les durées suivantes :
1 h, 2 h 15 min, 3 h et quart, 5 h et demie, 180 s, 6 h moins 10.

3 On choisit le segment *AB* comme unité.

• Reproduis la droite ci-dessous sur ton cahier et trouve les fractions qui manquent.

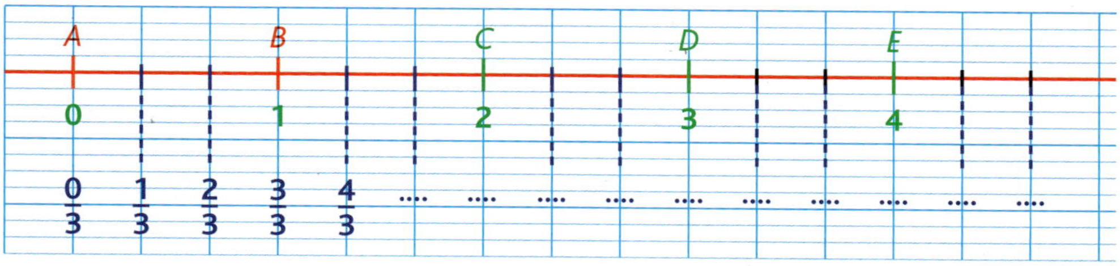

---

4 Reproduis la droite ci-dessous sur ton cahier.

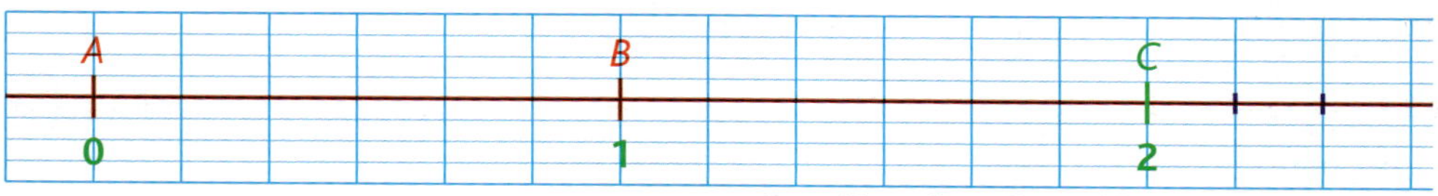

• Place les points qui correspondent aux fractions : $\frac{1}{6}$ $\frac{5}{6}$ $\frac{6}{6}$ $\frac{9}{6}$ $\frac{12}{6}$ $\frac{13}{6}$.

---

5 **a)** Parmi les fractions ci-dessous, quelles sont celles qui représentent des nombres entiers ?
b) Quels sont ces nombres ?

$\frac{3}{4}$ $\frac{6}{2}$ $\frac{4}{3}$ $\frac{0}{7}$ $\frac{12}{4}$ $\frac{17}{5}$ $\frac{18}{6}$ $\frac{6}{18}$ $\frac{6}{3}$ $\frac{3}{6}$

---

6 Pour chacune des figures, trouve deux fractions qui représentent la partie colorée.

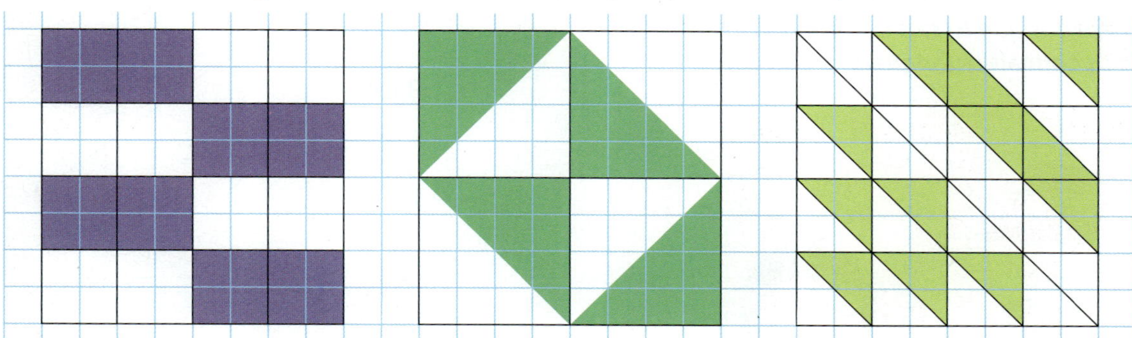

---

7 **a)** Une bouteille a une contenance de 75 cL.

• Quelle est la contenance d'un récipient qui équivaut au $\frac{1}{3}$ d'une bouteille ?

b) Une canette contient $\frac{1}{4}$ de litre.

• Combien de canettes peut-on remplir avec 100 cL ?

51

ATELIER PROBLÈMES

Je construis, je décris

1 a) Suis les instructions de la fiche.

– Trace un segment *AB* de longueur 5 cm.

– Trace un arc de cercle de centre *A* et de rayon 6 cm, au-dessus du segment *AB*.

– Trace un arc de cercle de centre *B* et de rayon 7 cm, au-dessus du segment *AB*. Les deux arcs de cercle se coupent en un point *C*.

– Trace les segments *AC* et *BC*.

b) Quelle figure géométrique as-tu ainsi obtenue ?

c) Écris maintenant la fiche de construction du triangle *ABC* tel que :
$AB = 4$ cm ; $BC = 5$ cm ; $AC = 6$ cm.

---

2 Écris la fiche de construction du quadrilatère *ABCD*.
(N'oublie pas que tu sais construire un triangle quand tu connais la longueur de ses côtés.)

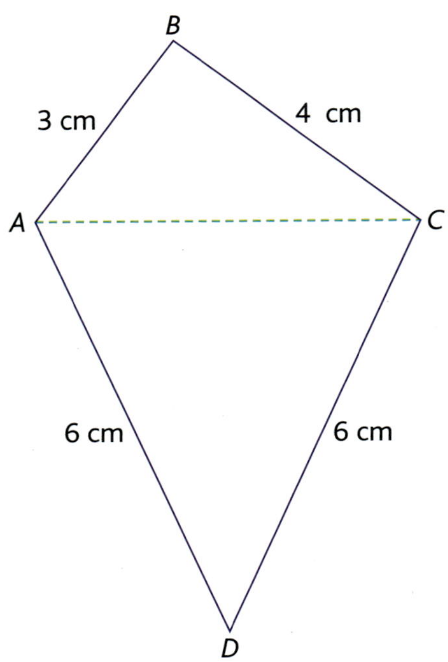

3 Écris la fiche de construction de la figure ci-dessous.
(Tu peux donner des noms aux points.)

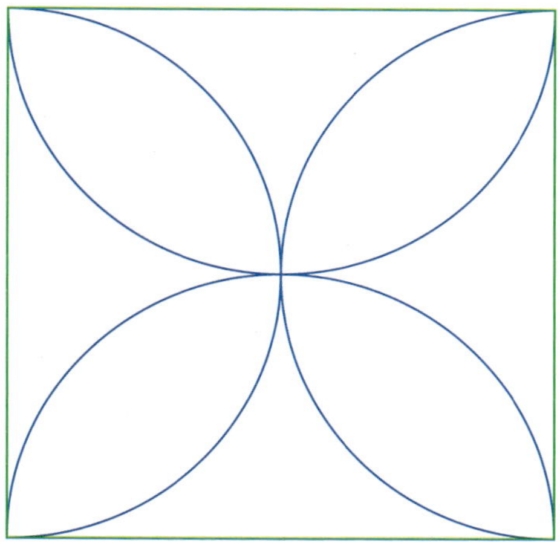

4 **a)** Construis la figure.

– Trace un carré *ABCD* de 6 cm de côté.
– Trace les diagonales de ce carré.
Elles se coupent au point *O*.
– Trace le cercle de centre *O* et de rayon 3 cm.

b) Que remarques-tu ?

5 **a)** Reproduis le dessin.

b) Écris sa fiche de construction.

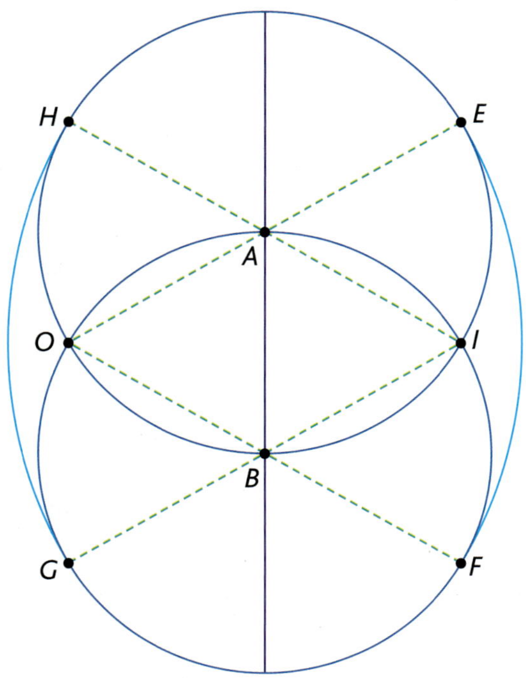

6 **Le cerf-volant**

a) Observe la figure.

b) Reproduis-la.

c) Écris sa fiche de construction.

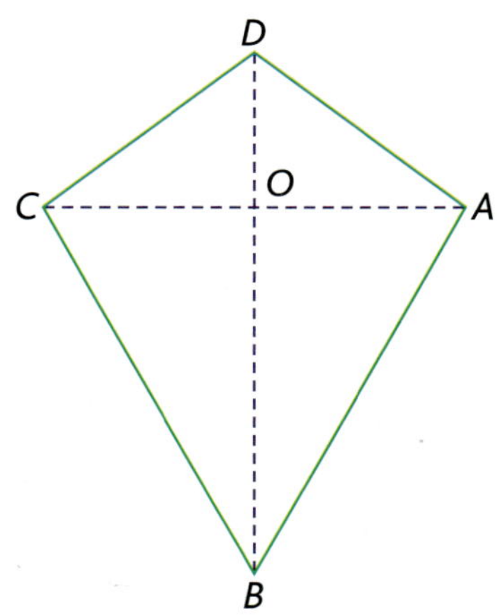

BILAN DE LA PÉRIODE 3

COMPÉTENCES À ÉVALUER
- **1 / 2 / 3. Utiliser les fractions.**
- **4. Utiliser les instruments de tracé.**
- **5. Connaître les durées.**
- **6. Trouver les données d'un problème.**

1 Pour chaque figure, écris la fraction représentée par la partie colorée.

A

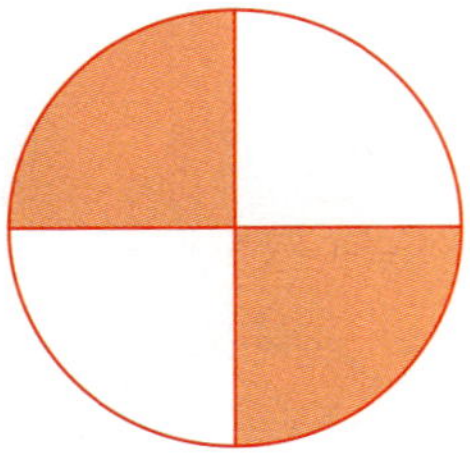

B

C

D

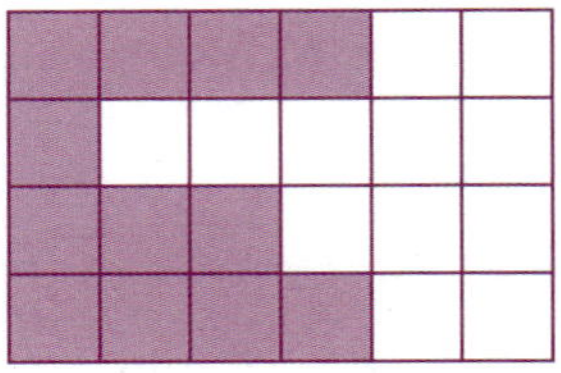

2 Recopie la droite numérique puis place les fractions ci-dessous.

$\frac{1}{4}$ $\frac{1}{2}$ $\frac{5}{4}$ $\frac{3}{4}$ $\frac{8}{4}$

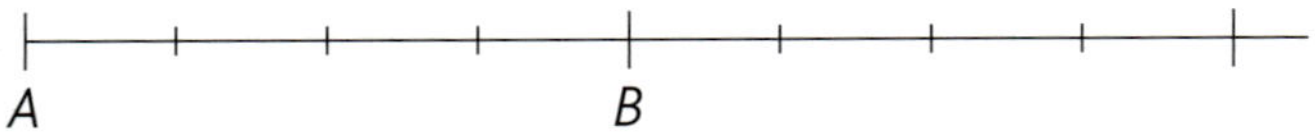

3

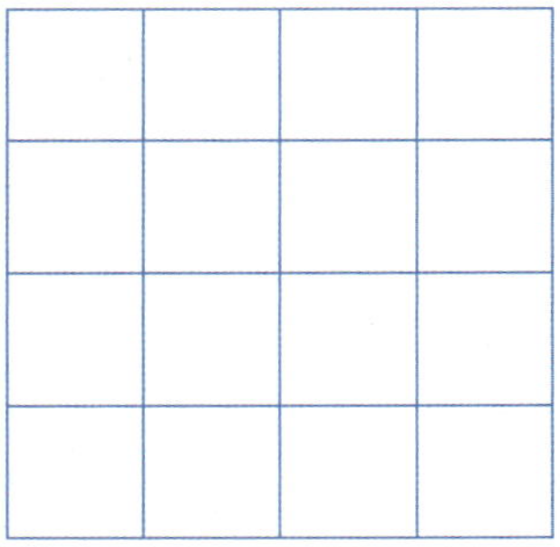

a) Pour colorier $\frac{5}{8}$ de ce quadrillage, combien de carreaux faut-il colorier ?

b) Combien de carreaux faut-il colorier pour que les trois quarts du quadrillage soient coloriés ?

4 Construis les figures suivantes en utilisant ton compas, ton équerre, et ton double décimètre.

a) Un quadrilatère dont les diagonales se coupent en leur milieu.

b) Un quadrilatère dont les diagonales ont la même longueur, sont perpendiculaires et se coupent en leur milieu.

c) Un losange ayant un angle droit.

d) Un triangle rectangle isocèle.

7. Calculer sur les durées.
8. Effectuer une division.
9. Se poser des questions à partir d'un énoncé.
10. Décrire une figure en vue de la faire reproduire.

5 Range les durées ci-dessous de la plus courte à la plus longue.

a) 3 600 s, 1 h 10 min, 72 min, 59 min 30 s.

b) trois quarts d'heure, 40 min, 2 760 s, 0 h 50 min.

6 Ta classe a décidé de visiter un musée dans la ville voisine.

• Quels sont tous les renseignements indispensables que tu dois te procurer pour pouvoir organiser cette visite ?
(Trouves-en au moins 3 différents.)

7 Effectue les opérations.

2 h 15 min	26 min 37 s	20 min 35 s
+ 1 h 16 min	+ 42 min 13 s	− 16 min 45 s
...	...	...

8 Effectue les divisions et complète les égalités.

96 ⟌ 4	638 ⟌ 3	1 512 ⟌ 5
96 = (4 × ...) + ...	638 = (3 × ...) + ...	1 512 = (5 × ...) + ...

9 Quelles questions peux-tu te poser à partir des énoncés ? Résous le problème.

a) J'ai acheté 3 albums de bandes dessinées. Pour payer, j'ai donné 20 €, le libraire m'a rendu 2 €.

b) Pour prendre un avion qui part à 16 h 15, je dois me présenter au guichet 1 h avant ; il me faut 30 min pour me rendre à l'aéroport.

10 Établis la fiche de construction de la figure ci-dessous.

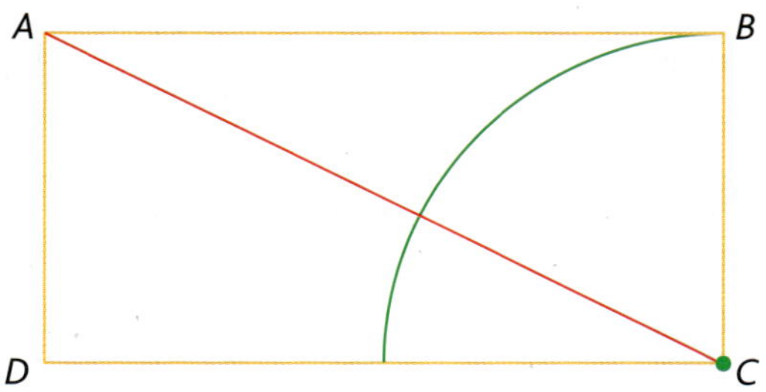

52 Les nombres décimaux (1)

Je découvre

1 a) Observe la droite numérique.

0 — 1 — 2 — 3

$\frac{0}{10}$ $\frac{1}{10}$ … $\frac{6}{10}$ … $\frac{10}{10}$ … $\frac{20}{10}$ … $\frac{24}{10}$ … $\frac{30}{10}$

• La fraction décimale $\frac{24}{10}$ peut aussi s'écrire : $\frac{24}{10} = \frac{20}{10} + \frac{4}{10} = 2 + \frac{4}{10}$.

La fraction $\frac{24}{10}$ est égale à 2 unités et 4 dixièmes.

On écrit $\frac{24}{10} = 2,4$.

> 2,4 est un **nombre décimal.** Il est écrit sous forme d'un **nombre à virgule**.

2,4 se lit « deux virgule 4 » ou « deux unités et quatre dixièmes ».
2 est la **partie entière**, 4 est la **partie décimale**.

• La fraction $\frac{6}{10}$ peut aussi s'écrire : $\frac{6}{10} = 0 + \frac{6}{10}$

On écrit $\frac{6}{10} = 0,6$ et on lit « zéro virgule six ».

2,4 et 0,6 sont des nombres à virgule.

b) Écris sous forme de nombres à virgule les fractions suivantes.

$\frac{8}{10}$ $\frac{37}{10}$ $\frac{43}{10}$ $\frac{9}{10}$ $\frac{51}{10}$ $\frac{254}{10}$ $\frac{105}{10}$ $\frac{210}{10}$ $\frac{734}{10}$

2 Observe l'exemple et écris sous forme de fractions les nombres ci-dessous.

$3,9 = 3 + \frac{9}{10} = \frac{30}{10} + \frac{9}{10} = \frac{39}{10}$

8,6 = … 4,5 = … 12,8 = … 54,5 = … 94,2 = …

3 Reproduis et complète le tableau.

nombres à virgule	centaines	dizaines	unités	dixièmes
8,7			8	7
…		1	4	3
121,3	…	…	…	…
…		7	0	4

Jouer avec les nombres

Calculer mentalement les quotients :
64 : 2,   126 : 2,   806 : 2.

4 Écris les nombres ci-dessous sous forme de nombres à virgule.

douze unités trois dixièmes
dix unités un dixième
300 unités 4 dixièmes
zéro unité quatre dixièmes
3 dizaines 8 unités 5 dixièmes
20 unités 15 dixièmes

5 Écris les nombres ci-dessous sous différentes formes, comme dans l'exemple.

$$13 \text{ unités } 5 \text{ dixièmes} = 13 + \frac{5}{10} = 13{,}5$$

4 unités 7 dixièmes = …
0 unité 3 dixièmes = …
4 dizaines 4 dixièmes = …
3 centaines 5 unités 6 dixièmes = …

6 Observe l'exemple et encadre les nombres à virgule entre deux nombres entiers qui se suivent.

$3 < 3{,}7 < 4$
… < 0,8 < …
… < 125,4 < …
… < 13,3 < …
… < 2,1 < …
… < 10,6 < …

7 Observe l'exemple et écris chaque nombre à virgule sous forme de fraction.

$$3{,}7 = \frac{37}{10}$$

40,3   1,6   0,5   102,7   13,8

8 **a)** Reproduis la droite numérique ci-dessous.

b) Place les nombres suivants : 0,6 ; 0,4 ; 1,4 ; 0,1.

9 Écris plus simplement les nombres ci-dessous, lorsque tu le peux.

3,0   14,0   140   140,1   10,4   10,0

10 Range les nombres ci-dessous du plus petit au plus grand.

8,7   13,9   5   0,1   6   5,4   4,5   5,5

11 Recopie et complète.

3,7 – 3,9 – 4,1 – … – 5,1
12,4 – 12,6 – … – 13,8

12 Que représente le chiffre 3 dans chacun des nombres ci-dessous ?

312,4   203,7   6,3   3 140,6   235,9

JE RETIENS

Les nombres décimaux peuvent s'écrire sous forme de nombres à virgule :

$$3{,}7 = 3 + \frac{7}{10}$$

partie entière (3)   **partie décimale** (7)

53 Les nombres décimaux (2)

Je découvre

1 **a)** Sur la droite numérique, on a marqué un point *A*.

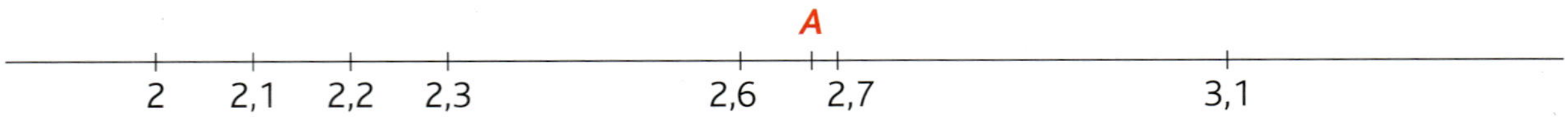

Le point *A* est situé entre les graduations 2,6 et 2,7 mais on ne peut pas dire à quel nombre il correspond.
On a agrandi la portion de la droite numérique comprise entre 2,6 et 2,7.

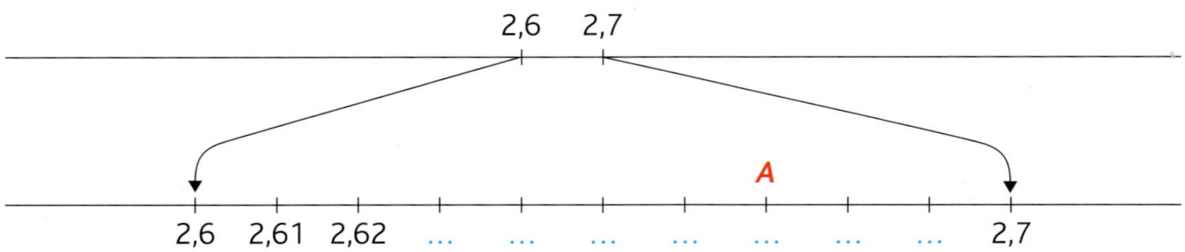

- Recopie et complète la droite numérique ci-dessus.
- À quel nombre à virgule correspond le point *A* ?

b) Le nombre 2,61 se lit « deux virgule soixante et un » ou « deux unités soixante et un centièmes ».

On peut écrire : $2{,}61 = 2 + \frac{61}{100} = 2 + \frac{6}{10} + \frac{1}{100}$.

- Écris de la même façon les nombres ci-dessous.

32,17 8,05 14,18 102,13 10,35

---

2 Observe l'exemple.

$$\frac{237}{100} = \frac{200}{100} + \frac{37}{100} = 2 + \frac{37}{100} = 2 + \frac{30}{100} + \frac{7}{100} = 2 + \frac{3}{10} + \frac{7}{100}$$

$\frac{237}{100}$ peut s'écrire dans un tableau :

centaines	dizaines	unités	dixièmes	centièmes
		2 ,	3	7

a) Écris les fractions décimales sous forme de nombres à virgule.

$\frac{345}{100}$ $\frac{1\,328}{100}$ $\frac{103}{100}$ $\frac{3\,140}{100}$ $\frac{3\,005}{100}$

b) Place dans un tableau les nombres à virgule obtenus.

Jouer avec les nombres

Calculer mentalement : $(5 \times 10) + 311$, $(12 \times 10) + 84$, $(54 \times 10) + 86$.

Je m'entraîne

3 a) Écris les fractions ci-dessous sous forme de nombres à virgule.

$\frac{2\,375}{1\,000}$ $\frac{13\,025}{1\,000}$ $\frac{51\,020}{1\,000}$ $\frac{7\,015}{1\,000}$

b) Recopie ce tableau et place les nombres à virgule obtenus.

centaines	dizaines	unités	dixièmes	centièmes	millièmes
...	...	... ,	...	...	...

4 Observe et complète les droites numériques ci-dessous.

8,30 8,31 ... ... 8,36 8,40

7,64 ... ... 7,68 7,72

5 Recopie les nombres ci-dessous puis entoure la partie entière en **bleu** et la partie décimale en **rouge**.

24,33 1 238,41 5,12 24 0,17

6 Observe l'exemple et écris de même.

$20,14 = 20 + \frac{14}{100}$

18,15 = ... 45,33 = ...

133,2 = ... 8,433 = ...

7 Observe l'exemple et écris de même.

25,39 = 25 unités 39 centièmes

148,51 = ... 108,24 = ...

53,17 = ... 6,228 = ...

8 Décompose comme dans l'exemple.

$14,26 = 14 + \frac{26}{100} = 14 + \frac{2}{10} + \frac{6}{100}$

233,12 = ... 8,09 = ...

16,29 = ... 3,10 = ...

9 Recopie et complète avec = ou ≠.

8,6 ... 8,60 8,06 ... 8,6

16,9 ... 16,09 158,20 ... 158,02

30,40 ... 30,4 12,06 ... 12,60

10 Observe l'exemple et écris de même.

48,3 = 48 unités 3 dixièmes = 483 dixièmes

0,24 = ... 2,51 = ...

41,3 = ... 6,18 = ...

54,6 = ... 76,9 = ...

11 a) Ma partie entière est un multiple de 6 compris entre 40 et 45.
Ma partie décimale comporte 18 centièmes. Qui suis-je ?

b) Ma partie entière est le plus grand nombre de 2 chiffres.
Il manque un dixième à ma partie décimale pour que je devienne le plus petit nombre entier de 3 chiffres. Qui suis-je ?

54

ATELIER PROBLÈMES

Je prélève des informations (3)

Pour chacun des problèmes, indique quelles opérations tu devras effectuer pour trouver le résultat. Tu pourras ensuite, si c'est nécessaire, utiliser ta calculette pour trouver la réponse.

1 Une tablette de chocolat pèse 125 g.
Les tablettes sont vendues par paquets de 4.

- Combien pèse un paquet ?

2 Une famille boit deux bouteilles d'eau minérale par jour.

- Combien de bouteilles doit-elle acheter pour deux semaines ?

3 À un arrêt d'autobus, 12 personnes sont montées et 16 autres sont descendues.
Il y a maintenant 37 passagers.

- Combien de passagers y avait-il dans l'autobus avant l'arrêt ?

4 Au cours d'une compétition, des cyclistes ont effectué 28 tours d'un circuit et parcouru une boucle de 5 km. Ils ont parcouru au total 201 km.

- Quelle est la longueur d'un tour de circuit ?

5 M. Durand veut calculer la consommation d'essence de sa voiture pour une année. Pendant les deux mois d'été, il achète 45 L par semaine. Pendant les autres mois, il achète 35 L par semaine.

Parmi les trois calculs ci-dessous, choisis celui qui donne la réponse.

35 × 2 = 70	35 × 4 = 140	35 + 35 = 70
70 × 12 = 840	140 × 10 = 1 400	70 × 10 = 700
2 × 45 = 90	45 × 4 = 180	45 × 2 = 90
700 + 360 = 1 060	180 × 2 = 360	1 400 + 90 = 1 490

6 **Consommation d'eau par personne et par jour dans une famille européenne**

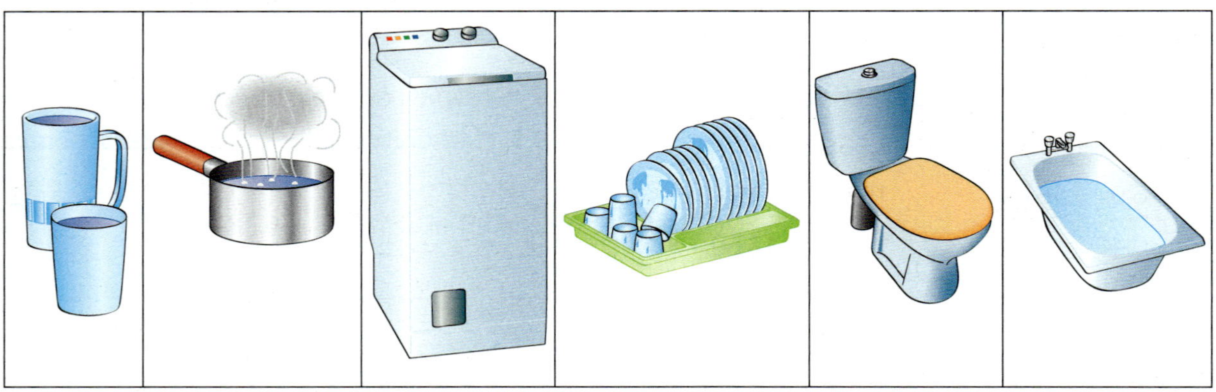

Boisson	Cuisine	Lessive	Vaisselle	WC	Bain
1 L	3 L	16 L	16 L	31 L	53 L

- Quelle est la consommation d'eau pour une famille de 4 personnes pendant une semaine ?

7 Pierre va passer 10 jours aux sports d'hiver. Il veut louer une paire de skis et une paire de chaussures. Le tableau ci-dessous donne les tarifs de location.

	Paire de skis ordinaires tarif par jour	**Paire de skis paraboliques tarif par jour**	**Paire de chaussures tarif par jour**
1er et 2e jours	8 €	10 €	6 €
3e et 4e jours	7 €	9 €	5 €
5e, 6e et 7e jours	6 €	8 €	4 €
À partir du 8e jour	5 €	7 €	3 €

Pierre ne veut pas dépenser plus de 115 € pour son équipement mais aimerait essayer les skis paraboliques.

• Aide-le à choisir ce qu'il pourra faire.

8 Quatre enfants comparent les poids de leurs cartables.

Celui de Nicolas est plus lourd que celui de Jérôme.

Celui de Martine est plus léger que celui de Jérôme.

Celui de Bruno est plus léger que celui de Nicolas.

Celui de Jérôme est plus léger que celui de Bruno.

• Range les cartables du plus léger au plus lourd.

9 Un voyage aller-retour en TGV coûte 80 €.

Les enfants paient « demi-tarif » et les militaires « quart de place ».

• Combien paie un enfant ? un militaire ?

10 Pour son anniversaire, Olivier invite 15 amis. Il faut prévoir un gâteau pour 6 personnes.

• Combien de gâteaux faut-il confectionner ?

11 Un père partage 18 billes entre ses trois fils.

Au premier, il donne un tiers des billes.

Au deuxième, il donne un sixième des billes.

Au troisième, il donne le reste des billes.

a) Combien de billes a chaque enfant ?

b) Quelle fraction du total a obtenue le troisième enfant ?

12 Jérôme range des photos dans l'album de famille. Il a devant lui 6 pochettes de 36 photos, 5 pochettes de 24 photos et 3 pochettes de 12 photos. Il les range dans un album de 64 pages. Chaque page peut contenir 8 photos.

• Combien de photos pourra-t-il mettre encore dans son album quand il aura rangé toutes les photos dont il dispose actuellement ?

55 Points et distances

Je découvre

1

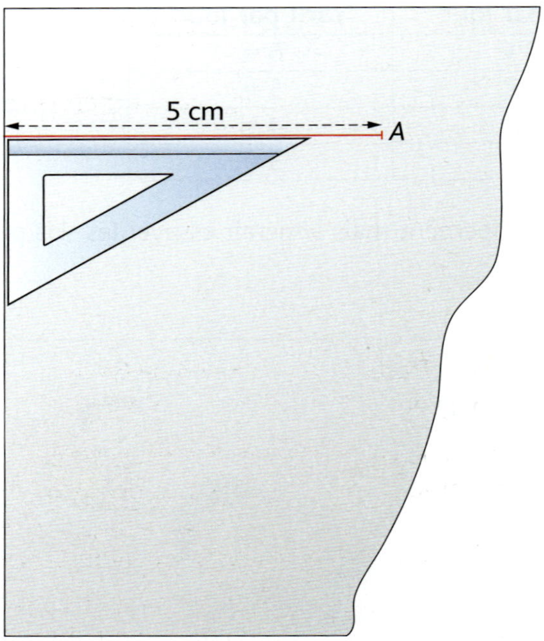

a) À l'aide de ton équerre et de ton double décimètre, place un point *A* à 5 cm du bord gauche de ta feuille, comme sur le schéma. On dit que la **distance** du point *A* au bord de la feuille est de 5 cm.

b) De la même façon, place deux autres points, *B* et *C*, à 5 cm du bord gauche de la feuille.

- Avec ta règle, vérifie que les points *A*, *B* et *C* sont alignés.

c) Trace la droite qui passe par les points *A*, *B* et *C*. Choisis un point *D* sur cette droite. Vérifie qu'il est à 5 cm du bord gauche de la feuille.
On dit que la distance de la droite au bord gauche de la feuille est de 5 cm.

d) De la même façon, trace une droite à 7 cm du bord gauche de ta feuille, puis une autre à 9 cm.

- Que peux-tu dire des trois droites que tu as tracées ?

2

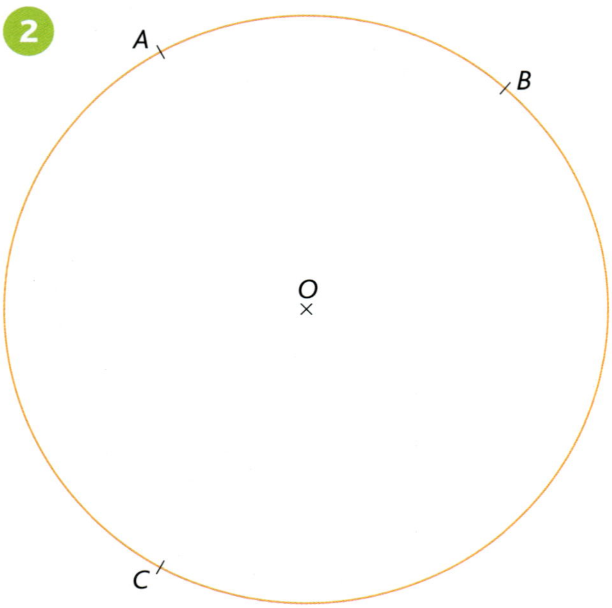

a) Trace un cercle de centre *O* et de rayon 4 cm. Sur ce cercle, place 3 points : *A*, *B* et *C*.

- Sans utiliser ton double décimètre, peux-tu indiquer la distance entre les points *A* et *O*, *B* et *O*, *C* et *O* ? entre n'importe quel point du cercle et le point *O* ?

b) Trace tous les points qui sont exactement à 6 cm du point *O*.

c) Colorie en **bleu** la partie où se trouvent les points qui sont situés entre 4 et 6 cm du point *O*.

Jouer avec les nombres

Calculer : 7×11, 23×11, 45×11, 54×11, 81×11.

3 a) Trace sur ton cahier un segment *AB* de 6 cm de longueur.

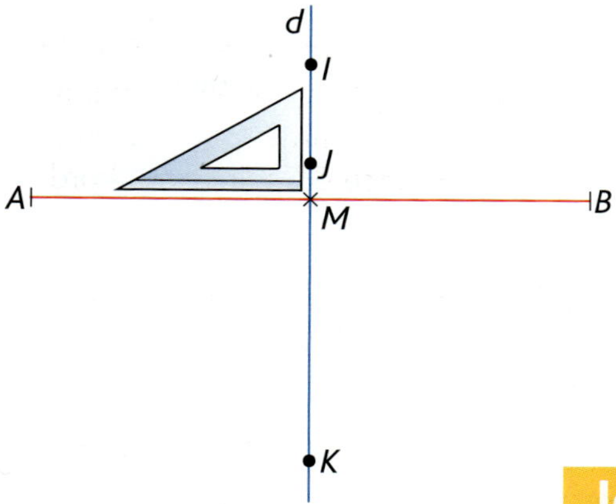

b) Marque le point *M*, milieu du segment *AB*. À l'aide de ton équerre, trace la droite *d* perpendiculaire au segment *AB* qui passe par le point *M*.

c) Place 3 points *I*, *J*, *K* sur la droite *d*, comme sur la figure.

- À l'aide de ton double décimètre, trace et mesure les segments *AI* et *BI*, *AJ* et *BJ*, *AK* et *BK*.
- Que remarques-tu ?

d est la **médiatrice** du segment *AB*.

Je m'entraîne

4 a) Sur ton cahier, trace une droite *d*.

b) En utilisant ton équerre et ton double décimètre :
- trace les 2 droites qui sont à une distance de 5 cm de la droite *d* ;
- trace les 2 droites qui sont à une distance de 7 cm de la droite *d*.

c) Colorie les parties qui contiennent les points situés à plus de 5 cm et à moins de 7 cm de la droite *d*.

5 a) Trace un segment *AB* de 6 cm de longueur.

b) Trace le cercle de centre *A* et de rayon 4 cm et le cercle de centre *B* et de rayon 3 cm.
Ces deux cercles se coupent en deux points *C* et *D*.

- À quelle distance du point *A* le point *C* se trouve-t-il ? et du point *B* ?
- À quelle distance du point *A* le point *D* se trouve-t-il ? et du point *B* ?

c) De la même manière, trace 2 points *E* et *F* qui sont à 5 cm du point *A* et à 2 cm du point *B*.

6 À quelle distance des 4 côtés du carré le point *O* se trouve-t-il ?

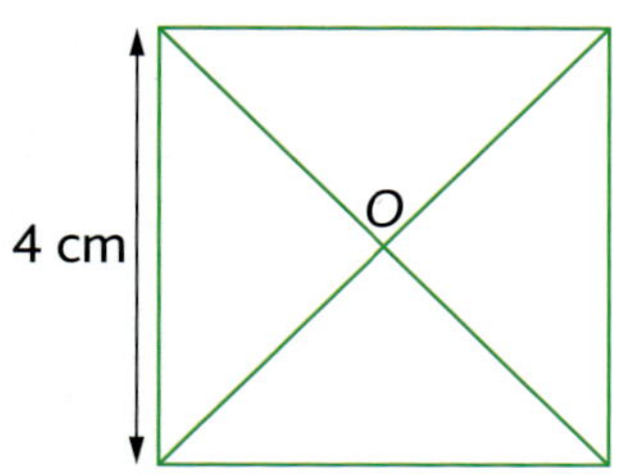

7 À quelle distance des côtés du rectangle le point *O* se trouve-t-il ?

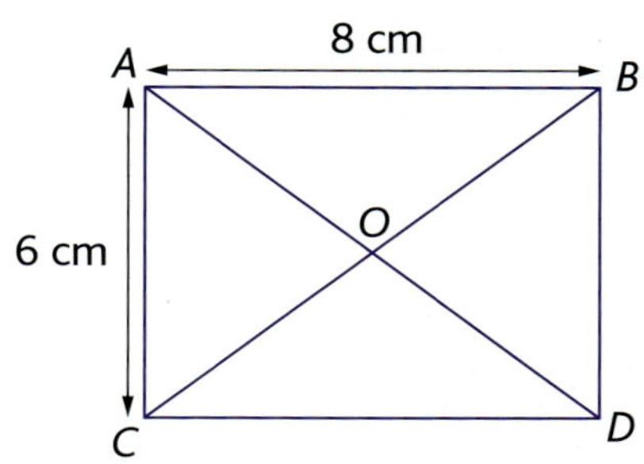

56 Mesurer des capacités

Je découvre

1 **a)** Virginie a préparé une boisson dont voici la recette.

Mélanger :
* un quart de litre de jus d'orange
* un quart de litre de jus de citron
* un demi-litre d'eau gazeuse
Mettre au frais

• Dessine le verre doseur et indique le niveau atteint par le mélange.

> **L'unité principale de mesure de capacité est le litre.**
> Un litre = deux demi-litres = quatre quarts de litre.

b) À cette boisson, Virginie a ajouté un dixième de litre de sirop de grenadine.

• Marque sur le verre doseur que tu as dessiné la graduation qui correspond à un dixième de litre et indique le niveau atteint par le nouveau mélange.

Un décilitre = un dixième de litre

$1 \text{ dL} = \frac{1}{10} \text{ L}$

un litre = dix décilitres

$1 \text{ L} = 10 \text{ dL}$

---

2 **a)** Sur une bouteille de jus d'orange, la capacité est indiquée de 2 façons : 1 litre ou 100 centilitres.

• Combien de centilitres y a-t-il dans un quart de litre de jus d'orange ?

b) À un litre de jus d'orange, on a ajouté deux dixièmes de litre de sirop.

• Écris en décilitres, puis en centilitres, la quantité de boisson obtenue.

Je m'entraîne

3 Reproduis et complète le tableau.

Capacité	L	dL	cL
15 dL	1	5	
18 cL	…	…	…
1 L 5 cL	…	…	…
4 dL 5 cL	…	…	…
4 L 3 dL	…	…	…
18 dL 7 cL	…	…	…

4 Recopie et complète.

1 L 3 dL = … dL = … cL
23 dL = … cL
3 L 18 cL = … cL
800 dL = … L
840 cL = … dL
50 dL = … L
35 cL = … dL … cL

Jouer avec les nombres

Effectuer les divisions :
125 par 5, 134 par 8, 162 par 6.

5 **a)** Sur une bouteille de sirop, on peut lire : « 1 volume de sirop pour 7 volumes d'eau ».

Cela signifie que :

– si l'on verse 1 cL de sirop, il faut ajouter 7 cL d'eau et l'on obtient 8 cL de boisson,

– si l'on verse 10 cL de sirop, il faut ajouter 70 cL d'eau et l'on obtient 80 cL de boisson.

- Quelle quantité d'eau faut-il ajouter à un litre de sirop ?
- Quelle quantité de boisson obtient-on ?

b) Si on veut obtenir 24 L de boisson, quelle quantité de sirop faut-il acheter ?

6 Une bouteille contient 2 litres et 5 décilitres de lessive.

Pour faire une lessive, on doit utiliser une dose de 13 cL de produit.

- A-t-on assez de produit pour 4 lessives par semaine pendant 5 semaines ?

7 **a)** Un vigneron doit mettre 60 L de vin en bouteilles.
Chaque bouteille contient 75 cL.

- Combien de bouteilles pourra-t-il remplir ?

b) S'il vend chaque bouteille 5 €, quelle somme d'argent le vigneron recevra-t-il ?

8 La pinte est une ancienne mesure de capacité anglaise qui vaut à peu près un demi-litre.

- Combien de pintes 8 litres représentent-ils ?

9 Un épicier vend de l'eau minérale par paquets de 4 bouteilles de 200 cL.
Un paquet de 4 bouteilles coûte 8 €.

- Quel est le prix de vente d'un litre d'eau ?

JE RETIENS

	kilo 1 000	**hecto** 100	**déca** 10	**unité** 1	**déci** $\frac{1}{10}$	**centi** $\frac{1}{100}$	**milli** $\frac{1}{1\,000}$
longueur	km	hm	dam	**mètre** m	dm	cm	mm
masse	kg	hg	dag	**gramme** g	dg	cg	mg
capacité				**litre** L	dL	cL	

57

ÉTAPE 1

1 Recopie et complète avec des nombres à virgule.

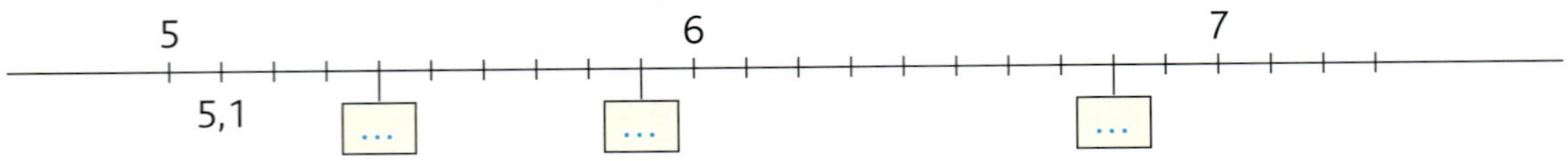

2 Recopie et complète avec des nombres à virgule.

$\frac{14}{10} = \ldots$ $\quad \frac{8}{10} = \ldots$ $\quad 32 + \frac{5}{10} = \ldots$ $\quad \frac{218}{100} = \ldots$

$4 + \frac{52}{100} = \ldots$ $\quad 40 + \frac{7}{10} = \ldots$ $\quad 12 + \frac{7}{10} + \frac{3}{100} = \ldots$ $\quad 9 + \frac{52}{100} = \ldots$

3 Recopie et complète.

1 L 3 dL = ... dL = ... cL

3 dL = ... cL

125 cL = ... L ... dL ... cL

150 cL = ... dL

4 Pour chacune des situations ci-dessous, choisis le bon calcul.

a) La maîtresse a commandé 24 livres de mathématiques à 8 € pièce et 24 livres d'histoire-géographie à 10 € pièce.

- Combien a-t-elle dépensé ?

24 + 8 + 24 + 10 $\quad$ (8 × 24) + 10 $\quad$ (8 × 24) + (24 × 10)

b) On prend une feuille de papier que l'on découpe en deux morceaux identiques.
On laisse l'un de ces morceaux et l'on découpe le second en deux.
On recommence ce travail en coupant en deux l'un des deux petits morceaux et en laissant l'autre.

- Combien a-t-on de morceaux de papier en tout ?

1 + (2 × 2) $\quad$ 1 + 1 + 2 $\quad$ (2 + 1) × 2

c) À la piscine, Alicia a nagé 4 longueurs de 25 mètres. Après 5 minutes de repos, elle a nagé trois autres longueurs.

- Quelle distance totale a-t-elle parcourue ?

(4 × 25) + (3 × 25) $\quad$ (7 × 25) × 5 $\quad$ (4 + 3 + 5) × 25

5 Dans un récipient, on a vidé successivement 65 cL, 850 mL et 1/2 L.
Donne en L et en cL la quantité de liquide versé dans le récipient.

6 **Course d'escargots**

• À l'aide de ton équerre et de ton double décimètre, mesure la distance qui sépare chaque escargot de la ligne d'arrivée.

	oui	pas encore
1 Je sais lire et écrire les nombres décimaux.		
2 Je sais passer de l'écriture fractionnaire aux nombres décimaux.		
3 / 5 Je sais convertir des unités de capacité.		
4 Je sais choisir le bon calcul dans une situation-problème.		
6 Je sais mesurer la distance d'un point à une droite.		

58 Les nombres décimaux (3)

Je découvre

1 a) Muriel veut mesurer le segment AB sans utiliser le double décimètre.

A B

• Elle choisit une unité de mesure :

A B

La longueur du segment AB est comprise entre 2 et 3 unités.

• Muriel divise l'unité en 10 morceaux :

A B

Le segment AB mesure 2 unités et 3 dixièmes d'unité. On écrit : 2 unités $\frac{3}{10}$ ou 2,3 unités.

b) À ton tour, mesure le segment CD en utilisant la même unité (utilise du papier-calque).

C D

c) Trace un segment EF qui mesure 2,5 unités.

2 On mesure le segment IJ avec la même unité qu'à l'exercice 1.

I J

a) Donne un encadrement de la mesure du segment IJ.
Pour trouver la mesure, on utilise des centièmes d'unité.

b) On trouve que IJ mesure 1,24 unité. Qu'est-ce que cela veut dire ?

3 a) Le mètre est choisi comme unité de longueur. Que signifie **16,53 m** ?

On utilise un tableau :

km	hm	dam	m	dm	cm	mm
		1	6	5	3	

16,53 m représente 16 m 5 dm 3 cm ou 1 dam 6 m 5 dm 3 cm.
On peut mesurer la même longueur en choisissant une autre unité, par exemple le dm.
On va alors écrire : 165 dm 3 cm ou 165,3 dm.

b) À ton tour, écris les mesures ci-dessous avec différentes unités.

315 dm = … cm = … m = … dam

3,873 km = … dam = … m = … dm

Jouer avec les nombres

Effectuer les multiplications :
345 × 12, 345 × 23, 345 × 32.

Je m'entraîne

4 a) Écris en lettres les sommes ci-dessous.
4,40 € 0,55 € 13,05 €
b) Écris en lettres les longueurs ci-dessous.
1,70 m 0,75 km 12,5 dm

5 Écris les masses ci-dessous à l'aide de nombres à virgule.
35 kg 50 g 6 g 7 cg
8 dag 5 g 3 dg 25 mg

6 Convertis en euros.
1 265 c = … € 1 025 c = … € 25 c = … € 1 405 c = … € 205 c = … €

7 a) Observe les exemples.

	kg	hg	dag	g	dg	cg	mg
226,5 dag →	2	2	6	5			
138 cg →				1	3	8	

b) Écris de la même façon les nombres ci-dessous dans un tableau.
5 148,3 g 158 dag 11,93 dg 8 dag 56 dg 91,4 hg 14,08 dag 0,26 g 158 dag

8 Recopie et complète le tableau.

longueurs	km	hm	dam	m
3,54 km	3	5	4	…
18,4 km	…	…	…	…
114,6 km	…	…	…	…
3,05 km	…	…	…	…
41,68 km	…	…	…	…

9 Recopie et complète.
1 245 mm = … cm 725 mm = … cm
85 mm = … cm 412 mm = … cm
600 mm = … cm 842 mm = … cm

10 Recopie et complète.
624 cm = … m 843 cm = … m
50 cm = … m 3 cm = … m
280 cm = … m 8 cm = … m

11 Dans les masses ci-dessous, entoure le chiffre qui indique les grammes.
1,72(8) kg
0,26 dag 1 728 mg 15,39 hg 1 600 cg 1 570 g 8,729 g 10,58 dag

12 Marie doit ajouter toutes les longueurs ci-dessous mais elle ne connaît pas encore les nombres décimaux. Aide-la dans son travail.
5,3 m 0,14 m 6,529 m 4,9 m 3,92 m

59 Polygones réguliers

Je découvre

1 a) À l'aide de ton compas et de ton double décimètre, construis un triangle équilatéral de 3 cm de côté.

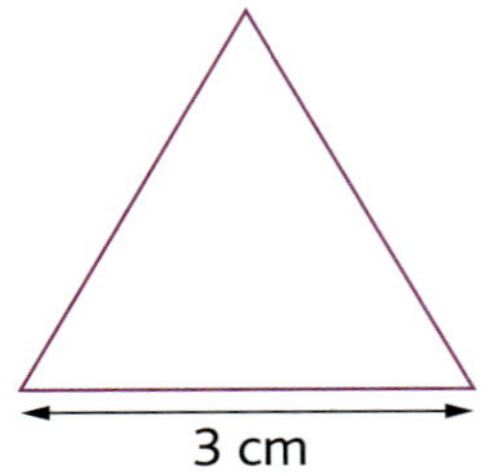

b) Découpe ce triangle et utilise-le pour obtenir 5 autres triangles identiques.

c) Colle les six triangles sur une feuille de façon à obtenir un hexagone.

d) Trace un cercle qui passe par les six sommets de l'hexagone.

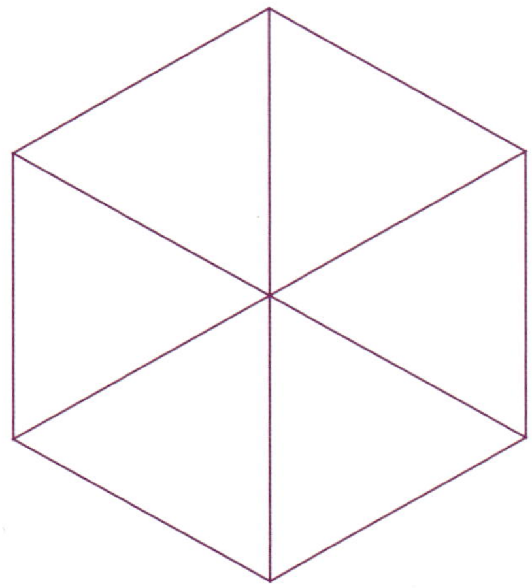

---

2 a) Construis un carré de 6 cm de côté.

b) Trace ses diagonales.

c) Trace un cercle qui passe par les quatre sommets du carré.

---

3 Réalise la construction ci-dessous *(aide-toi des dessins)*.

– Trace un cercle de centre *O* et de 4 cm de rayon.
– Place un point *A* sur le cercle et trace le segment *OA*.
– Place le point *I* au milieu du segment *OA*.
– Trace la perpendiculaire au segment *OA* passant par le point *I*. Elle coupe le cercle au point *J*.
– Avec ton compas, prends l'écartement *IJ* et reporte-le 7 fois sur le cercle.
– Relie les 7 points obtenus.

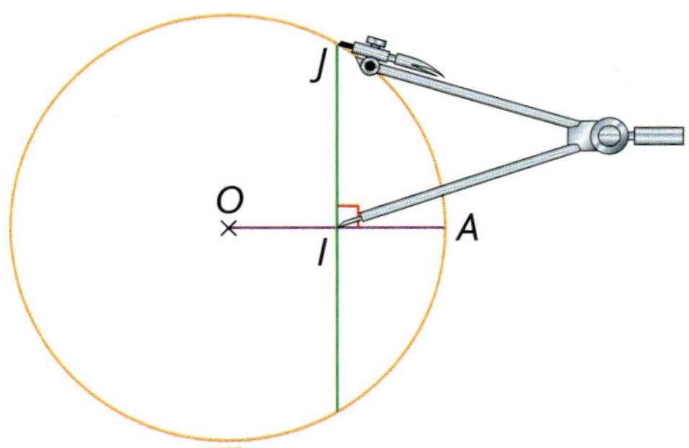

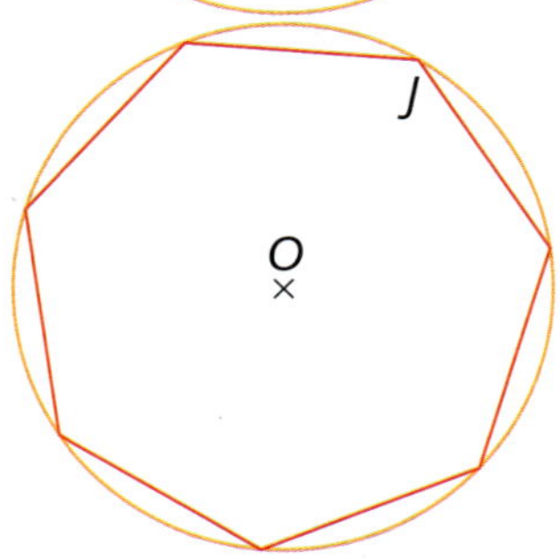

La figure obtenue est un polygone régulier à 7 côtés : on l'appelle un **heptagone régulier**.

Jouer avec les nombres

Calculer : $3 \times 3 \times 5 \times 5$
puis $225 : 9$, $225 : 15$, $225 : 25$.

4 Réalise la construction ci-dessous *(aide-toi des dessins)*.

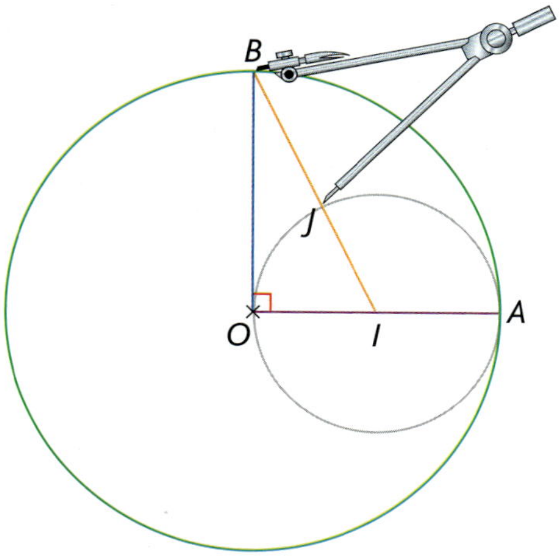

– Trace un cercle de centre *O* et de rayon 6 cm.
– Trace deux rayons *OA* et *OB* perpendiculaires.
– Place le point *I* au milieu du segment *OA*.
– Trace le cercle de centre *I* et de rayon 3 cm.
– Trace le segment *BI* qui coupe le petit cercle en *J*.
– Prends l'écartement *BJ* avec ton compas.
– Reporte 10 fois l'écartement *BJ* sur le cercle.
– Avec un crayon **bleu**, relie les 10 points obtenus (fig. 1).
– Puis, avec un crayon **rouge**, relie un point sur deux (fig. 2).

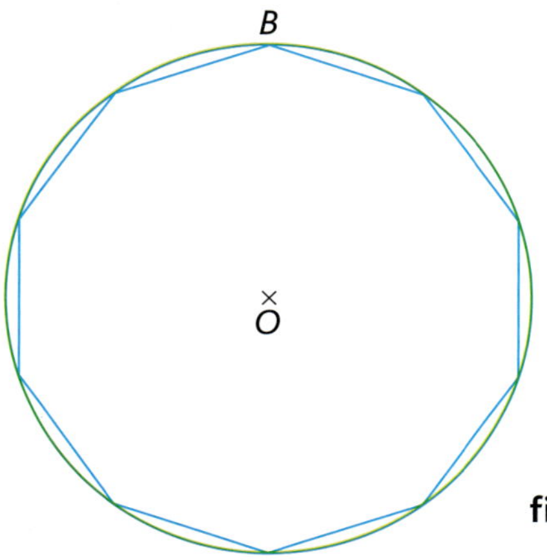

fig. 1

La figure 1 est un polygone à 10 côtés de même longueur : on l'appelle un **décagone régulier**.

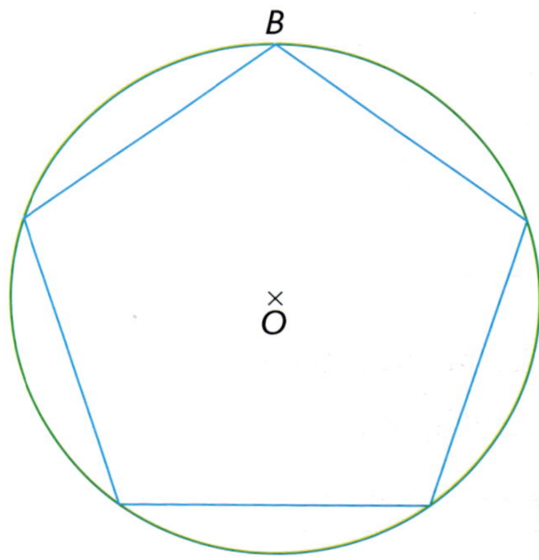

fig. 2

La figure 2 est un polygone à 5 côtés de même longueur : on l'appelle un **pentagone régulier**.

5

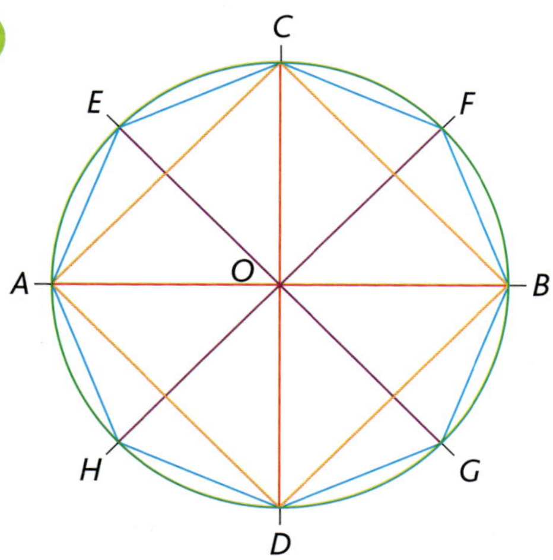

Réalise la construction ci-dessous *(aide-toi du dessin)*.

– Trace un cercle de centre O et de rayon 6 cm.
– Trace deux diamètres perpendiculaires *AB* et *CD*.
– Trace la figure *ACBD*.
– Avec ton équerre, trace les droites perpendiculaires aux côtés de *ACBD* qui passent par *O*. Elles coupent le cercle en *E*, *F*, *G* et *H*.
– Joins les 8 points obtenus.

La figure obtenue est un polygone à 8 côtés de même longueur : on l'appelle un **octogone régulier**.

- Comment s'appelle la figure *ACBD* ?

ATELIER PROBLÈMES

Je construis et j'utilise un tableau, un graphique

1 Une voiture consomme 8 L d'essence pour parcourir 100 km.

a) Recopie et complète le tableau.

distance en km	100	200	300	500	600	50
consommation d'essence en L	8	…	24	…	…	…

b) Sur ton cahier, trace le graphique.

Un carreau représentera 8 L d'essence.
Deux carreaux représenteront 100 km.

Place les points correspondants au tableau et joins-les. Que remarques-tu ?

c) Combien de litres faut-il pour parcourir 350 km ?

d) Quelle distance peut-on parcourir avec 12 L ? 20 L ?

e) Calcule la distance qu'on peut parcourir avec 32 L.

---

2 Des yaourts sont vendus par paquets de 6.

a) Construis un tableau pour trouver le nombre de yaourts dans 2 paquets, 6 paquets, 5 paquets, 11 paquets.

b) Combien de paquets peut-on faire avec 18 yaourts ? 24 yaourts ?

---

3 Avec sa bicyclette, Pierre parcourt 15 km en une heure.

- Recopie et complète le tableau.

temps en h	1	2	3	4	…
distance en km	15	…	…	…	75

- Trace le graphique.

À quel temps correspond une distance de 150 km ?
À quelle distance correspond un temps de 12 h ?

4 Voici la taille d'un enfant en fonction de son âge.

1 an	2 ans	3 ans	4 ans	10 ans
75 cm	90 cm	95 cm	105 cm	145 cm

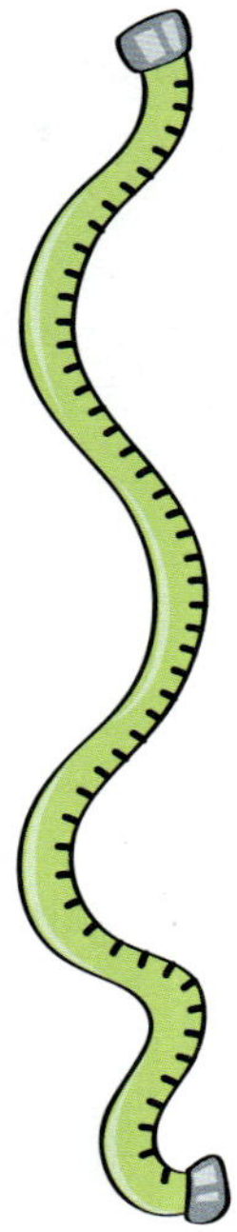

Représente ces données sur un graphique.

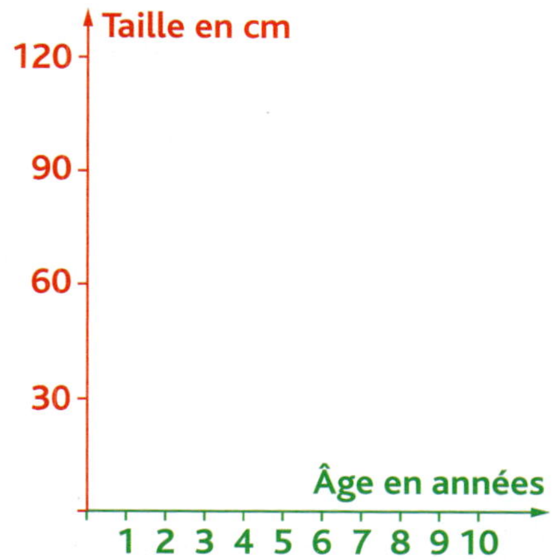

---

5 Un paquet de lessive coûte 5 €.
Complète le tableau pour y faire figurer les données que tu peux lire sur le graphique.

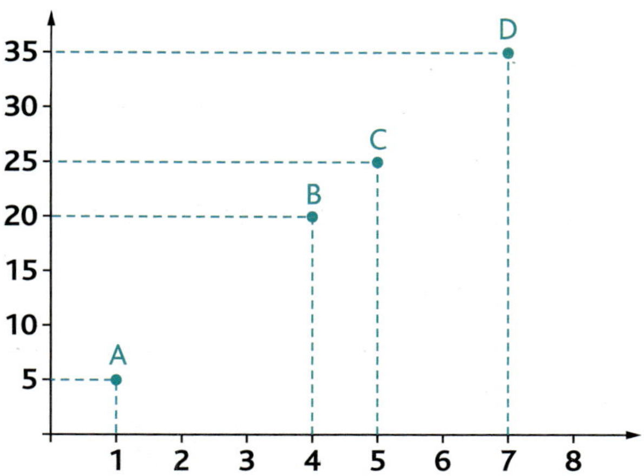

	A	B	C	D
....	1	...	...	...
....	5 €	...	...	...

---

6 Une place de cirque coûte 8 €.

a) Quel est le prix de 3 places ? De 4 places ?

b) Combien de places peut-on avoir avec 72 € ? Avec 40 € ?

c) Reporte les résultats dans un tableau.

61 Calculer des périmètres

Je découvre

1 Un agriculteur possède un champ rectangulaire de 60 m de longueur et 40 m de largeur.

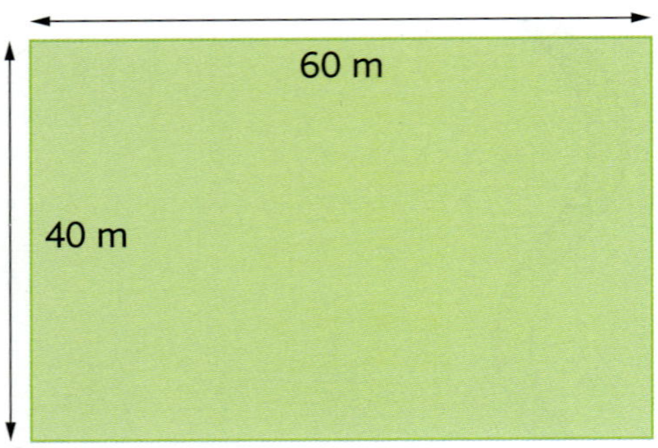

a) Il veut entourer son champ d'un fil de fer.

- Calcule la longueur de fil de fer nécessaire.

La longueur du fil est égale à la longueur du pourtour du champ. On l'appelle le **périmètre** du rectangle.

b) L'agriculteur veut entourer son champ de 3 rangées de fil de fer et laisser libre une entrée de 3 m.

- Calcule la longueur de fil de fer qui lui sera nécessaire.

---

2 Calcule le périmètre de la figure ci-dessous.

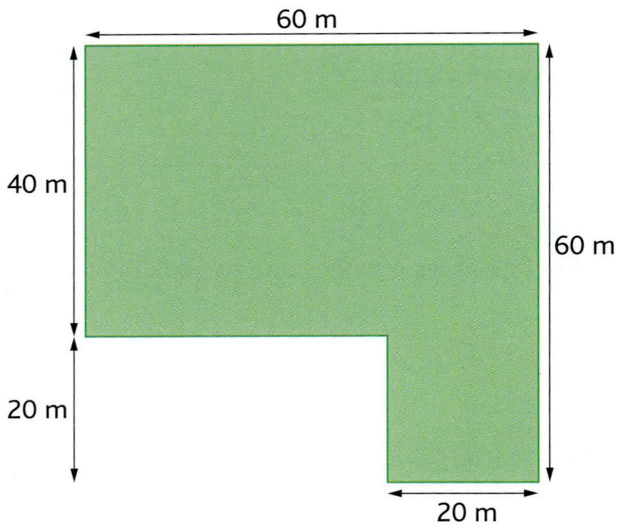

---

3 Utilise ton double décimètre pour mesurer le périmètre des figures ci-dessous.

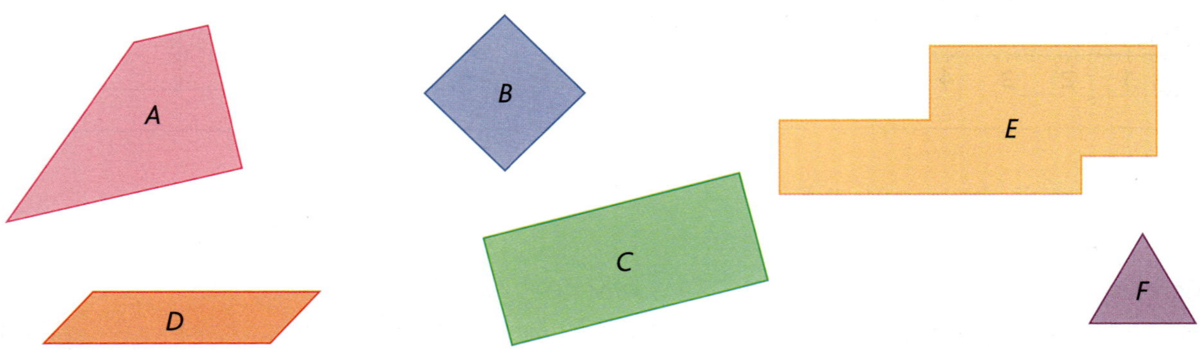

Jouer avec les nombres

Ranger les durées de la plus grande à la plus petite : 5 min 8 s, 315 s, 4 min 48 s.

Je m'entraîne

4 Dessine :

a) un carré dont le périmètre est égal à 16 cm ;

b) un triangle équilatéral dont le périmètre est égal à 18 cm ;

c) deux rectangles dont le périmètre est égal à 14 cm.

5 Quel est le périmètre de cet hexagone ?

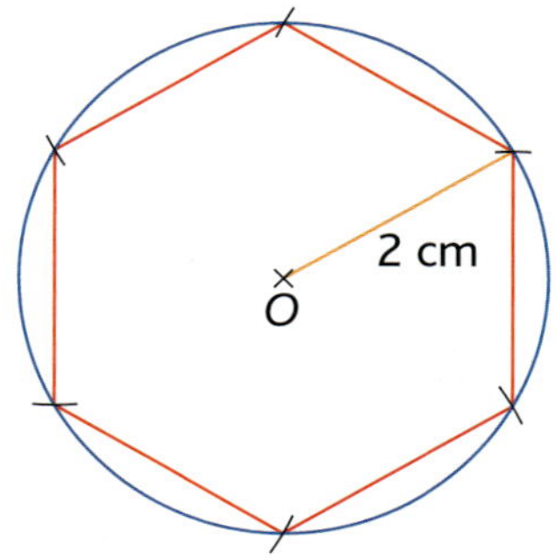

6 Voici le plan d'une pièce. On veut poser une plinthe au ras du sol.

a) Calcule la longueur de plinthe nécessaire. Attention aux portes !

b) Les plinthes sont vendues en 2 m de longueur.

- Combien de plinthes faudra-t-il acheter ?

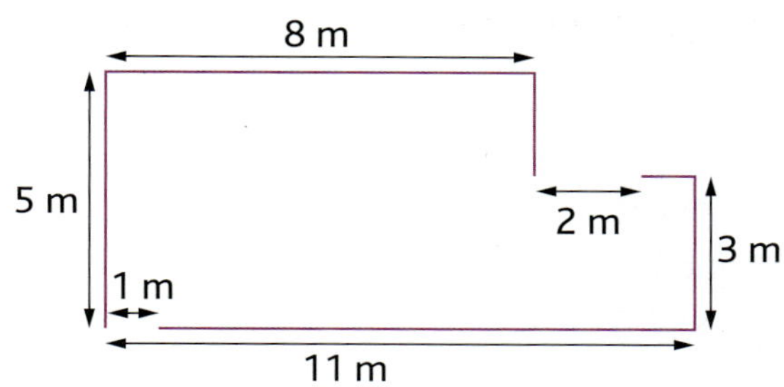

7 On a construit un carré *A* de 1 cm de côté, puis un carré *B* dont la longueur du côté est le double de celle de *A*, puis un carré *C* dont la longueur du côté est le double de celle de *B*.

a) Reproduis les figures sur du papier quadrillé.

b) Continue le dessin en traçant le carré suivant *D*.

c) Recopie et complète le tableau ci-dessous.

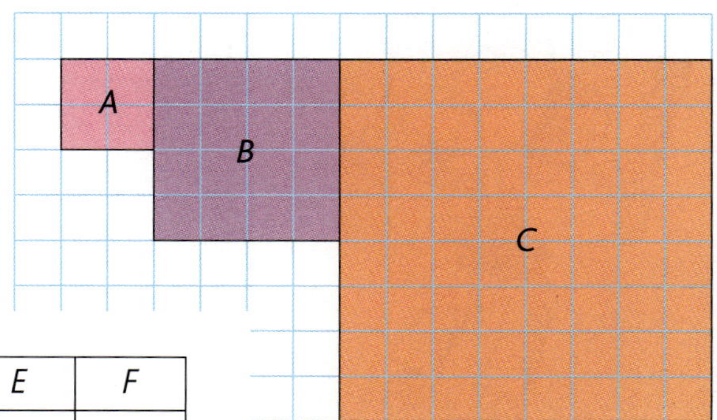

carré	*A*	*B*	*C*	*D*	*E*	*F*
longueur du côté	1 cm	…	…	…	…	…
périmètre	…	…	…	…	…	…

- Que remarques-tu ?

Je retiens

périmètre du carré = côté × 4

périmètre du rectangle = (Longueur + largeur) × 2

62

ÉTAPE 2

1 Écris les masses ci-dessous à l'aide de nombres à virgule.

42 hg 27 g – 8 g 21 cg – 0 kg 27 dag – 6 dg 2 mg

2 Dans les longueurs ci-dessous, entoure le chiffre qui indique les mètres.

5,624 m – 17 608 m – 12,27 hm – 8,507 km

3 Convertis en euros.

2725 c – 100 c – 7214 c – 17 c

4 **a)** Reproduis cette figure sur une feuille quadrillée.
b) Indique les différentes étapes de la construction.

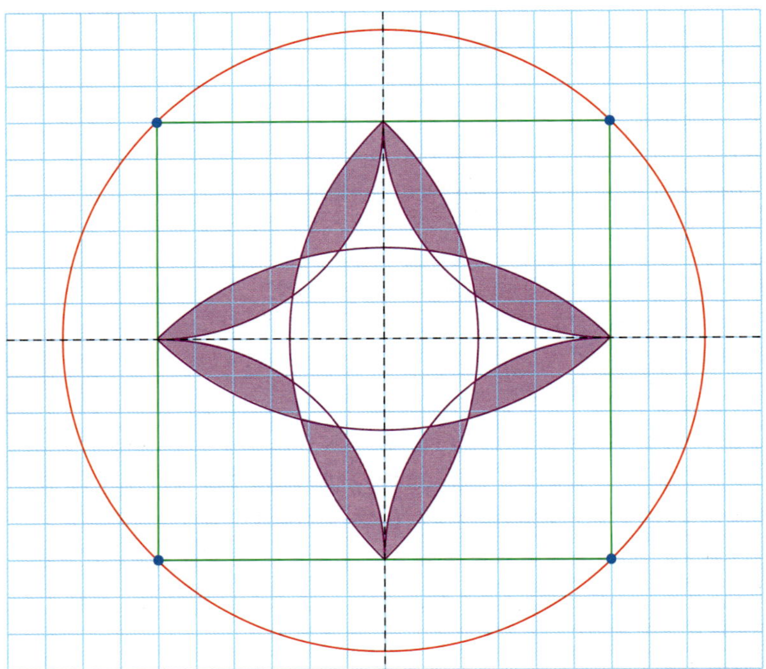

5 Voici les températures moyennes relevées dans une ville pendant plusieurs mois.
Construis le graphique représentant ces données.

Mois	Mai	Juin	Juillet	Août	Septembre
Températures	18,5°	21°	22,5°	24°	19°

6 Trois livres coûtent 18 €.
Complète le tableau et construis le graphique.

Nombre de livres	3	1	2	4	5	6
Prix en €	18	...	...	...	...	...

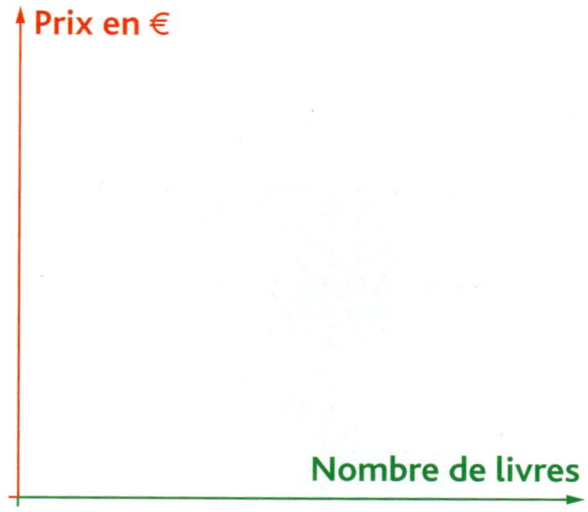

7 Quels sont les périmètres des figures ?

	oui	pas encore
1 / 2 / 3 Je sais utiliser les décimaux pour convertir des longueurs, des masses....		
4 Je sais reproduire une figure géométrique.		
5 / 6 Je sais construire et utiliser un tableau, un graphique.		
7 Je sais mesurer des périmètres.		

ATELIER PROBLÈMES

J'organise une solution

1 Une partie de l'énoncé du problème ci-dessous a été effacée.

a) À partir des calculs ci-dessous, retrouve l'énoncé du problème.

$12 + (2 \times 7) = 12 + 14 = 26$

$15 + 24 = 39$

$39 - 26 = 13$

b) Donne la solution.

---

2 Voici un énoncé de problème.

« Au cours d'une séance d'éducation physique, les élèves du CM ont fait des exercices au sol pendant 18 minutes. Puis ils ont effectué des tours de piste de 400 m pendant 20 minutes. Enfin, ils ont joué au handball pendant 25 minutes.

Marc a effectué 12 tours de piste. Émilie a parcouru 4 tours de moins que Marc.

Quelle est la distance parcourue par Émilie ? »

a) Parmi les calculs suivants, quel est celui qui te permet de répondre à la question ?

A $18 + 20 + 25 = 63$.

B $(12 - 4) \times 400 = 8 \times 400 = 3\,200$.

C $12 \times 400 = 4\,800$.

b) Trouve deux questions qui correspondent aux autres calculs.

3 Invente un énoncé à partir des éléments ci-dessous.

« $(5 \times 45) + 92 = 317$

La dépense totale est de 317 €. »

4 Voici deux problèmes dont il manque les énoncés. Invente-les.

a) En quelle année est-il né ?

b) Puis-je enregistrer le film sur cette cassette audio ?

Je résous des problèmes

5 Des randonneurs ont parcouru 160 km en 3 jours. Le premier jour, ils ont marché 47 km ; le deuxième jour, ils ont parcouru 7 km de plus que la veille.

- Quelle distance ont-ils parcourue le troisième jour ?

6 Le conseil de coopérative a décidé d'acheter trois appareils photo à 25 € pièce et 15 pellicules à 3 € l'une.
Sur le compte de la coopérative, il y a 212 €.

- Combien restera-t-il sur le compte ?

7 Je pense à un nombre. Je le multiplie par 5, j'ajoute 5, j'obtiens 50.

- Quel est ce nombre ?

8 La somme de trois nombres entiers qui se suivent est égale à 30.

- Quels sont ces trois nombres ?

9 Quels sont les cinq nombres pairs qui se suivent et dont la somme est égale à 50 ?

10 Je pense à un nombre qui est un multiple de 6. Si je lui ajoute 1, j'obtiens un multiple de 7.

- Trouve ce nombre, sachant qu'il est compris entre 30 et 60.

11 Les élèves du CM1 ont vendu 70 exemplaires de leur journal de classe au prix de 2 €. Il leur restait 31 € des ventes du numéro précédent. Ils achètent des livres pour la bibliothèque pour une valeur de 46 € et, pour 22 €, s'abonnent à un journal pour enfants.

a) Quelles questions peux-tu poser ?

b) Donne les réponses.

12 M. Deschamp a amené sa voiture chez le garagiste. Il a fait faire la vidange et changer les pneus.

- Sachant qu'un pneu coûte 49 €, que le garagiste lui a facturé 2 bidons d'huile à 12 € le bidon et 1 h de main-d'œuvre à 32 € de l'heure, calcule le montant de sa facture.

13 M. Dupuis paie 30 € un sac de 10 kg de croquettes pour son chien.

Il lui donne chaque jour une ration de 500 g.

a) Combien de rations M. Dupuis pourra-t-il donner à son chien avec un sac de croquettes ?

b) Calcule le prix d'une ration.

64 Comparer des nombres décimaux

Je découvre

1 Quatre concurrents participent au concours du lancer de poids. Chacun d'eux a droit à 3 lancers. Le meilleur lancer est retenu pour le classement des concurrents.
Voici le tableau des résultats :

	Concurrents			
	Jules	**Axel**	**Johan**	**Émile**
1er lancer	12,34 m	13,26 m	14,96 m	15,01 m
2e lancer	13,08 m	13,06 m	15,10 m	14,96 m
3e lancer	12,83 m	13,85 m	15,21 m	16,01 m

a) Quel est le meilleur lancer de chaque concurrent ?

b) Quel est le classement du concours ?

2 a) Recopie et complète la droite numérique sur du papier millimétré.

2 — 2,1 — 2,2 — ... — ... — ... — ... — ... — ... — ... — 3 — ... — ... — ... — ... — ... — 3,6

b) Place les nombres suivants : 2,67 ; 3,01 ; 3,10 ; 2,77 ; 2,82 ; 2,28.

c) Range ces nombres du plus petit au plus grand.

Je m'entraîne

3 Range les nombres ci-dessous du plus petit au plus grand.

a) 20,7 18,4 16,21 15 10,7 14,23 9,5

b) 7,7 7,9 7 7,6 7,4 7,3 7,1 7,8

c) 51,4 51,82 51,07 51,48 51,39 51 51,58

4 Observe l'exemple et écris le nombre entier le plus proche de chacun des nombres ci-dessous.

2,8 → 3

2,4 3,35 2,06 20,6 11,62 1,92

5 Parmi les nombres ci-dessous, indique :

a) le nombre le plus proche de 2,

b) le nombre le plus proche de 3.

1,9 2,01 2,10 3,08 2,95 2,59 2,9

> **Jouer avec les nombres**
> **Chercher les nombres qui correspondent aux fractions :** $\frac{4}{2}$, $\frac{8}{2}$, $\frac{6}{2}$, $\frac{6}{3}$.

6 Observe l'exemple et encadre de même.

$11 < 11{,}4 < 12$

$\ldots < 7{,}2 < \ldots$	$\ldots < 17{,}08 < \ldots$
$\ldots < 58{,}4 < \ldots$	$\ldots < 1{,}29 < \ldots$
$\ldots < 8{,}26 < \ldots$	$\ldots < 9{,}317 < \ldots$

7 Recopie et complète avec un nombre qui convient.

$8 < \ldots < 9$	$14{,}3 < \ldots < 14{,}4$
$7{,}1 < \ldots < 7{,}2$	$20 < \ldots < 21$
$7{,}1 < \ldots < 7{,}12$	$3{,}14 < \ldots < 3{,}15$

8 Dans chaque cas, complète avec le nombre qui convient.

$4 < \ldots < 5$	:	3,9	5,1	4,8
$28 < \ldots < 29$	:	28,17	29,15	27,8
$9{,}6 < \ldots < 9{,}7$	:	10,5	9,68	9,71
$45 < \ldots < 46$	:	45,0	45,93	46,8
$11{,}39 < \ldots < 11{,}4$	:	11,51	11,40	11,392

9 Trouve le nombre qui convient.

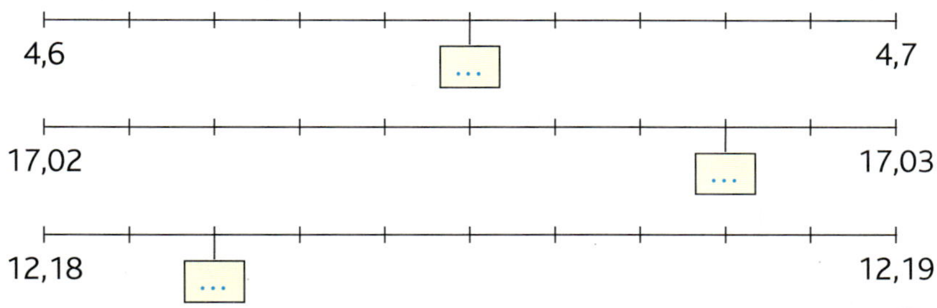

10 Combien me rendra-t-on si je donne un billet de 20 €

a) pour payer un objet qui coûte 13,50 € ?

b) pour payer un objet qui coûte 16,25 € ?

c) pour payer un objet qui coûte 8,30 € ?

Je retiens

Pour comparer deux nombres décimaux :

- je compare les parties entières ; celui qui a **la plus grande partie entière** est le plus grand ;

  $3{,}7 > 2{,}95$ car $3 > 2$

- si les parties entières sont égales, je compare **les chiffres des dixièmes** ;

  $4{,}8 > 4{,}73$ car $8 > 7$

- si les parties entières sont égales et si les chiffres des dixièmes sont les mêmes, je compare **les chiffres des centièmes** ;

  $2{,}75 > 2{,}71$ car $5 > 1$

- je continue avec les millièmes...

Les nombres décimaux (4)

Je découvre

1 Reproduis la droite numérique.

a) Place le nombre **3,6**.

b) Recopie et complète le tableau *(tu peux t'aider de la droite numérique)*.

3,6	3 + 0,6	$3 + \frac{6}{10}$	$\frac{36}{10}$
12,8	...	...	...
22,7	...	...	...
0,4	...	...	...

2 Observe l'exemple et complète de même.

$5{,}66 = 5 + \frac{66}{100}$ $12{,}48 = ... + \frac{...}{...}$ $14{,}59 = ... + \frac{...}{...}$ $9{,}6 = ... + \frac{...}{...}$

3 Observe l'exemple et complète de même.

$5{,}63 = 5 + \frac{6}{10} + \frac{3}{100}$ $8{,}48 = ... + \frac{...}{...} + \frac{...}{...}$

$6{,}09 = ... + \frac{...}{...} + \frac{...}{...}$ $3{,}73 = ... + \frac{...}{...} + \frac{...}{...}$

$1{,}40 = ... + \frac{...}{...} + \frac{...}{...}$ $5{,}672 = ... + \frac{...}{...} + \frac{...}{...} + \frac{...}{...}$

4 Écris cinq nombres compris entre 5,6 et 5,9.

5 Observe l'exemple.

c	d	u	dixièmes	centièmes	millièmes
1	2	3	5	4	

$123{,}54 = 123 + \frac{54}{100}$

- De même, place les nombres dans un tableau et écris-les de deux façons différentes.

25 unités 1 centième — 5 dixièmes 6 centièmes — 29 centièmes

3 dizaines 25 centièmes — 9 unités 1 dixième 4 centièmes — 100 unités 1 millième

Jouer avec les nombres

Calculer mentalement le quotient et le reste par 100 de : 4 200, 6 208, 7 345, 654.

6 Écris sous forme de nombres à virgule.

$(5 \times 10) + 3 + \frac{2}{10} + \frac{1}{100}$ $\quad 43 + \frac{7}{100} + \frac{9}{1\,000}$

$12 + \frac{2}{10} + \frac{5}{100} + \frac{3}{1\,000}$ $\quad 4 + \frac{627}{1\,000}$

7 Observe l'exemple.

$$\frac{126}{100} = \frac{100}{100} + \frac{26}{100} = 1 + \frac{26}{100} = 1{,}26$$

- Écris de la même façon :

$\frac{154}{100} \quad \frac{325}{100} \quad \frac{3\,524}{100} \quad \frac{15}{10} \quad \frac{327}{10}$

8 Observe l'exemple

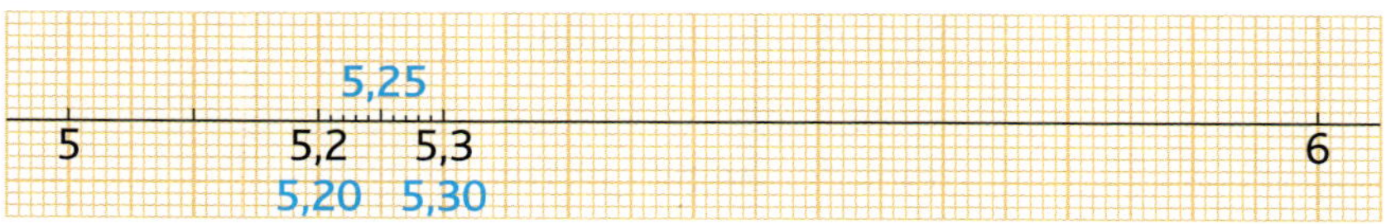

$5 < 5{,}25 < 6$

$5{,}20 < 5{,}25 < 5{,}30$

$5{,}2 < 5{,}25 < 5{,}3$

- De la même façon, encadre les nombres ci-dessous :

10,72 11,49 8,07 5,41 6,30

9 Complète avec les signes = ou ≠.

40,7 … 40,70

12,04 … 12,4

30,160 … 30,16

4,54 … 04,54

12,070 … 12,07

14,41 … 1,441

10 **a)** Range les nombres ci-dessous du plus petit au plus grand.

1,26	31,4	0,5	8,27
11,2	17,4	26	12,56

b) Range les nombres ci-dessous du plus grand au plus petit.

7,28	7,53	7,37	7
7,11	7,4	7,02	7,82

11 Observe l'exemple et encadre de même les nombres ci-dessous.

$5{,}634 < 5{,}635 < 5{,}636$

$\ldots < 6{,}434 < \ldots$ $\quad \ldots < 8{,}350 < \ldots$ $\quad \ldots < 12{,}431 < \ldots$

12 Pour prendre le car de ramassage scolaire n° 1, les élèves doivent habiter dans un rayon compris entre 4,5 km et 5,3 km de l'école.
Ceux qui habitent plus loin doivent prendre le car n° 2. Aucun car n'est prévu pour les autres.

- Indique ce que doit faire chacun des enfants ci-dessous.

	Françoise	Brigitte	Valérie	Corinne	Amélie
habite à	2,500 km	4,840 km	5,375 km	4,64 km	8 km

66 Comparer des angles

Je découvre

1

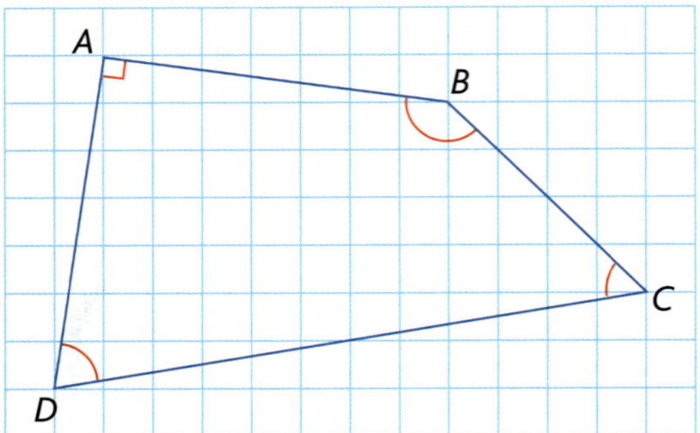

a) Reproduis ce quadrilatère *(tu peux utiliser un quadrillage ou du papier-calque)*.

b) Découpe les angles de ce quadrilatère et range-les du plus petit au plus grand.

- L'angle $\widehat{A}$ est un **angle droit**.
- Les angles qui sont plus petits que l'angle $\widehat{A}$ sont des **angles aigus**.
- Les angles qui sont plus grands que l'angle $\widehat{A}$ sont des **angles obtus**.

---

2 En te servant du papier-calque, recherche les angles superposables dans chaque figure.

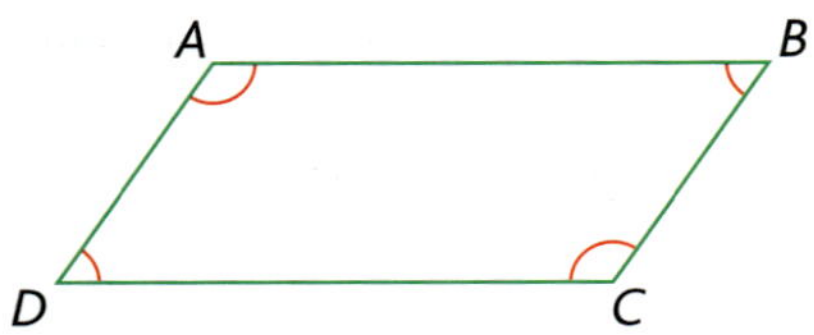

fig. 1

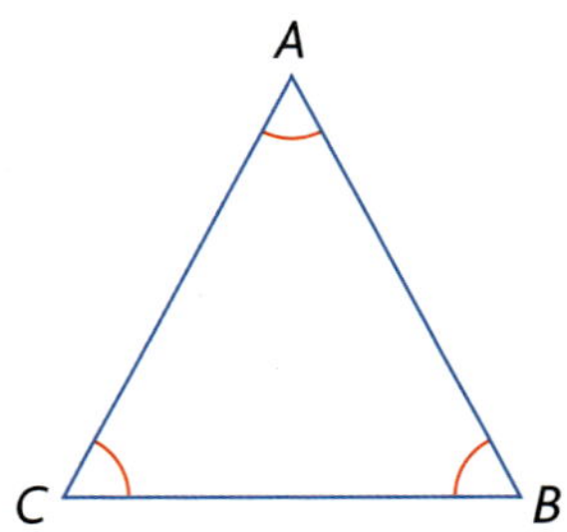

fig. 2

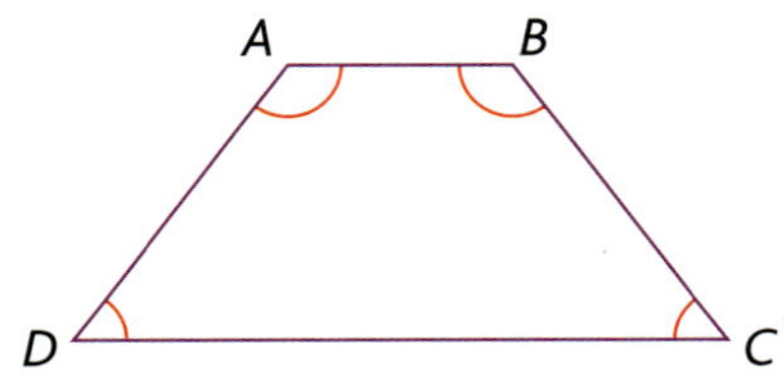

fig. 3

Je m'entraîne

3 Range ces angles du plus petit au plus grand *(tu peux utiliser du papier-calque)*.

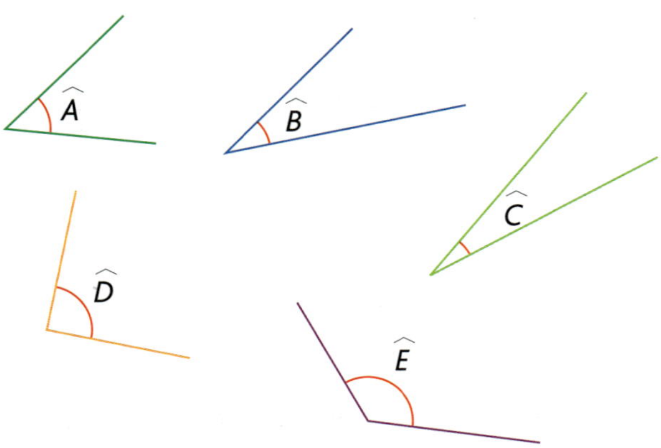

Jouer avec les nombres

Calculer mentalement : 112 : 2, 112 : 4, 112 : 8.

4 a) Trace le triangle *ABC*.

b) Compare les angles $\widehat{B}$ et $\widehat{C}$.

c) Découpe les angles $\widehat{B}$ et $\widehat{C}$.
Peux-tu les assembler pour qu'ils recouvrent l'angle $\widehat{A}$?

d) Que peux-tu dire des angles $\widehat{B}$ et $\widehat{C}$ par rapport à l'angle $\widehat{A}$?

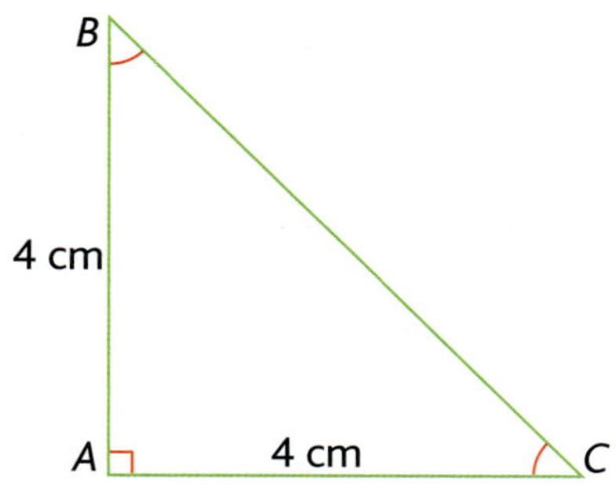

5 Trace un carré *ABCD* de 8 cm de côté.

• Comment peux-tu partager chaque angle droit du carré en deux parties égales ?
(Vérifie avec du papier-calque.)

6 a) Trace un triangle équilatéral *ABC* de 6 cm de côté.

b) Compare les angles $\widehat{A}$, $\widehat{B}$ et $\widehat{C}$.
Que remarques-tu ?

7 Observe la figure 1. Elle doit t'aider à reproduire le même angle à partir du point *D*.
(Vérifie par superposition ou avec du papier-calque.)

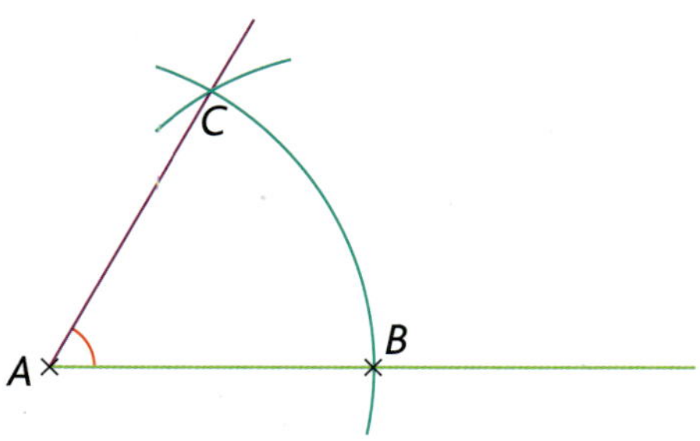

fig. 1

JE RETIENS

Pour comparer deux angles, on peut les superposer ou utiliser le papier-calque.

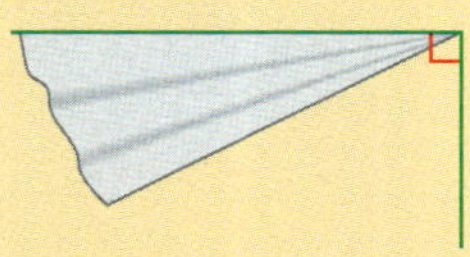

Un angle plus petit qu'un angle droit est un **angle aigu**.

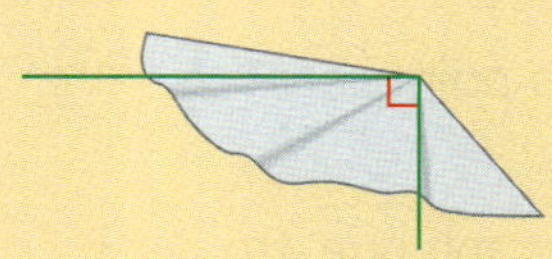

Un angle plus grand qu'un angle droit est un **angle obtus**.

67 La proportionnalité (1)

Je découvre

1 Voici la recette d'une tarte aux pommes.

• Recopie et complète le tableau avec les quantités nécessaires pour 2, 3 ou 4 tartes.

Tarte aux pommes

- 200 g de farine
- 100 g de beurre
- 1/2 verre d'eau
- une pincée de sel
- 1 kg de pommes

m 3

Quantités \ Nombre de tartes	1	2	3	4
farine en g	200	400	...	...
beurre en g	100	200	...	...
eau en verres	$\frac{1}{2}$	1	...	...
sel en pincées	1	2	...	...
pommes en kg	1	2	...	...

m 2 m 2

Je m'entraîne

2 Complète les tableaux ci-dessous.

m... / ...

3	8	...	...	25
12	...	24	60	...

m... / ...

7	12	18	36	...
...	36	...	...	33

m... / ...

...	10	20	...	...
8	40	...	240	400

3 Nicolas a observé que, pour 2 tours de pédalier, la roue de son vélo fait 5 tours.

a) Recopie et complète le tableau.

nombre de tours de pédalier	2	4	6	8	10
nombre de tours de roue	5	...	...	...	...

b) Reproduis le graphique et place tous les points que tu as trouvés.

• Comment ces points sont-ils disposés?

c) En lisant le graphique, trouve le nombre de tours de roue correspondant à 16 tours de pédalier.

Jouer avec les nombres

Placer sur la droite numérique les nombres :

$2 + \frac{1}{10}$, 2,6, $2 + \frac{3}{10}$, $2 + \frac{14}{10}$.

4 Jules, Félix, Louise et Thomas visitent un aquarium.
Ils payent en tout 32 € pour l'entrée.
Ils décident d'y retourner la semaine suivante avec Émilie et Lise.

• Calcule le montant total de l'entrée pour les 6 enfants ?

5 Un marchand de laine propose 1 pelote gratuite pour 5 achetées. Mme Couvite achète 18 pelotes de laine.

• Combien de pelotes y aura-t-il dans son sac lorsqu'elle sortira du magasin ?

6 Émilie a acheté 3 livres pour 18 €. Corinne voudrait en acheter 7.

• Combien devra-t-elle payer ?

7 Un libraire accorde une réduction de 2 € pour 10 € d'achats.

a) Calcule la réduction pour un achat de 20 €, 50 €, 100 €.

b) Calcule le montant des achats correspondant à une remise de 6 €, 12 €, 20 €.
(Tu peux faire un tableau.)

8 Avec son vélo, Nicolas avance de 10 m lorsqu'il fait 2 tours de pédalier.

a) Combien de tours de pédalier devra-t-il faire pour parcourir 30 m ? 100 m ? 1 km ? 500 m ?

b) Quelle distance parcourt-il lorsqu'il fait 4 tours de pédalier ? 10 tours ? 25 tours ?

9 Reproduis ce dessin sur du papier à petits carreaux selon la règle « 1 grand carreau pour 3 petits carreaux ».

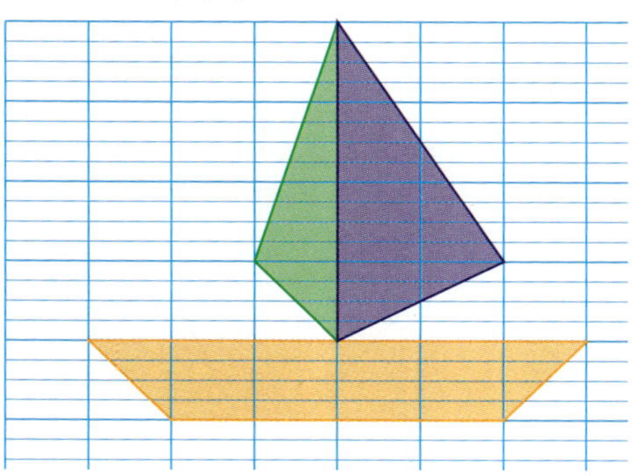

10 Reproduis ce dessin sur ton cahier selon la règle « 2 petits carreaux pour 1 grand carreau ».

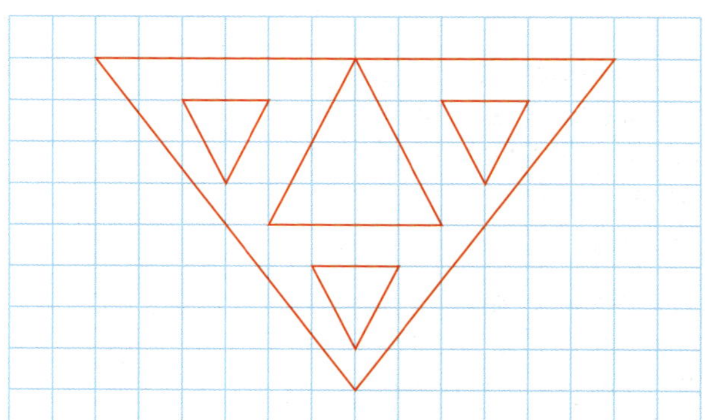

BILAN DE LA PÉRIODE 4

COMPÉTENCES À ÉVALUER
1 à 6. Ranger et encadrer des nombres décimaux.
7. Mesurer des périmètres.
8. Comparer des angles.

1 Écris les nombres du plus petit au plus grand.

2	1,45	2,10	1,5	0,9
3	2,08	0,3	2,80	0,49

2 Parmi ces nombres, trouve celui qui est le plus proche de 9.

9,70	9,04	9,1
9,31	8,99	9,63

3 Observe l'exemple et encadre de même.

3,4 < 3,46 < 3,5

… < 7,09 < …
… < 7,96 < …
… < 8,66 < …
… < 2,76 < …
… < 3,49 < …
… < 14,37 < …

4 Complète avec un nombre qui convient.

2,3 < … < 2,5
103,7 < … < 103,9
42,5 < … < 42,6
9,9 < … < 10
8,1 < … < 8,2
9,36 < … < 9,39
8,09 < … < 8,1

5 Observe l'exemple et écris le nombre entier le plus proche de chacun des nombres ci-dessous.

7,457 → 7

6,89 → … 8,76 → …
13,83 → … 42,3 → …
12,9 → … 134,57 → …

6 **Le nombre mystérieux**

Je suis compris entre 13 et 14.
Je suis plus grand que 13,5 et plus petit que 13,6.
Mon chiffre des centièmes est 3.

- Qui suis-je ?

7 Mesure les périmètres des polygones ci-dessous.

a)
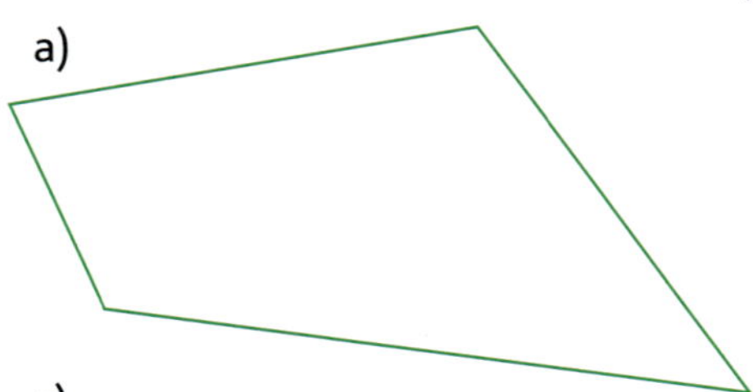
b)

c)

8 Range les angles du polygone *ABCDE* du plus petit au plus grand. *(Tu peux utiliser du papier-calque.)*

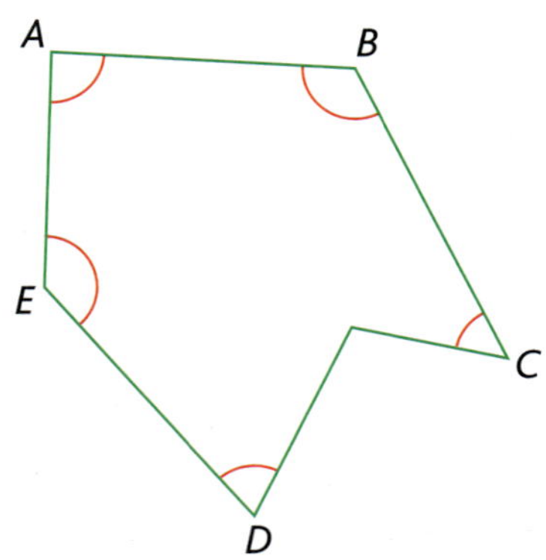

9. Reproduire une figure.
10. Compléter des situations de proportionnalité.

9 Reproduis cette figure en utilisant ton compas et ton double décimètre.

10 Dans un magasin, on relève la publicité ci-contre :

a) Complète le tableau ci-dessous.

nombre de boîtes achetées	0	3	6	9	12
nombre de boîtes payées	0	2	...	...	...

b) Recopie le graphique ci-dessous sur ton cahier.

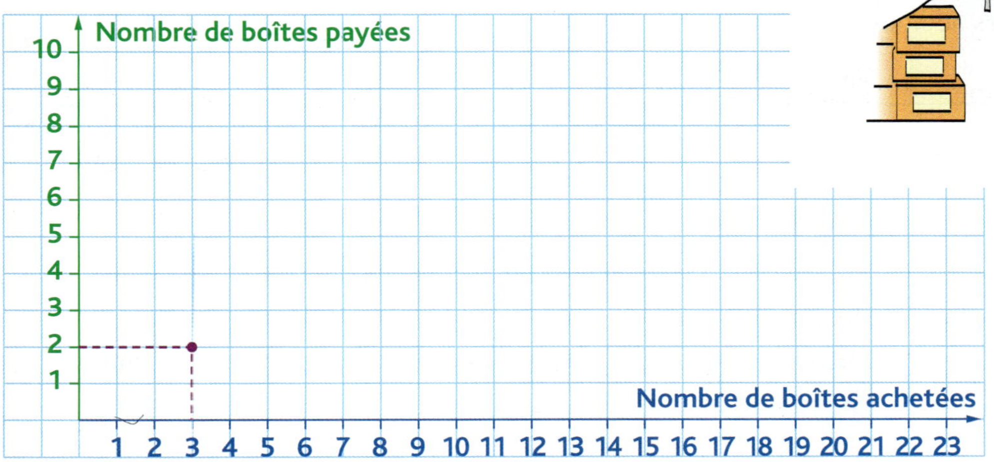

- Place les points correspondant aux résultats du tableau. Comment sont-ils disposés ?

c) Combien de boîtes paye-t-on lorsqu'on en achète 18 ? 24 ?

68 Additionner des nombres décimaux

Je découvre

1 a) Maud a acheté des vêtements pour 20,50 € et un sac à 12,40 €.
Voici le calcul de sa dépense :

en centimes		en euros
2 050	→	20,50
+ 1 240	→	+ 12,40
3 290	→	32,90

Maud a dépensé 3 290 c ou 32,90 €.

b) Jennifer a acheté un blouson à 36,40 € et un short à 8 €.

- Calcule de la même façon la somme dépensée par Jennifer.

---

2 a) On veut calculer la somme **14,60** + **12,58**.
Pour calculer cette somme, on a inscrit les nombres dans un tableau :

dizaines	unités	dixièmes	centièmes
1	4 ,	6	0
1	2 ,	5	8
…	… ,	…	…

- Termine ce calcul en commençant par la droite et en tenant compte des retenues.

On peut faire le même calcul en posant l'opération :

  14,60
+ 12,58
. . . .

Il faut bien placer la virgule du 2e nombre sous la virgule du 1er nombre.

b) Pose et effectue les additions ci-dessous.

4,68 + 3,85 = … 9,653 + 14,32 = … 9,7 + 12 + 38 = …

---

3 a) On veut calculer la somme **52** + **49,54**.

On peut écrire :

52 = 52,00 et poser

  52,00
+ 49,54
. . . .

On peut aussi poser directement l'opération :

  52
+ 49,54
. . . .

Il faut bien placer les chiffres des unités les uns sous les autres.

- Termine le calcul.

b) Pose et effectue les additions ci-dessous.

149 + 32,75 = … 554,39 + 62 = … 5 121,89 + 97 = …

Jouer avec les nombres

Traduire en minutes les durées suivantes :
$\frac{1}{4}$ h, $\frac{3}{4}$ h, $\frac{1}{10}$ h, $\frac{1}{2}$ h.

Je m'entraîne

4 Effectue les additions ci-dessous.

11,29	126,3	1,12	56	412,5
+ 3,4	+ 12,56	+ 217,3	+ 9,17	+ 98
...	...	...	...	...

5 Pose et effectue les additions ci-dessous.

15,39 + 218,43 = ... 117 + 21,9 = ... 0,21 + 8,7 + 14 = ...

21,5 + 136,57 = ... 14,37 + 175 = ... 417 + 29,35 + 7,3 = ...

6 Recopie et complète les additions ci-dessous.

22,8	15,25	....	....	....
+	+	+ 10,36	+ 8,2	+ 4,38
23,94	17,38	24,68	11,53	7,40

7 Observe l'exemple et écris les nombres décimaux ci-dessous sous forme d'une somme.

38,254 = 38 + 0,2 + 0,05 + 0,004

21,573 = ... + ... + ... + ... 127,039 = ... + ... + ...

64,612 = ... + ... + ... + ... 206,403 = ... + ... + ...

106,142 = ... + ... + ... + ... 84,32 = ... + ... + ...

8 Recopie et complète les additions ci-dessous.

2,7 + ... = 3 1,92 + ... = 2 4,75 + ... = 5

... + 4,2 = 5 2,88 + ... = 3 9,50 + ... = 10

9 En utilisant les nombres ci-dessous, écris toutes les sommes égales à 10.

5,4 + 4,6 = 10

1,7 9,1 8,3 0,02 7,55 4,6 6,5 9,98 3,5 0,9 2,45 5,4

10 Voici les dépenses effectuées par Virginie :

un pain	0,85 €
1 l d'huile	2,05 €
1 rôti	9,55 €
1 kg d'oranges	1,60 €

Virginie avait 20 € en partant.

a) Peux-tu dire, sans faire le calcul, si elle a eu assez d'argent ?

b) Vérifie en posant les opérations.

69 Soustraire des nombres décimaux

Je découvre

1 a) En partant faire ses courses, M. Boulanger avait 183,75 €. Il a dépensé 72,45 €.
Voici le calcul de ce qu'il lui reste :

en centimes		en euros
18 375	→	183,75
− 7 245	→	− 72,45
11 130	→	111,30

Il reste à M. Boulanger 11 130 c ou 111,30 €.

b) M. Boulanger achète ensuite des journaux pour 5,50 €.

- Calcule la somme qu'il lui reste.

2 a) On veut calculer la différence **426,650 − 218,624**.
Pour calculer cette différence, on peut écrire les nombres dans un tableau :

	centaines	dizaines	unités	dixièmes	centièmes	millièmes
	4	2	6 ,	6	5	0
−	2	1	8 ,	6	2	4
	…	…	… ,	…	…	…

- Termine ce calcul en commençant par la droite et en tenant compte des retenues.

On peut faire le même calcul en posant l'opération :

```
  426,650
− 218,624
  ......
```

Il faut bien placer la virgule du 2e nombre sous la virgule du 1er nombre.

b) Pose et effectue les soustractions ci-dessous.

49,25 − 37,68 = … 173,187 − 89,68 = … 113,43 − 51,125 = …

3 a) On veut calculer la différence **53 − 18,65**.

On peut écrire :

53 = 53,00 et poser

```
  53,00
− 18,65
  ....
```

On peut aussi poser directement l'opération :

```
  53
− 18,65
  ....
```

Il faut bien placer les chiffres des unités les uns sous les autres.

- Termine le calcul.

b) Pose et effectue les soustractions ci-dessous.

89 − 32,58 = … 106 − 49,125 = … 13 − 8,067 = …

Jouer avec les nombres

Écrire en dixièmes les nombres :

$1 + \frac{2}{10}$, $3 + \frac{4}{10}$, $5 + \frac{7}{10}$, $6 - \frac{4}{10}$.

Je m'entraîne

4 Effectue les soustractions ci-dessous.

$$\begin{array}{r} 38{,}57 \\ -\ 14{,}63 \\ \hline \ldots \end{array} \qquad \begin{array}{r} 71{,}08 \\ -\ 56{,}17 \\ \hline \ldots \end{array} \qquad \begin{array}{r} 62{,}684 \\ -\ 24{,}531 \\ \hline \ldots \end{array} \qquad \begin{array}{r} 49{,}648 \\ -\ 12{,}7 \\ \hline \ldots \end{array} \qquad \begin{array}{r} 62 \\ -\ 41{,}09 \\ \hline \ldots \end{array}$$

5 Pose et effectue les soustractions ci-dessous.

13,28 − 4,47 = … 14,25 − 12,637 = … 65 − 28,37 = …
712,613 − 41,329 = … 15,814 − 11,188 = … 96 − 39,432 = …

6 Sans poser les soustractions, calcule les différences ci-dessous.

8 − 0,1 = … 12 − 0,4 = … 3 − 0,01 = … 10 − 0,25 = …
7 − 0,2 = … 93 − 0,5 = … 9 − 0,02 = … 14 − 0,75 = …

7 Observe l'exemple et complète de même.

78,5	+ 0,5	79	+ 1	80	80 − 78,5 = 1,5
53,4	…	…	…	60	60 − 53,4 = …
84,6	…	…	…	90	90 − 84,6 = …
93,7	…	…	…	100	100 − 93,7 = …

8 Écris les nombres ci-dessous sous forme d'une différence de deux nombres décimaux.

4,3 7,8 0,7 15,4 0,75 9,99 19,25

9 Recopie et complète.

$$\begin{array}{r} 39{,}4 \\ -\ \ldots \\ \hline 12{,}3 \end{array} \qquad \begin{array}{r} 49{,}2 \\ -\ \ldots \\ \hline 23{,}7 \end{array} \qquad \begin{array}{r} \ldots \\ -\ 14{,}2 \\ \hline 21{,}6 \end{array}$$

$$\begin{array}{r} \ldots \\ -\ 23{,}12 \\ \hline 19{,}25 \end{array} \qquad \begin{array}{r} 7{,}.63 \\ -\ 2{,}1.. \\ \hline .{,}261 \end{array}$$

10 Mme Bénard va acheter des habits pour ses enfants avec un billet de 100 €.
Elle achète un pantalon à 42,60 €, une chemise à 38,35 € et des chaussettes à 17 €.

- Combien a-t-elle dépensé ?
- Quelle somme lui reste-t-il à son retour ?

70 Mesurer une aire (1)

Je découvre

1 Voici les plans des parterres de fleurs d'un jardin public.

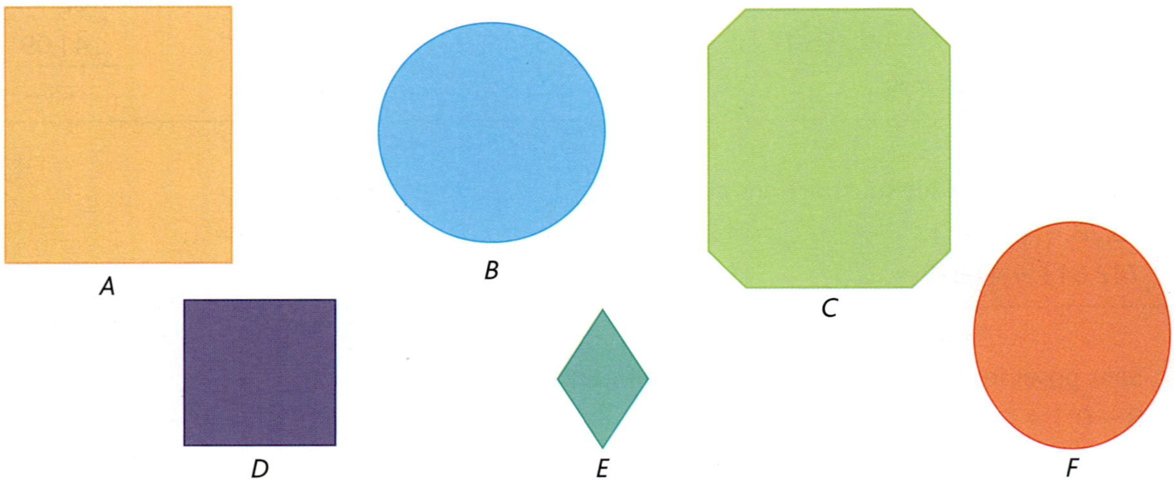

a) Décalque et découpe ces différents plans.

b) En les superposant, range les parterres du moins étendu au plus étendu.

---

2 On a fabriqué les figures ci-dessous en assemblant des triangles *u*.

a) Recherche toutes les figures qui ont la même étendue que la figure *A*.

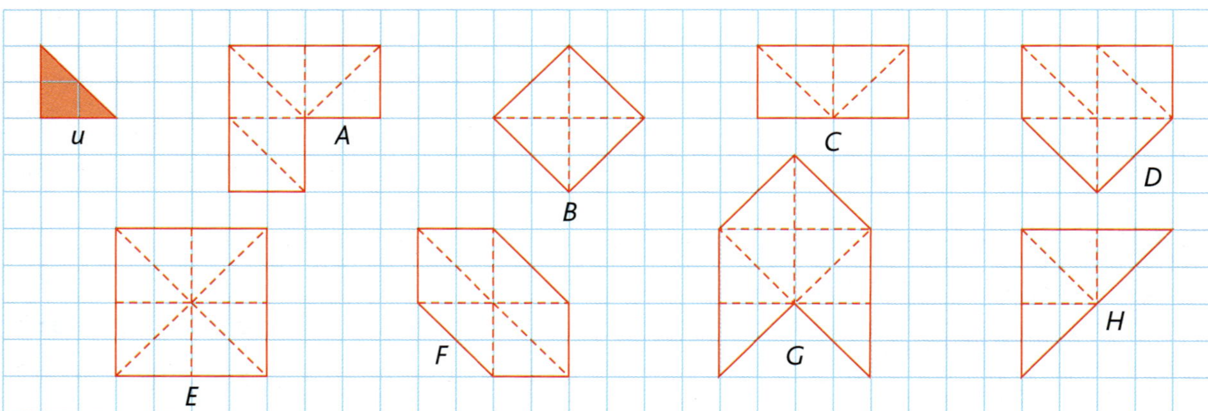

On dit que toutes ces figures ont la même **aire**.

b) De la même façon, recherche les figures qui ont la même aire que la figure *B* et celles qui ont la même aire que la figure *G*.

c) Peux-tu construire une figure *J* qui a la même aire que la figure *D*, et une figure *K* qui a la même aire que la figure *B* ?

d) Quelles sont les figures qui ont l'aire la plus grande ?

e) Quelles sont les figures qui ont l'aire la plus petite ?

Jouer avec les nombres

Écrire sous forme décimale les nombres suivants :

$3 + \frac{2}{10}$, $11 + \frac{3}{10}$, $3 + \frac{9}{10}$, $6 - \frac{1}{10}$.

3 On choisit un carré *u* comme unité. En comptant le nombre de carrés *u* contenus dans la figure *A*, on trouve 7 carrés. On dit que la mesure de l'aire de *A* est 7.

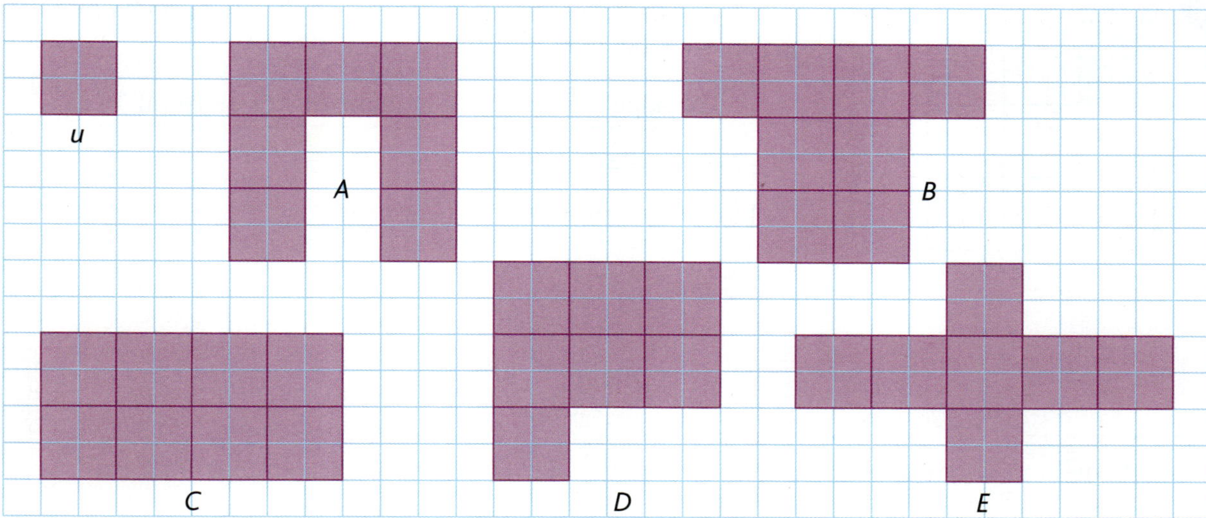

a) Calcule de la même façon la mesure des aires des figures *B*, *C*, *D*, *E*.

b) Recopie et complète le tableau ci-dessous.

Figure	*u*	*A*	*B*	*C*	*D*	*E*
Aire	1	7	…	…	…	…
Périmètre en cm	4	…	…	…	…	…

c) Que remarques-tu pour les figures *A* et *E* ? Pour les figures *C* et *D* ?

4 Le carreau *u* du quadrillage est choisi comme unité d'aire. On ne peut pas calculer exactement l'aire du bassin *D*.

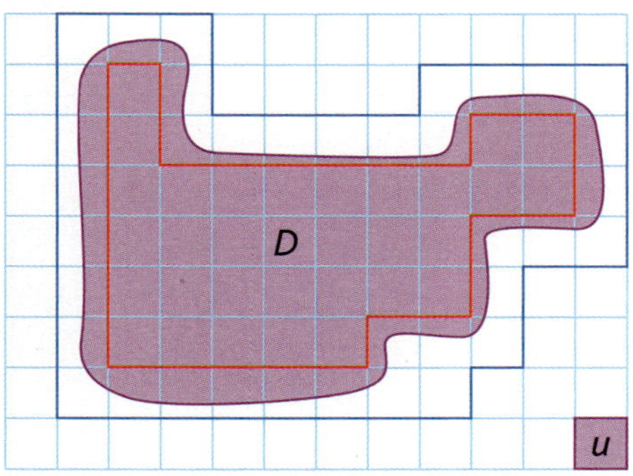

On a tracé le plus près possible du bord du bassin en suivant les lignes du quadrillage :
– une ligne **bleue** à l'extérieur du bassin,
– une ligne **rouge** à l'intérieur du bassin.

a) Quelle est l'aire de la surface limitée par la ligne **bleue** ?

b) Quelle est l'aire de la surface limitée par la ligne **rouge** ?

c) Recopie et complète : … < aire du bassin *D* < … .

5 En utilisant comme unité le triangle , indique l'aire de chacune des figures.

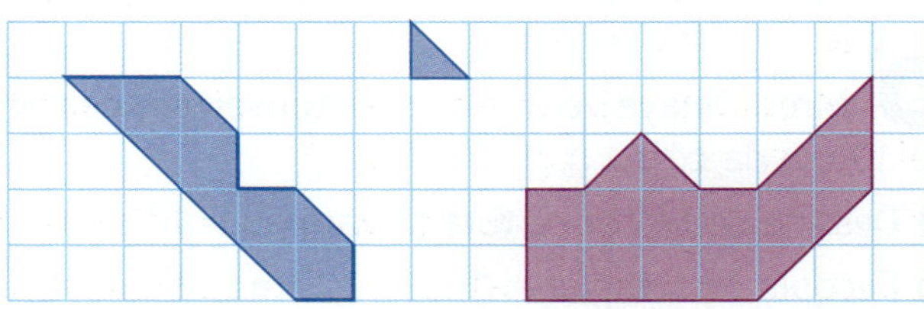

71 Mesurer une aire (2)

Je découvre

1

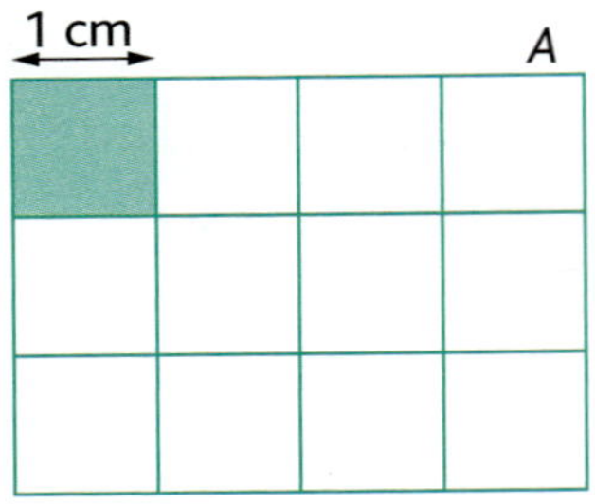

Pour mesurer l'aire de ce rectangle, on choisit comme unité l'aire d'un carré de 1 cm de côté.

> On appelle cette unité un **centimètre carré** ou 1 **cm²**.

Le rectangle *A* a donc une aire de 12 cm².

- Indique, en cm², l'aire des surfaces *B* et *C*.

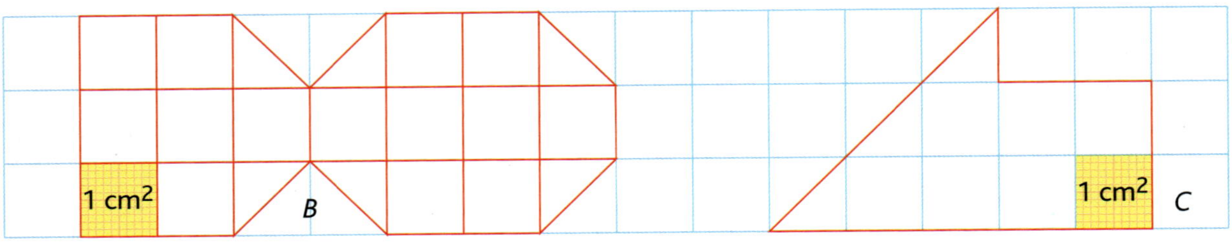

2 **a)** Calcule l'aire des surfaces *A*, *B*, *C*, *D*, *E*, *F*, *G*, *H*.

b) Effectue la somme de ces aires.

> L'aire du grand carré est égale à 100 cm².
> On dit aussi :
> 1 décimètre carré.
> 1 dm² = 100 cm².

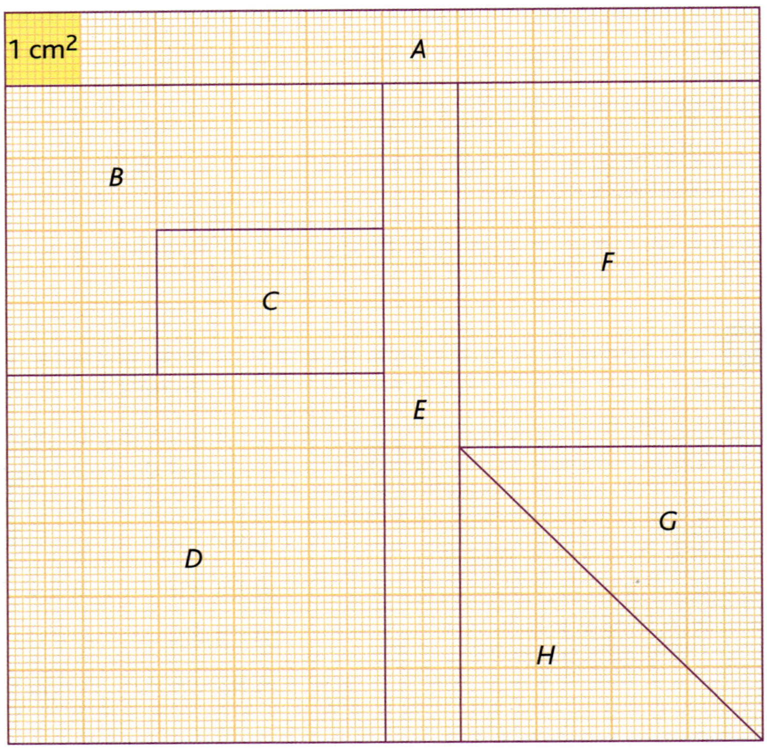

3 Mme Delaye veut faire une couverture carrée de 1 m de côté en assemblant des carrés de 10 cm de côté.

a) Dessine cette couverture (1 carreau = 10 cm) et indique combien elle comporte de petits carrés.

b) Recopie et complète : 1 m = … dm ; 1 m² = … dm² ; 1 m = … cm ; 1 m² = … cm².

Jouer avec les nombres

Écrire en grammes les masses suivantes :

$\frac{1}{2}$ kg, $\frac{1}{4}$ kg, $\frac{1}{5}$ kg, $\frac{3}{2}$ kg.

Je m'entraîne

4 Recopie et complète.

$1\ m^2 = \ldots\ dm^2$ $\quad$ $1\ dm^2 = \ldots\ cm^2$ $\quad$ $1\ m^2 = \ldots\ cm^2$ $\quad$ $2\,500\ cm^2 = \ldots\ dm^2$

$7\ m^2 = \ldots\ dm^2$ $\quad$ $4\ dm^2 = \ldots\ cm^2$ $\quad$ $12\ dm^2 = \ldots\ cm^2$ $\quad$ $1\,800\ dm^2 = \ldots\ m^2$

5 Recopie et complète le tableau.

m²	3	…	…	8	…	26
dm²	300	500	…	…	1 500	…
cm²	30 000	…	20 000	…	…	…

(× 100) (× 100)

6 **a)** Observe l'exemple.

m²		dm²		cm²	
	2	5	4		
		1	4	0	5

→ $2\ m^2\ 54\ dm^2 = 2{,}54\ m^2 = 254\ dm^2$

→ $14\ dm^2\ 5\ cm^2 = 14{,}05\ dm^2 = 1\,405\ cm^2$

b) En utilisant un tableau, recopie et complète.

$4\ dm^2\ 35\ cm^2 = \ldots\ cm^2$ $\quad$ $3\,500\ cm^2 = \ldots\ dm^2$ $\quad$ $6\ dm^2\ 3\ cm^2 = \ldots\ cm^2$

$420\ cm^2 = \ldots\ dm^2$ $\quad$ $4\,753\ cm^2 = \ldots\ dm^2$ $\quad$ $8\ m^2\ 5\ dm^2 = \ldots\ dm^2$

7 En utilisant le cm² comme unité d'aire, trouve un encadrement de l'aire du disque.

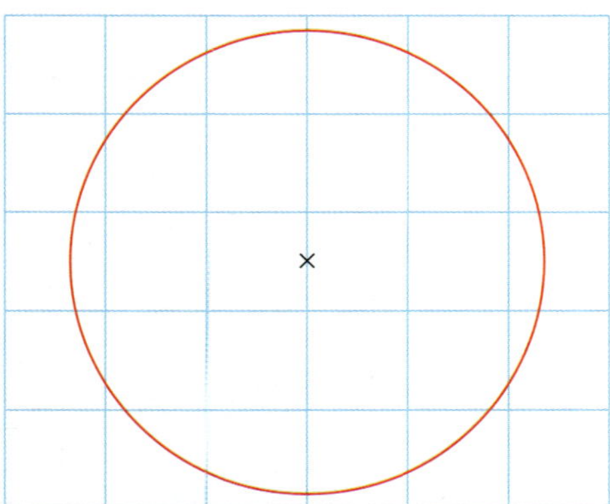

8 On choisit le centimètre comme unité de longueur et le centimètre carré comme unité d'aire.

a) Calcule l'aire et le périmètre de la figure *A*.

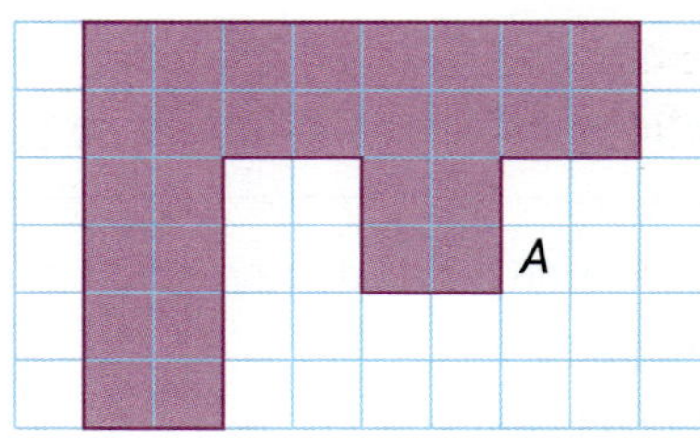

b) Peux-tu construire une figure *B* qui a la même aire que *A* mais un périmètre plus petit ?

c) Construis une figure *C* qui a le même périmètre que *A*. Quelle aire a la figure *C* que tu as dessinée ?

JE RETIENS

$1\ m^2 = 100\ dm^2 = 10\,000\ cm^2$ $\qquad$ $2{,}54\ m^2 = 254\ dm^2$

$1\ dm^2 = 100\ cm^2$ $\qquad$ $12{,}35\ dm^2 = 1\,235\ cm^2$

ATELIER PROBLÈMES

Je justifie et je valide

1 « Alicia a déjà acheté 3 paquets de gâteaux pour 6 €. Elle retourne en acheter 7. Combien va-t-elle payer ? »

Voici les solutions proposées par Jérôme, Julie et Stéphanie.

solution de Jérôme

Je cherche le prix d'un paquet :

$6 : 3 = 2.$

Le prix d'un paquet est 2 €.
Je cherche le prix de sept paquets :

$2 \times 7 = 14.$

Alicia dépensera 14 €.

solution de Julie

Prix d'un paquet :

$6 - 3 = 3.$

Le prix d'un paquet est 3 €.

Prix de sept paquets :

$3 \times 7 = 21.$

Alicia dépensera 21 €.

solution de Stéphanie

Prix de 3 paquets :

$6 \times 3 = 18.$

Le prix de 3 paquets est 18 €.

Prix de 7 paquets :

$18 + 18 + 6 = 42.$

Alicia dépensera 42 €.

a) Quelle est la solution exacte ?

b) Indique les erreurs commises par les deux autres enfants.

---

2 Dans un restaurant scolaire, on compte 12 tables de 8 élèves, 14 tables de 4 élèves et 8 tables de 6 élèves.
Dominique a fait les calculs suivants :

$14 \times 4 = 56$ $\quad$ $12 \times 8 = 96$ $\quad$ $8 \times 6 = 48$

$$\begin{array}{r} 96 \\ +\ 56 \\ +\ 48 \\ \hline 200 \end{array}$$

• Indique à quoi correspond chacun des calculs.

---

3 Voici la fiche de construction d'une figure.

– Trace un cercle de 3 cm de rayon.
– Trace deux diamètres.
– Dessine 4 cercles de 1,5 cm de rayon.
– Colorie la figure obtenue.

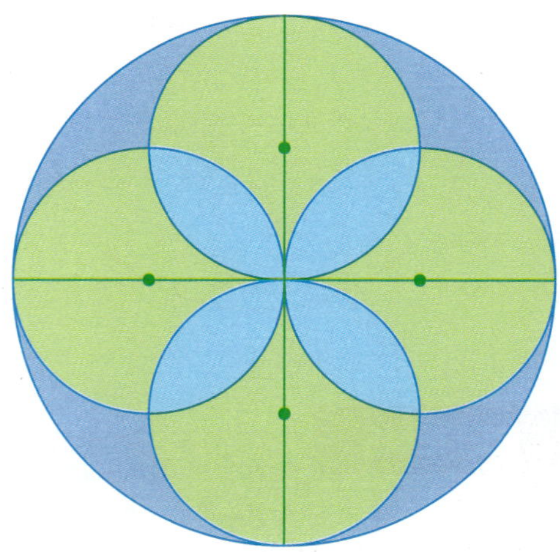

a) Quelles sont les précisions qui manquent dans la fiche de construction pour pouvoir construire la rosace ci-contre ?

b) Écris une fiche de construction qui permet de construire une rosace deux fois plus grande que celle du dessin.

4 Recopie ces calculs en plaçant convenablement les parenthèses.

$25 \times 4 + 3 + 8 \times 5 = 143$ $6 \times 30 + 4 - 8 \times 6 = 136$

$25 \times 4 + 3 + 8 \times 5 = 215$ $6 \times 30 + 4 - 8 \times 6 = 156$

5 N'effectue pas les opérations. Indique si les résultats te paraissent justes ou faux et explique ton raisonnement.

$143 \times 56 = 8\,005$ $1\,024 \times 212 = 812$ $534 \times 22 = 1\,068$

6 Indique les calculs qui permettent de trouver le nombre total de livres dans chacune des situations ci-dessous.

a) Un libraire a rempli 6 caisses qui contiennent chacune 12 dictionnaires et 7 romans.

b) Le maître a distribué 7 livres à chacun des 12 élèves de CM1. Il lui en reste 6.

c) Une bibliothèque comporte 6 étagères qui contiennent chacune 12 livres et une étagère avec 7 livres.

$(7 \times 12) + 6$ **$(6 \times 12) + 7$** **$6 \times (12 + 7)$**

Je résous des problèmes

7 **a)** Le périmètre d'un rectangle est 54 cm. Il a pour longueur 15 cm.

- Quelle est sa largeur ?

b) Une cuillère à soupe contient 12 mL de liquide. Béatrice doit avaler 4 cuillères de sirop contre la toux par jour pendant 6 jours. Un flacon de sirop contient 300 mL.

- Un seul flacon sera-t-il suffisant pour toute la durée du traitement ?

c) Le train qui devait arriver à 13 h 45 min est prévu avec 25 minutes de retard.

- À quelle heure arrivera-t-il ?

d) Je pense à un nombre. Je le multiplie par 6. J'ajoute 42 et j'obtiens 84.

- Quel est ce nombre ?

e) Alicia et Elsa vont régulièrement à la piscine. À la fin du trimestre, Elsa, qui est allée 13 fois à la piscine, a payé 10 € de moins qu'Alicia, qui y est allée 5 fois de plus.

- Quel est le prix d'une entrée à la piscine ?
- Quelle somme chaque enfant a-t-elle dépensée ?

73

ÉTAPE 1

1 Pose et effectue les opérations suivantes.

158,3 + 21,17 = …	728 + 11,4 = …
43,14 + 17 = …	30,6 + 0,17 = …
72,4 − 7,2 = …	28,75 − 7,9 = …
1236 − 141,3 = …	24,35 − 17 = …

---

2 Un conducteur a parcouru 26,5 km le matin et 42,75 km l'après-midi. Il lui reste encore 17 km à faire.

- Quelle est la longueur totale de son trajet ?

---

3 Pour payer une facture de 38,24 €, Pierre donne un billet de 50 €.

- Combien lui rendra-t-on ?

---

4 Estelle et Louise mettent en commun leur argent pour offrir un cadeau à leur mère.
Estelle a 23,50 € et Louise a 36,20 €.
Voici les cadeaux qu'elles ont vus :

Un livre d'art — Un bracelet — Un porte-monnaie — Un sac

Elles veulent acheter plusieurs cadeaux ; trouve tous les choix possibles.

---

5 Calcule les aires de ces figures et range-les de la plus petite à la plus grande.

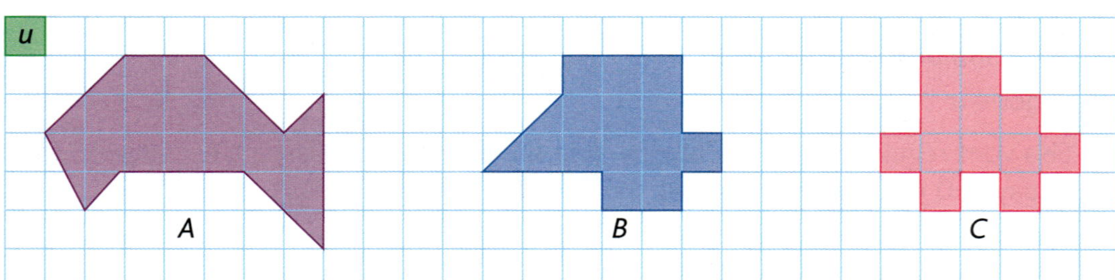

6 Observe les figures et complète les inégalités.

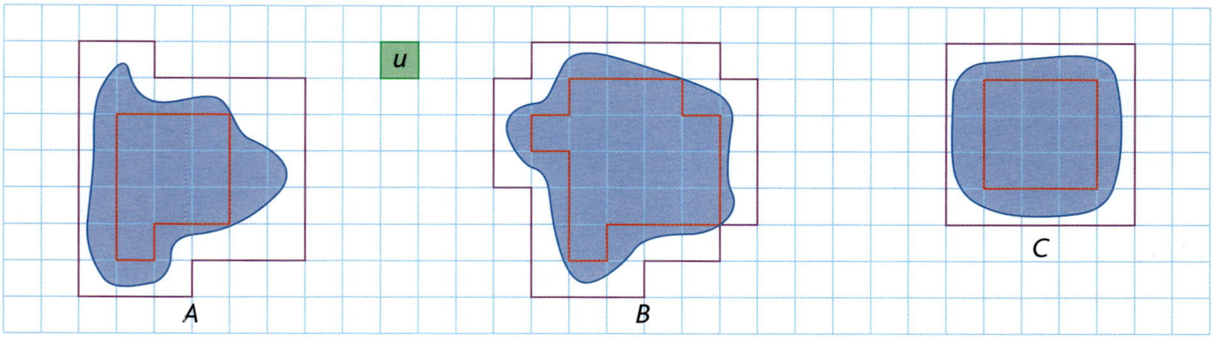

… < aire de *A* < … … < aire de *B* < … … < aire de *C* < …

---

7 Recopie et complète.

$1 \text{ m}^2 = \dots \text{ dm}^2$ $2\,500 \text{ cm}^2 = \dots \text{ dm}^2$

$100 \text{ cm}^2 = \dots \text{ dm}^2$ $3\,400 \text{ cm}^2 = \dots \text{ dm}^2$

8 Range les aires ci-dessous de la plus grande à la plus petite.

1 dm^2 10 cm^2 $1{,}3 \text{ dm}^2$

110 cm^2 $0{,}5 \text{ dm}^2$ 124 cm^2

---

9 **a)** Observe l'exemple.

m²		dm²		cm²	
	2	5	0		
		3	2	0	3

→ $2{,}5 \text{ m}^2 = 250 \text{ dm}^2$

→ $32 \text{ dm}^2\ 3 \text{ cm}^2 = 3\,203 \text{ cm}^2$

b) En utilisant un tableau, recopie et complète :

$12{,}70 \text{ dm}^2 = \dots \text{ cm}^2$ $3 \text{ m}^2\ 45 \text{ dm}^2 = \dots \text{ dm}^2$ $9\,000 \text{ cm}^2 = \dots \text{ dm}^2$

$4 \text{ dm}^2\ 35 \text{ cm}^2 = \dots \text{ cm}^2$ $6{,}83 \text{ m}^2 = \dots \text{ dm}^2$ $13\,000 \text{ cm}^2 = \dots \text{ dm}^2$

	oui	pas encore
1 / 2 / 3 / 4 Je sais additionner et soustraire des nombres décimaux.		
5 Je sais comparer des aires.		
6 / 8 Je sais encadrer et comparer des mesures d'aires.		
7 / 9 Je sais convertir des mesures d'aires.		

74 Produit d'un nombre décimal par un nombre entier

Je découvre

1 **a)** Le directeur de l'école a commandé 5 livres qui coûtent chacun 7,65 €.
On peut calculer la dépense sous forme de somme : 7,65 + 7,65 + 7,65 + 7,65 + 7,65 = 38,25,
ou de produit : 7,65 × 5 = 38,25 ou 5 × 7,65 = 38,25.
On peut poser les multiplications :

en centimes		en euros
(retenues 3 2) 765	→	(retenues 3 2) 7,65
× 5	→	× 5
3 825	→	38,25

Le montant de la dépense est de 3 825 c ou 38,25 €.

> Pour calculer le produit d'un nombre décimal par un nombre entier :
> - on effectue le produit sans tenir compte de la virgule,
> - on place la virgule de façon que le résultat ait le même nombre de chiffres après la virgule que le nombre décimal.

b) Pose et effectue les opérations.

2,57 × 5 = … 49,2 × 7 = … 6,72 × 8 = …

---

2 François, Jean-Marc et Sophie ont effectué les opérations ci-dessous.

3,75 × 10	9,83 × 100	2,387 × 1 000
3,75	9,83	2,387
× 10	× 100	× 1 000
37,50	983,00	2 387,000

Pour multiplier un nombre décimal par 10, 100, 1 000, on déplace la virgule de ce nombre de 1, 2, 3 rangs vers la droite.

- Calcule les produits ci-dessous.

12,78 × 10 = … 14,83 × 100 = … 39,148 × 100 = …

Je m'entraîne

3 Effectue les opérations ci-dessous.

3,5	24,7	4,35	7,5	2,08
× 9	× 8	× 12	× 14	× 34
. . .	. . .	. . .	. . . .	. . .

Jouer avec les nombres

Calculer mentalement le périmètre d'un rectangle :
- de 20 cm de longueur et de 6 cm de largeur,
- de 12 cm de longueur et de 5 cm de largeur.

4 Pose et effectue les opérations ci-dessous.

$7{,}38 \times 5 = \dots$	$12{,}7 \times 8 = \dots$	$4{,}38 \times 7 = \dots$	$8{,}35 \times 5 = \dots$
$9{,}8 \times 6 = \dots$	$4{,}73 \times 5 = \dots$	$9{,}25 \times 4 = \dots$	$3{,}02 \times 4 = \dots$

5 **a)** Observe l'exemple :

$(1{,}7 + 3{,}4) \times 6 = 5{,}1 \times 6 = 30{,}6$

$(1{,}7 + 3{,}4) \times 6 = (1{,}7 \times 6) + (3{,}4 \times 6) = 10{,}2 + 20{,}4 = 30{,}6$

b) Calcule de même, de deux façons différentes.

$(5{,}6 + 4{,}2) \times 8 = \dots$

$(2{,}63 + 5{,}27) \times 4 = \dots$

$(11{,}2 + 63{,}71) \times 10 = \dots$

6 Recopie et complète les opérations ci-dessous.

$3{,}25 \times 10 = \dots$	$4{,}8 \times 10 = \dots$	$1{,}4 \times 10 = \dots$	$1{,}07 \times 10 = \dots$
$3{,}25 \times 100 = \dots$	$45{,}13 \times 10 = \dots$	$50{,}37 \times 100 = \dots$	$32{,}04 \times 100 = \dots$

7 Observe l'exemple.

$3{,}7 \times 11 = 3{,}7 \times (10 + 1) = (3{,}7 \times 10) + (3{,}7 \times 1) = 37 + 3{,}7 = 40{,}7$

- Calcule de la même façon :

$4{,}6 \times 12 = \dots$	$8{,}26 \times 11 = \dots$	$6{,}43 \times 12 = \dots$	$1{,}13 \times 15 = \dots$

8 Un touriste qui revient des États-Unis a encore 8 dollars.
Il les change à la banque.
La banque annonce le cours suivant :
1 dollar = 1,07 €.

- Quelle somme, en euros, lui remettra-t-on ?

9 Pour la fête de l'école, le directeur a commandé 100 bouteilles de limonade à 1,15 € pièce et 100 bouteilles de jus d'orange à 1,40 € pièce.

- Calcule de deux façons différentes le montant de la dépense.

10 M. Dupont dispose de 380 €.
Il veut acheter 3 vélos à 124,70 € le vélo.

a) Peux-tu dire sans effectuer de calculs s'il a assez d'argent ?

b) Vérifie en faisant les calculs.

11 Chez le libraire, la maîtresse a commandé 3 livres de maths à 7,35 €, 5 livres de français à 8,40 €, 10 livres d'histoire à 11,55 €.

- Calcule le montant de sa commande.

12 Dans une course cycliste, les coureurs effectuent 9 tours de circuit. Un tour mesure entre 13,5 km et 13,6 km.

- Donne un encadrement de la distance parcourue par les coureurs.

75

Symétrie par rapport à une droite

Je découvre

1

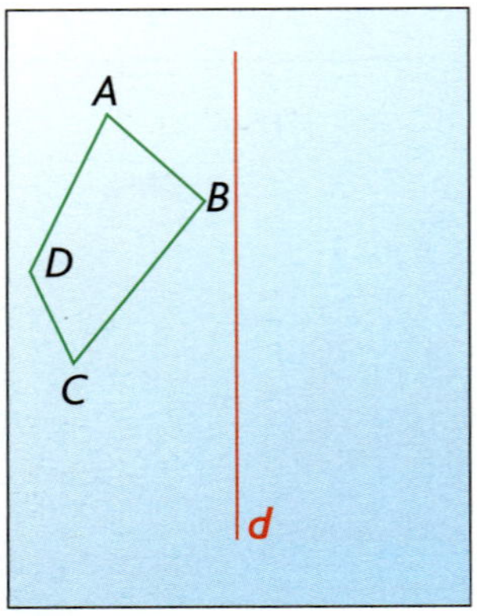

fig. 1

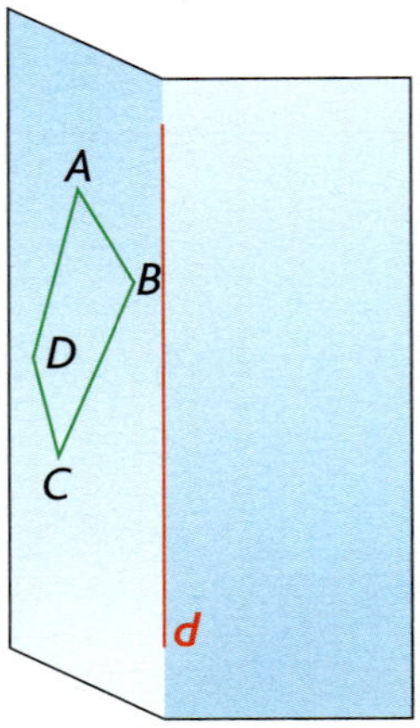

fig. 2

a) Sur une feuille de papier-calque, trace un quadrilatère *ABCD* et une droite *d* (fig. 1).

b) Plie la feuille en suivant la droite *d* (fig. 2)

c) Décalque le quadrilatère *ABCD* sur la 2e partie de la feuille. Tu obtiens un autre quadrilatère : *EFGH*. Déplie la feuille (fig. 3).

- À l'aide de ton double décimètre, mesure les côtés des quadrilatères *ABCD* et *EFGH*. Que constates-tu ?
- Trace les segments *AE*, *BF*, *CG* et *DH*. À l'aide de ton équerre, vérifie que ces segments sont perpendiculaires à la droite *d*.
- Cherche le milieu des segments *AE*, *BF*, *CG* et *DH*. Que constates-tu ?

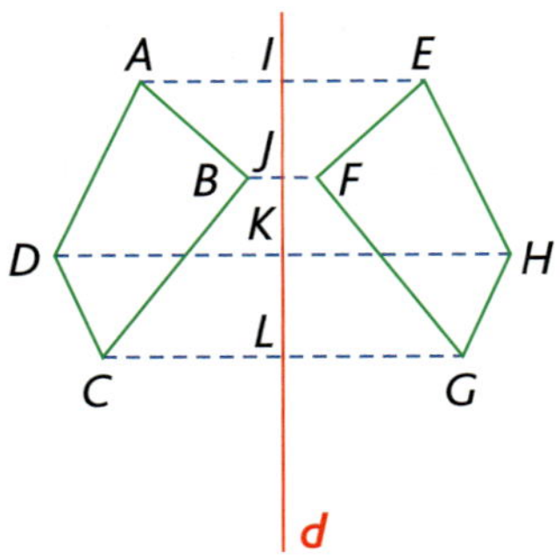

fig. 3

Les quadrilatères *ABCD* et *EFGH* sont **symétriques par rapport à la droite *d***.
EFGH est le **symétrique** de *ABCD* par rapport à la droite *d*.

Je m'entraîne

2 Reproduis les figures sur ton cahier et trace leur symétrique par rapport à la droite *d*.

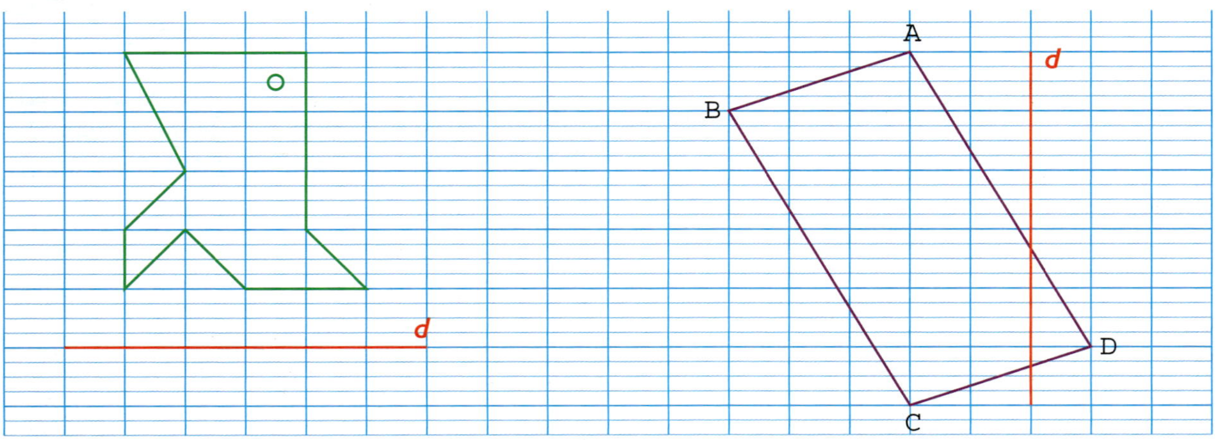

Jouer avec les nombres

Écrire sous forme de nombres à virgule les nombres :

$2 + \frac{5}{100}$, $5 + \frac{17}{100}$, $3 + \frac{2}{10} + \frac{4}{100}$.

3 Reproduis la figure sur ton cahier et trace son symétrique par rapport à la droite *d*.

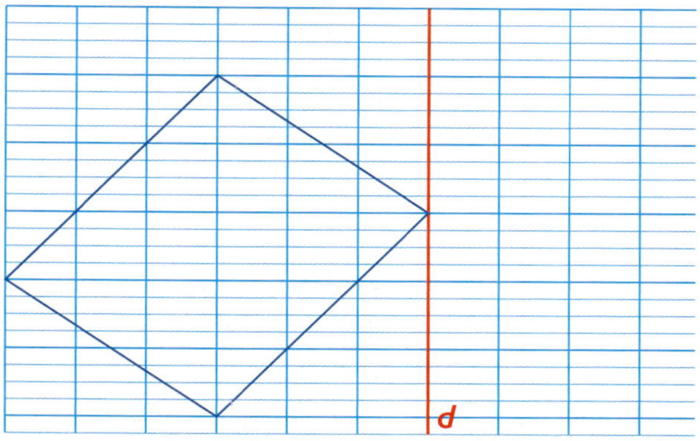

4 a) Trace le symétrique de la figure par rapport à la droite *d* et par rapport à la droite *d*′.

b) Trace les symétriques des symétriques obtenus par rapport aux droites *d* et *d*′.

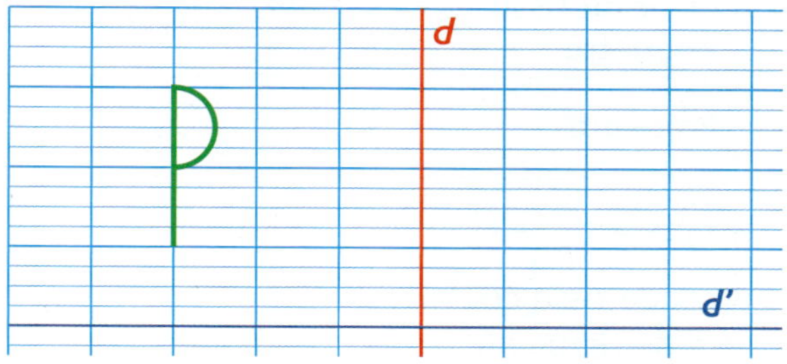

5 Reproduis le triangle *ABC* (*I* est un point à l'intérieur du triangle). Trace les symétriques de *I* par rapport aux 3 côtés du triangle.

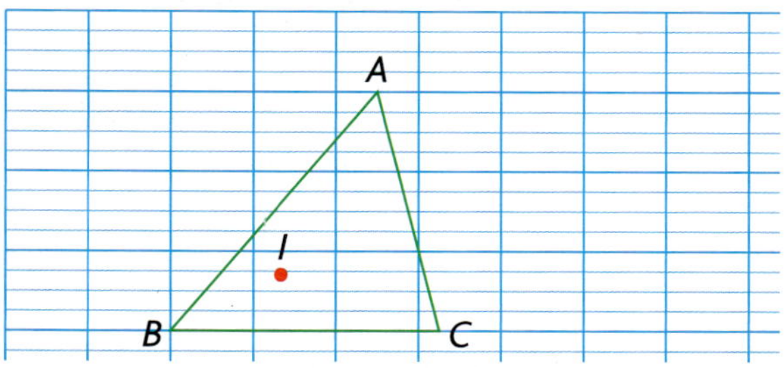

6 Trace le triangle symétrique du triangle *ABC* par rapport à la droite *d*.

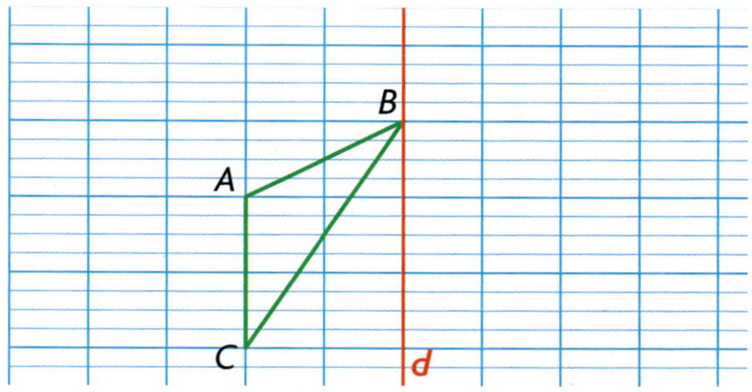

7 Reproduis cet hexagone et trouve tous ses axes de symétrie.

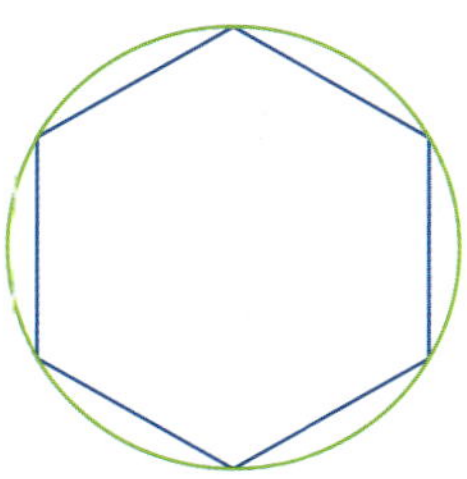

8 Parmi ces lettres de l'alphabet, reproduis celles qui ont un axe de symétrie et dessine cet axe en **rouge**.

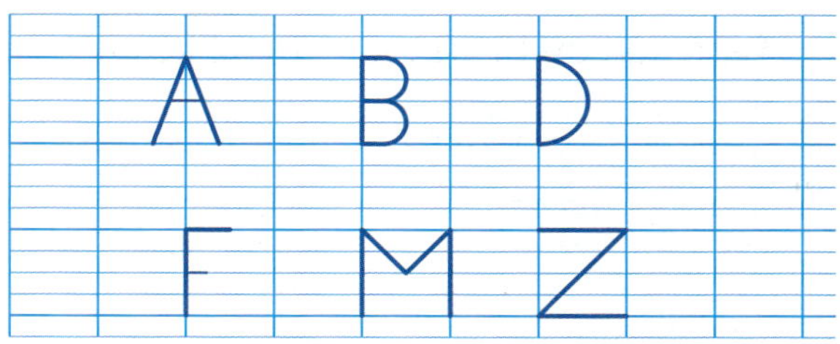

JE RETIENS

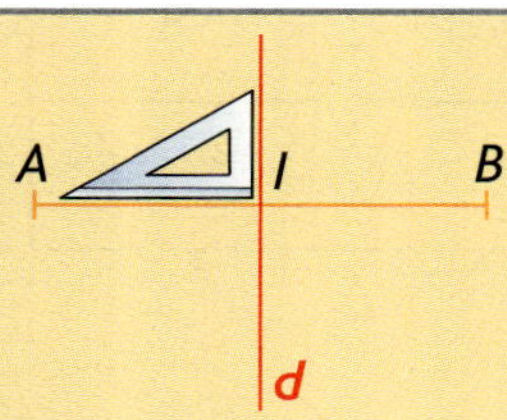

Le point *B* est le **symétrique** du point *A* par rapport à la droite *d*.

Le segment *AB* est perpendiculaire à la droite *d* et le point *I* est le milieu du segment *AB*.

76 La proportionnalité (2)

Je découvre

1 3 mètres de tissu coûtent 96 €.

a) Complète le tableau ci-dessous.

Longueur du tissu en mètre	3	6	9	12	15
Prix en €	96	...	...	...	...

b) Complète :

3 mètres de tissu coûtent 96 €.
1 mètre de tissu coûte trois fois moins.
96 : 3 = ...

7 mètres de tissu coûtent sept fois plus qu'1 mètre.
... × 7 = ...

- Tu peux aussi utiliser un tableau. Complète-le.

: ... × ...

Longueur du tissus en mètre	3	1	7
Prix en €	96	...	...

: ... × ...

Je m'entraîne

2 6 verres coûtent 24 €. Quel sera le prix de 8 verres ?

- Complète le tableau.

: ... × ...

Nombre de verres	6	1	8
Prix en €	24	...	...

: ... × ...

Jouer avec les nombres

Écrire sous forme de nombres à virgule les nombres :

$2 + \frac{5}{100}$, $5 + \frac{17}{100}$, $3 + \frac{2}{10} + \frac{4}{100}$.

3 Un gâteau au chocolat de 4 parts coûte 12,80 €.

- Quel sera le prix d'un même gâteau de 6 parts ?

Tu peux utiliser un tableau.

4 Une barre métallique de 30 cm pèse 240 g.

- Quel sera le poids d'une barre semblable de 70 cm ?

5 En 3 minutes, un robinet laisse écouler 18 litres d'eau.

- Combien de seaux de 15 litres pourra-t-on remplir au bout de 15 minutes ?

6 Voici les ingrédients pour un gâteau pour 5 personnes.

Gâteau aux cerises

- 300 g de cerises dénoyautées
- 100 mL de kirsch
- 100 g de beurre
- 200 g de farine
- 150 g de sucre
- 75 cL de lait

Diane veut faire ce gâteau pour 8 personnes.

- Calcule les nouvelles proportions et complète le tableau.

	5 personnes	1 personne	8 personnes
cerises			
kirsch			
beurre			
farine			
sucre			
lait			

ATELIER PROBLÈMES

Je résous des problèmes (1)

1 a) Construis trois triangles dont le périmètre mesure 17 cm.

b) Est-il possible de construire un triangle dont le périmètre mesure 17 cm et dont un côté mesure 10 cm ?

c) Pourquoi ?

---

2 a) Quelle est l'année de parution du numéro 1 ?

b) En quelle année sera édité le numéro 400 ?

LE JOURNAL

n° 270 juin 2004

Mensuel d'actualité

---

3 L'entreprise « Netvitres » doit nettoyer les fenêtres d'une cité qui comprend 7 immeubles de 4 étages et 3 immeubles de 5 étages. Il y a 4 appartements par étage et 5 fenêtres par appartement.

- Quel est le nombre de fenêtres à nettoyer ?

4 Avant la récréation, Jules avait 118 billes et Léa 86. Ils jouent ensemble et, à la fin de la récréation, ils ont autant de billes l'un que l'autre.

- Combien de billes ont-ils chacun ?

---

5 Nous sommes aujourd'hui jeudi.

- Quel jour de la semaine serons-nous :
  – dans 17 jours ?
  – dans 45 jours ?
  – dans 156 jours ?

6 Dans un cours de danse, il y a 5 filles et 4 garçons : Julie, Marine, Patricia, Isabelle, Hélène, Éric, Antoine, Frédéric, Simon.

- Combien de couples différents de danseurs peut-on former ?
(Utilise les initiales des prénoms.)

7

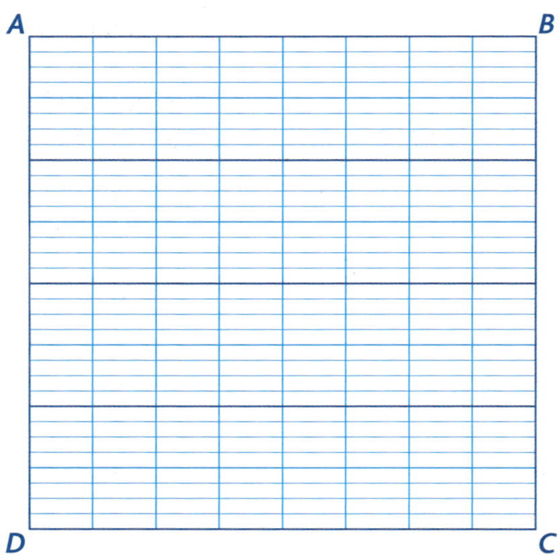

On a partagé le carré *ABCD* en 4 parties ayant la même aire.

a) Reproduis 3 fois ce carré sur ton cahier.

b) Partage de façon différente chaque carré en 4 parties ayant une aire identique.

c) En choisissant le carreau comme unité d'aire, indique l'aire du carré *ABCD* et l'aire de chaque partie.

8 Il faut 3 cuillères à café de farine pour remplir une cuillère à soupe et 15 cuillères à soupe pour remplir une tasse.
Pour faire son gâteau, Alicia a utilisé 2 tasses de farine.

• Combien de cuillères à café de farine cela représente-t-il ?

9 M. Durand possède un jardin rectangulaire dont les dimensions sont 32 m et 19 m. Il veut l'entourer d'un grillage en laissant une ouverture d'un mètre et cinquante centimètres.
Le grillage coûte 7 € le mètre.

• Quelle somme dépensera-t-il ?

10 M. Martin achète un poste de radio, un disque et deux livres pour 126 €.

• Quel est le prix d'un poste de radio, d'un disque et d'un livre sachant que le prix d'un poste de radio est égal à celui de cinq disques, et que deux livres coûtent autant qu'un disque ?

11 Un escargot monte le long d'un mur de 9,50 m de haut. Il lui faut une heure pour monter 1,50 m. Il se repose ensuite une heure et pendant ce repos il glisse et redescend de 50 cm.

• Combien de temps lui faudra-t-il pour arriver en haut du mur ?

12 Julie et Nicolas préparent des paquets de friandises. Dans chaque paquet Julie met 2 sucettes et Nicolas 3 nougats.

a) Julie a placé 6 sucettes, combien de nougats Nicolas a-t-il mis ?

b) Nicolas a placé 15 nougats, combien de sucettes Julie a-t-elle mises ?

13 À l'école des Érables, il y a 75 élèves en cycle 3.
Il y a 2 élèves de moins au CE2 qu'au CM1 et 2 élèves de plus au CM2 qu'au CM1.

• Combien d'élèves y a-t-il dans chacune des classes ?

14 Alicia, Elsa, Cassandre et Charlène ont chacune un sport préféré : la danse, la natation, l'équitation ou la gymnastique.

• Quel est le sport préféré de chacun de ces enfants sachant que :
Alicia et Elsa n'aiment ni la danse, ni la natation ;
Cassandre n'aime pas la danse et Alicia a peur des chevaux ?

78

ÉTAPE 2

1 Recopie et complète les opérations ci-dessous.

18,4 × 10 = …   7,8 × 100 = …   21,13 × 10 = …

4,06 × 100 = …   12,70 × 10 = …   9,6 × 100 = …

---

2 Pose et effectue les opérations ci-dessous.

7,24 × 6 = …   16,2 × 7 = …   5,06 × 9 = …

11,13 × 5 = …   0,24 × 8 = …   27,62 × 4 = …

---

3 Le tableau ci-dessous donne la composition de pâtes.

Valeur énergétique pour 100 g	350 kcal
Protéines	11,5 g
Glucides	72,7 g
Lipides	1,5 g
Fibres	3 g
Sodium	0,002 g

- Calcule en grammes la masse de protéines, de glucides et de lipides pour 500 grammes de pâtes.

---

4 Quel est le prix du rouleau de tapisserie ?

5 Reproduis la figure sur ton cahier et trace son symétrique par rapport à la droite *d*.

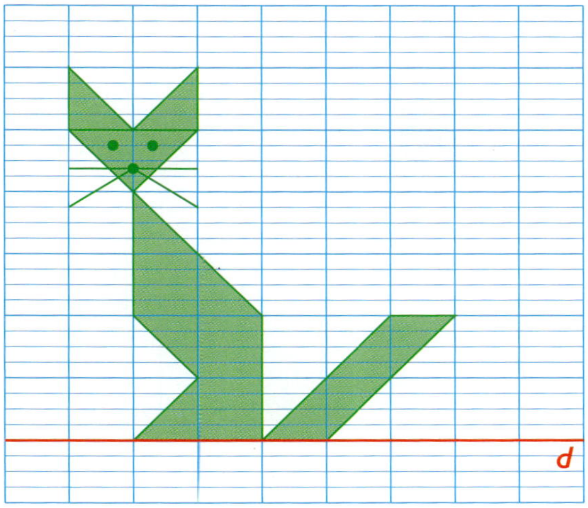

6 Un rouleau de 3 m de grillage est vendu 15,90 €.
Le même grillage est vendu 5,60 € le m.
Jeanne a besoin de 6 m de grillage. Quelle solution doit-elle choisir pour payer moins cher ?

7 Avec 3 L de peinture, on recouvre une surface de 9 m^2.
- Quelle surface pourra-t-on peindre avec un seau de 10 L ?

Tu peux faire un tableau.

	oui	pas encore
1 / 2 Je sais calculer le produit d'un décimal par un entier.		
3 / 4 / 6 Je sais résoudre des problèmes.		
5 Je sais construire le symétrique d'une figure par rapport à une droite.		
7 Je sais calculer dans une situation de proportionnalité.		

79 Aires du carré et du rectangle

Je découvre

1 Le cm^2 est choisi pour unité d'aire.

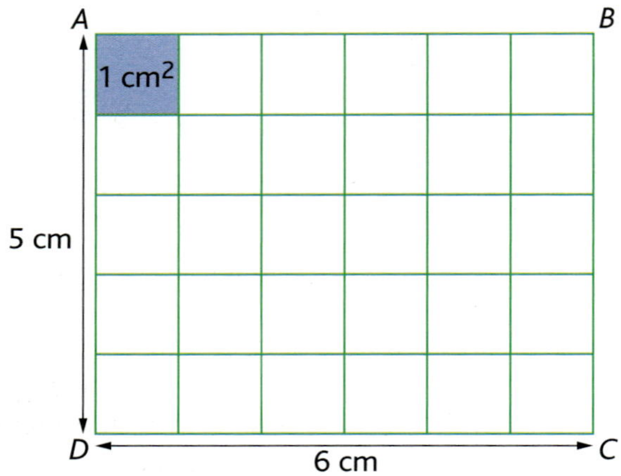

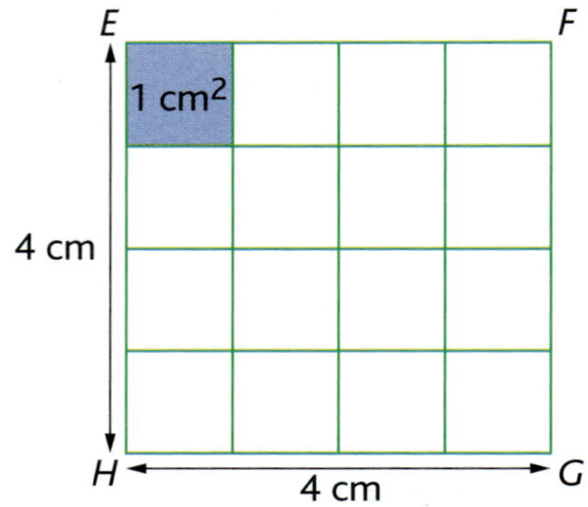

Le nombre de carrés de 1 cm^2 contenus dans le rectangle *ABCD* est égal à $5 \times 6 = 30$.
L'aire du rectangle *ABCD* est donc : $\mathbf{5 \times 6 = 30}$ **cm^2**.

- Calcule de la même façon l'aire du carré *EFGH*.

Pour calculer une aire, il faut toujours indiquer les dimensions dans la même unité.

> Lorsque les longueurs sont mesurées en **centimètres**, l'aire est exprimée en **cm^2**.
> Lorsque les longueurs sont mesurées en **mètres**, l'aire est exprimée en **m^2**.

---

2 Dessine un rectangle *ABCD* de 4 cm de largeur et de 6 cm de longueur.

a) Calcule son périmètre en cm, puis son aire en cm^2.

b) Dessine un autre rectangle qui a le même périmètre que le rectangle *ABCD*.

c) Recopie et complète le tableau ci-contre pour trouver d'autres rectangles de même périmètre que le rectangle *ABCD*.

d) Que peux-tu dire du quadrilatère dont l'aire est la plus grande ?

largeur en cm	1	2	3	4
longueur en cm	…	…	…	6
aire en cm^2	…	…	…	…

Je m'entraîne

3 Recopie et complète le tableau ci-dessous. Toutes les figures sont des rectangles ou des carrés.

figures	*A*	*B*	*C*	*D*	*E*	*F*
largeur en cm	8	15	9	…	7	…
longueur en cm	24	15	17	8	…	11
aire en cm^2	…	…	…	48	84	121

Jouer avec les nombres

Écrire en lettres les fractions suivantes :
$\frac{1}{2}, \frac{7}{9}, \frac{3}{4}, \frac{3}{2}, \frac{4}{4}, \frac{5}{8}, \frac{2}{3}.$

4 **a)** Un jardinier veut répandre de l'engrais sur une parcelle rectangulaire qui mesure 28 m de long et 15 m de large.

- Calcule l'aire de cette parcelle.

b) Il lui faut 1 kg d'engrais pour 100 m^2.

- Combien de paquets de 1 kg d'engrais devra-t-il acheter ?

5 Calcule l'aire du triangle *ABC* en mm^2.

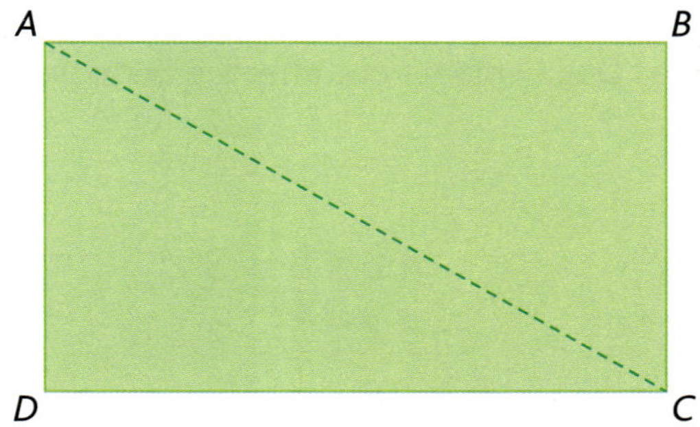

6 **a)** Un terrain rectangulaire mesure 35 m de longueur et 12 m de largeur.
Il est vendu 23 € le m^2.

- Calcule l'aire de ce terrain.
- Calcule le prix de ce terrain.

b) Les frais de notaire s'élèvent à 2 520 €.

- À combien revient 1 m^2 de terrain ?

7 **a)** À l'aide de ton équerre et de ton double décimètre, dessine un triangle rectangle isocèle dont les côtés de l'angle droit mesurent 5 cm.

- Calcule l'aire de ce triangle.

b) Dessine maintenant un triangle rectangle dont les côtés de l'angle droit mesurent 6 cm et 4 cm.

- Calcule l'aire de ce triangle rectangle.

8 **a)** Reproduis la figure ci-dessous.

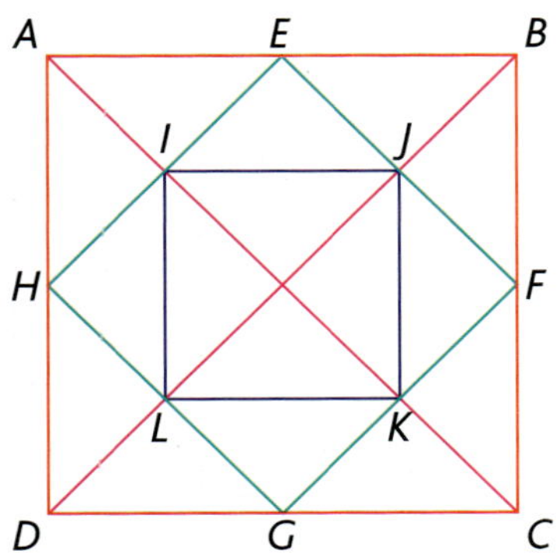

b) Calcule, en cm^2, l'aire des carrés *ABCD*, *EFGH*, *IJKL*.

9 Voici le plan d'un parterre dans un jardin public.

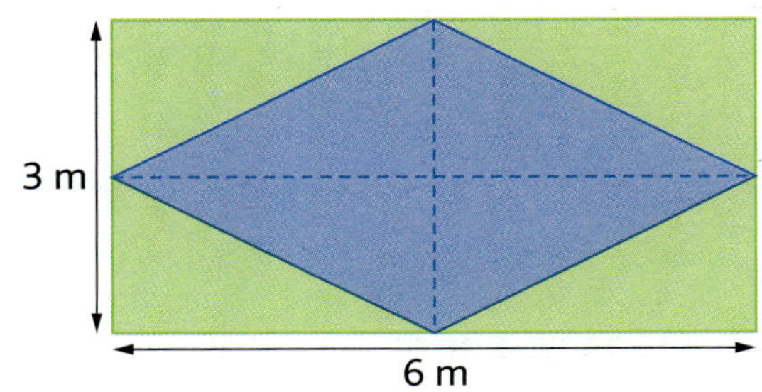

a) Dans la partie bleue, on plante des tulipes.

- Calcule l'aire de cette partie.

b) Dans la partie verte, on plante de la pelouse.

- Calcule l'aire de cette partie.

JE RETIENS

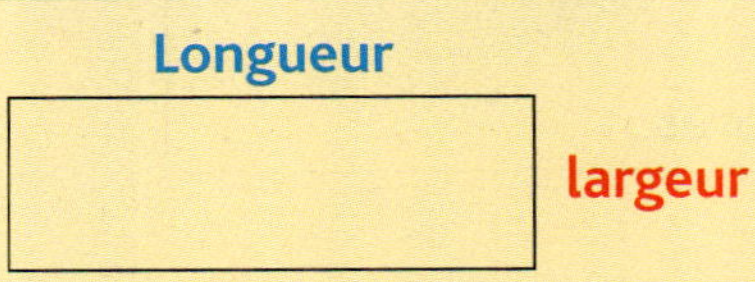

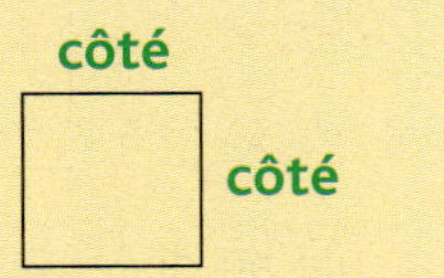

aire du rectangle = Longueur × largeur

aire du carré = côté × côté

80 Division décimale de deux entiers

Je découvre

1 a) Deux enfants ont effectué la même division.

A

```
 4048 | 32
- 32  |-----
   84 | 126
-  64 |
  208 |
- 192 |
   16 |
```

B

```
 4048,0 | 32
- 32    |------
   84   | 126,5
-  64   |
  208   |
- 192   |
   160  |
 - 160  |
     0  |
```

A : Le quotient n'est pas exact.
B : Le quotient est exact.

b) Calcule à ton tour le quotient exact des divisions suivantes :

704 : 55   1548 : 16

c) On divise 837 par 37.

```
 837,00 | 37
- 74    |------
   97   | 22,62
-  74   |
   230  |
 - 222  |
     120|
   -  74|
      46|
```

Le quotient n'est pas exact.

> On dit que le quotient de 837 par 37 est de :
> - 22,6 **au dixième près,**
> - et 22,62 **au centième près**.

d) Calcule au dixième près :

985 : 17   224 : 18

Jouer avec les nombres

Écrire les longueurs suivantes en centimètres :
3 cm 4 mm, 2 dm 7 mm, 2 dm 14 mm, 231 mm.

Je m'entraîne

2 Effectue les divisions suivantes au dixième près :

429 : 53 — 1128 : 26 — 947 : 46

538 : 72 — 654 : 37 — 2124 : 67

3 Effectue les opérations pour que le reste soit égal à zéro.

393 : 25 = … — 1521 : 15 = … — 174 : 4 = …

490 : 25 = … — 1125 : 36 = … — 651 : 28 = …

4 Observe les exemples et complète :

53 : 10 = 5,3 — 732 : 100 = 7,32 — 17 : 100 = 0,17

124 : 10 = … — 825 : 10 = … — 82 : 10 = …

768 : 100 = … — 42 : 100 = … — 1725 : 100 = …

5 Calcule le prix d'une pelote.

6 Un lot de 3 boîtes de sablés est vendu 10 €.

- Quel est le prix de revient d'une boîte ?
- Calcule le prix au dixième près.

7 Un lot de 8 paquets de bonbons coûte 10 €.

- Calcule au centième près le prix d'un paquet de bonbons.

81 Opérations sur les nombres décimaux

Je m'entraîne

1 Madame Vincent a acheté les 3 produits suivants :

a) Quel prix a-t-elle payé ?

b) Si les prix n'avaient pas baissé, combien aurait-elle payé ?

- Quelle économie a-t-elle réalisée ?

c) Elle avait 50 € dans porte-monnaie.
Combien lui reste-t-il après l'achat des 3 produits ?

---

2 Calcule le prix d'un kilogramme de pâte à tartiner.
Pour cela, complète le tableau.

Poids en g	Prix en €
400	...
200	...
800	...
1000	...

Jouer avec les nombres

Trouver cinq longueurs comprises entre 2,6 dm et 2,8 dm.

3 Complète le ticket de caisse ci-dessous.

```
                 MINIPRIX
           63 av. des Tilleuls
               St. Didier

1 bouteille de jus de fruits ..... 1,38 €
1 paquet de brioches ............. 1,65 €
6 X 1,5 L d'eau de source ........ 1,68 €
1 concombre ...................... 0,75 €
TOTAL ......................... .....  €

Promotions
Remise jus de fruits .......... -0,40 €
Remise brioches ............... -0,25 €
TOTAL DES REMISES ............. .....  €

TOTAL À PAYER ................. .....  €
```

---

4 Samuel désire carreler une pièce de 6,5 m sur 3 m.
Il achète du carrelage vendu par carton de 2 m^2.

a) Combien de cartons devra-t-il acheter ?

b) Le carrelage est vendu 4,95 € le m^2. Quel prix va-t-il payer ?

---

5 Voici les longueurs des 4 côtés d'un terrain :

145 m
16 dam
2,56 hm
95 m

a) Quel est le périmètre de ce terrain ?

b) On entoure ce terrain d'un grillage qui coûte 18,15 € le mètre. On laisse une ouverture de 3 m de large sur un côté pour y placer une barrière qui coûte 44 €.

- Quelle longueur de grillage faudra-t-il acheter ?
- Quel sera le prix de revient total de cette clôture ?

Je résous des problèmes (2)

1 Complète ce bon de commande :

Articles	Taille	Quantité	Prix à l'unité	Prix des articles
Gilet	38/40	1	34,90 €	...
Pantalon	42	1	49,90 €	...
Serviette	–	4	6,95 €	...
Montant des articles				...
Frais d'envoi				5,50 €
TOTAL à payer				...

2

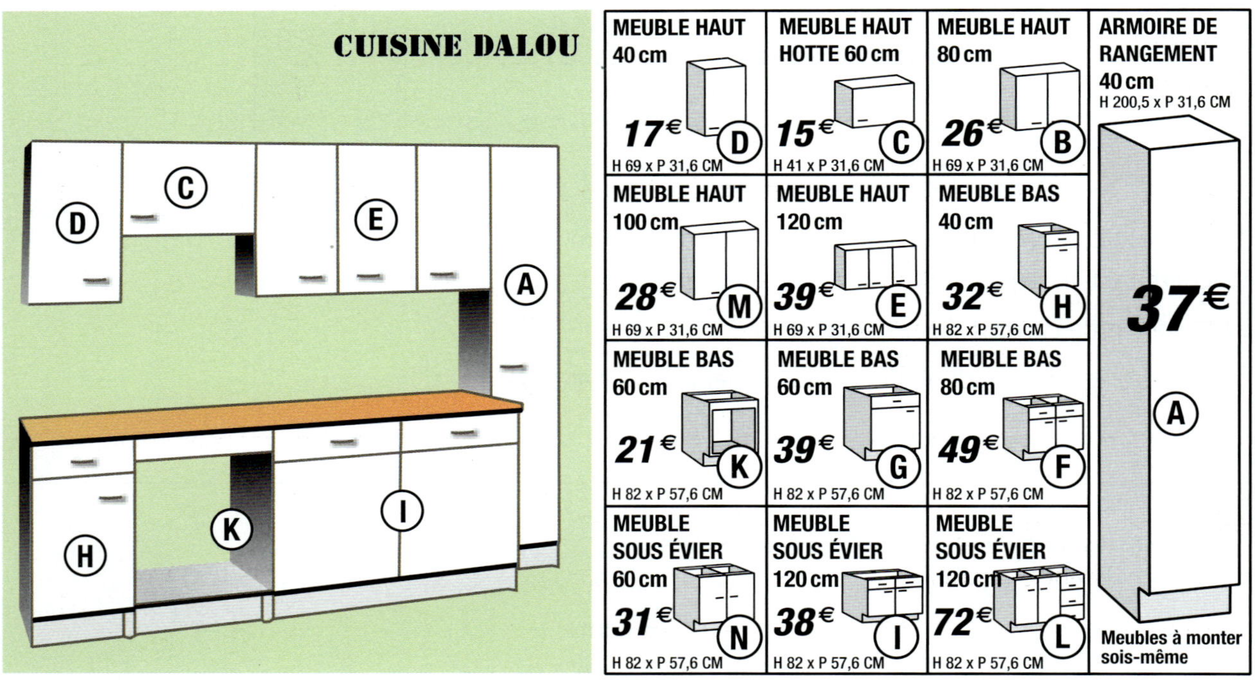

a) Calcule le prix de la cuisine représentée sur la publicité.

b) Sur le meuble H, on veut pouvoir poser une étagère qui mesure 46 cm de haut. Cela sera-t-il possible ? Justifie ta réponse.

c) On veut placer cette cuisine sur un mur de 3,50 m de long. Y aura-t-il assez de place ? Pourquoi ?

3 Voici les horaires des trains régionaux (TER).

Lundi à samedi	Sa	Lun à ven	Lun à ven	Lun à ven	Lun à ven	Lun à ven	Lun à ven	Sa	Lun à ven
Lille Flandres	**16.21**	**16.22**	**16.34**	**16.46**	**16.51**	**17.00**	**17.11**	**17.18**	**17.21**
La Madeleine	│	16.28	│	│	16.57	│	│	│	17.27
St-André	│	16.31	│	│	16.59	│	│	│	17.29
Pérenchies	│	16.35	│	│	17.04	│	│	17.30	17.34
Armentières	**16.37**	**16.41**	│	**17.03**	**17.09**	│	**17.28**	**17.36**	**17.39**
Nieppe	│		│	│		│	17.32	│	
Steenwerck	│		│	│		│	17.36	│	
Bailleul	16.45		│	17.13		│	17.40	17.44	
Strazeele	│		│	│		│	17.46	│	
Hazebrouck	**16.55**		**17.04**	**17.27**		**17.30**	**17.52**	**17.54**	

Jeudi, mon TGV Paris-Lille arrive à la gare de Lille Europe à 16h32. Je mets 15 min pour me rendre à la gare de Lille Flandres.

a) À quelle heure pourrai-je arriver le plus vite possible à Armentières ?

b) Je suis montée dans le TGV à Paris à 15h20. Il a démarré à 15h31. Combien de temps s'est-il écoulé depuis mon départ de Paris jusqu'à mon arrivée à Armentières ?

---

4 Sur l'autoroute, M. Dubois roule à la vitesse de 120 km par heure.

a) Quelle distance parcourt-il en 20 min ? en 1 h 30 min ?

b) Au bout de combien de temps aura-t-il parcouru 240 km ? 300 km ?

83 Agrandir, réduire une figure

Je découvre

1

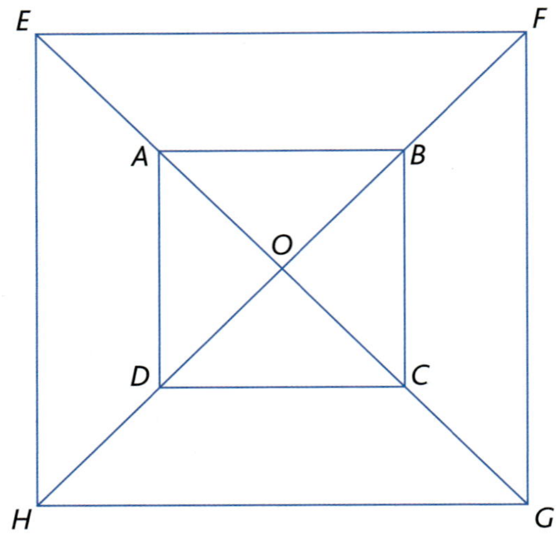

a) En utilisant ta règle, ton double décimètre et ton équerre, construis un carré *ABCD* de 3 cm de côté. Trace les diagonales *AC* et *BD* du carré ; elles se coupent en *O*.

b) Place les points *E*, *F*, *G*, *H* comme sur la figure de façon que :

longueur de $OE = 2 \times$ longueur de OA,

longueur de $OF = 2 \times$ longueur de OB,

longueur de $OG = 2 \times$ longueur de OC,

longueur de $OH = 2 \times$ longueur de OD.

c) Vérifie avec tes instruments que le quadrilatère *EFGH* est un carré.

- Quelles sont ses dimensions ?

d) De la même façon, construis un carré dont le côté est trois fois plus grand que celui du carré *ABCD*.

---

2 Voici le plan du rez-de-chaussée d'une maison. 2 carreaux représentent 1 m.

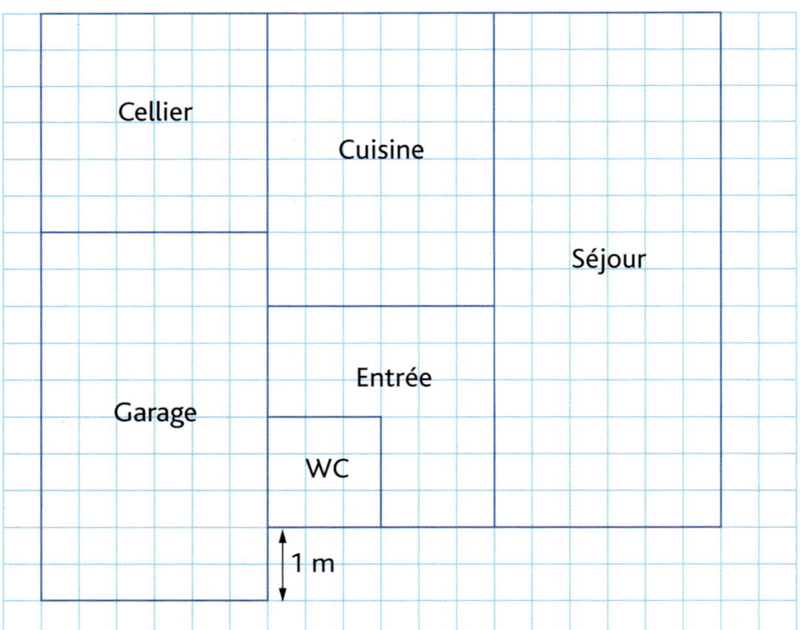

a) Dessine un nouveau plan de cette maison sur du papier quadrillé : tu choisiras 4 carreaux pour représenter 1 m.

b) Calcule, en m^2, l'aire de la salle de séjour sur ton plan et dans la réalité.

Jouer avec les nombres

Calculer mentalement : 2,5 + 0,5, 3,1 + 4,9, 0,8 + 3 + 2,2, 4,4 + 3,6.

Je m'entraîne

3 Construis cette figure sur du papier quadrillé de façon qu'elle soit 3 fois plus petite.

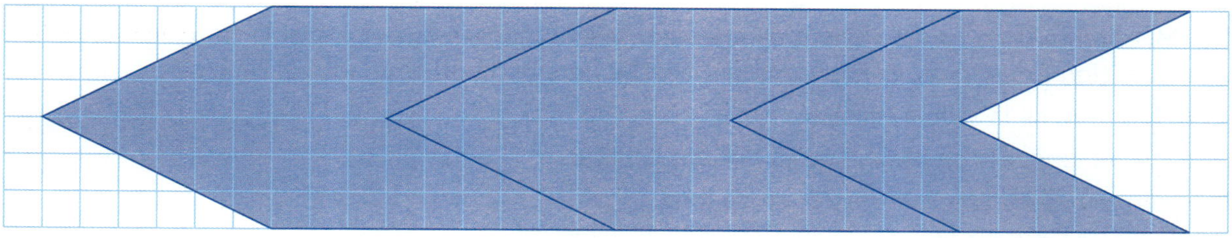

4 Recopie et complète le tableau.

	Carré *A*	Carré *B*	Carré *C*	Carré *D*
longueur du côté en cm	2	4	6	8
périmètre en cm	...	...	...	...
aire en cm^2	...	...	...	...

5 Construis cette figure dans un carré de 4 carreaux de côté.

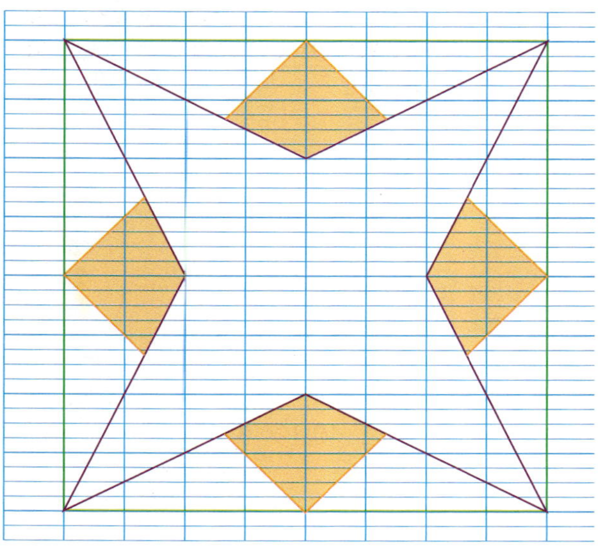

6 Construis deux fois la figure :

a) en multipliant par 1,5 toutes ses dimensions,

b) en divisant par 2 toutes ses dimensions.

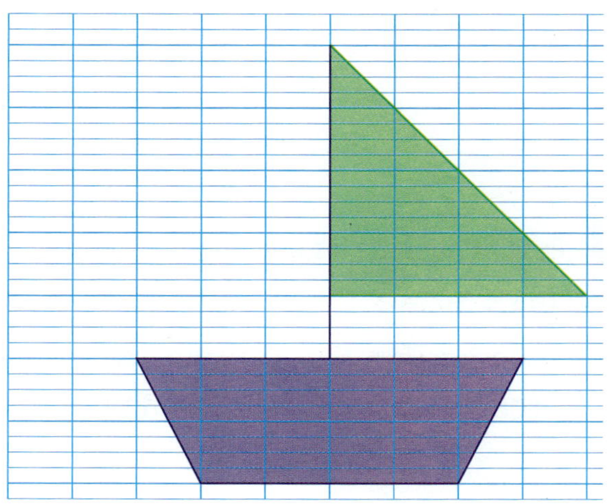

BILAN DE LA PÉRIODE 5

COMPÉTENCES À ÉVALUER
1 / 6. Calculer des périmètres et des aires.
2. Faire des opérations sur des nombres décimaux.

1 M. et Mme Longchamp veulent carreler leur salle à manger. Ils ont choisi le carrelage de la collection *Symphonie*. Ils mettront une plinthe (une bordure) tout autour de la pièce.

a) Calcule l'aire de la salle à manger.

b) Calcule la longueur de plinthe qu'ils doivent acheter.

c) Un carreau de plinthe mesure 20 cm de long.
- Combien de carreaux les Longchamp doivent-ils acheter ?

d) Les carreaux sont vendus par boîtes de 20. Une boîte coûte 12 €.
- Quelle sera la dépense pour la plinthe ?

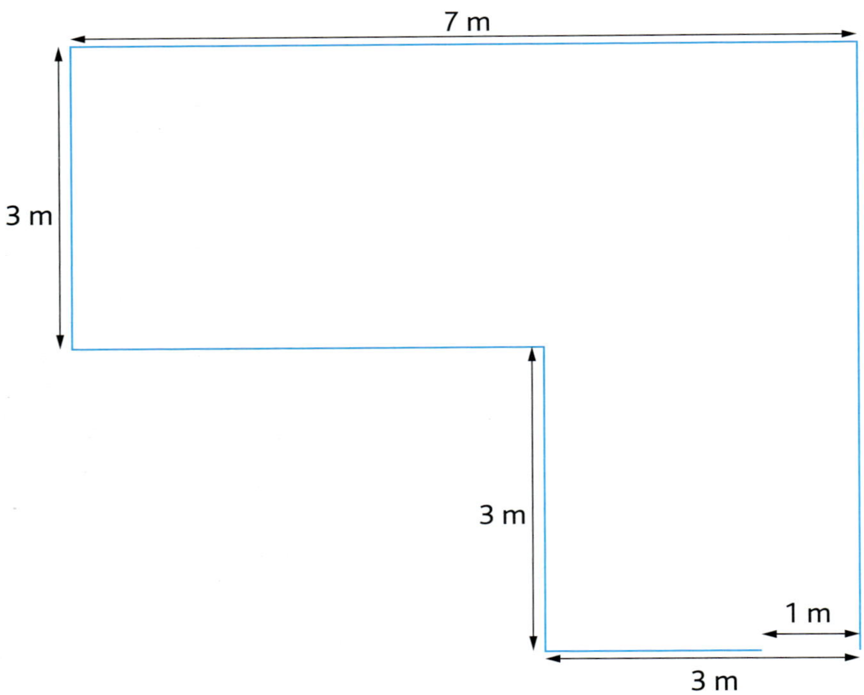

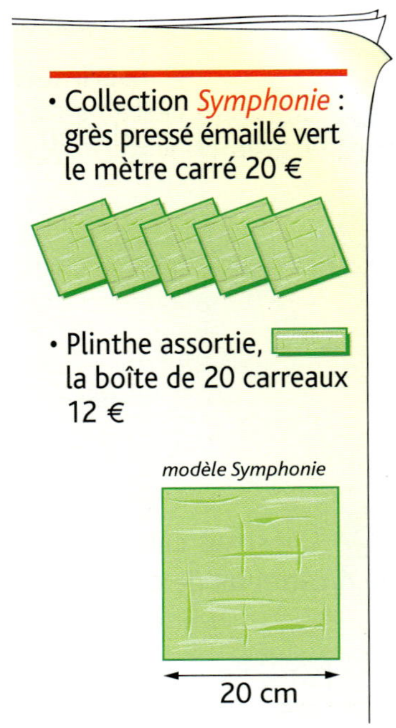

2 Pose et effectue les opérations ci-dessous.

4,13 + 5,7 = ...	2,76 + 16,4 + 130 = ...	3,25 × 6 = ...
12,26 − 3,75 = ...	13,4 + 257 + 12,16 = ...	2,8 × 7 = ...
14,08 − 6,32 = ...	11,6 + 0,14 + 13 = ...	10,1 × 9 = ...

3. Calculer le quotient décimal de deux entiers.
4. Résoudre des situations de proportionnalité.
5. Agrandir une figure en tenant compte du critère de proportionnalité.

3 Pose et effectue la division, en calculant au dixième près.

$40 : 25 = ...$ $\quad$ $728 : 45 = ...$ $\quad$ $131 : 17 = ...$

$122 : 28 = ...$ $\quad$ $421 : 58 = ...$ $\quad$ $265 : 43 = ...$

---

4 **a)** Une voiture consomme 6,6 L au 100 km. Quelle sera sa consommation pour parcourir 250 km ?

b) Trois boîtes pèsent 240 g. Quel sera le poids de 5 boîtes ? De 8 boîtes ?

---

5 Construis cette figure sur ton cahier en respectant la règle suivante : ce qui mesure 1 cm sur le dessin ci-dessous devra mesurer 2 cm sur ton cahier.

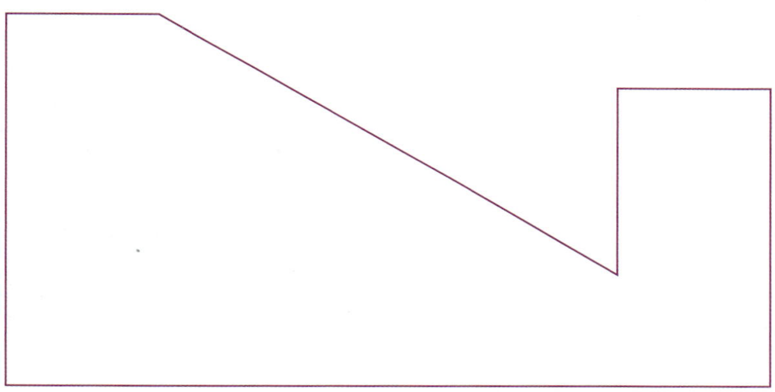

---

6 **a)** La classe, qui est une pièce rectangulaire, a une aire de 63 m².
Sa largeur est de 7 m.

- Quelle est sa longueur ?
- Quel est son périmètre ?

b) La bibliothèque, qui est une pièce carrée, a une aire supérieure de 18 m² à celle de la classe.

- Quelle est la mesure d'un côté ?
- Quel est son périmètre ?

En route vers le CM2

1 Remets dans l'ordre le programme de construction de l'œuf et construis-le sur ton cahier.

– Trace un diamètre *AB* et un autre diamètre *CD* perpendiculaire à *AB*.
– Trace l'arc de cercle de centre *B*, de rayon *BA*, jusqu'à l'intersection avec la droite *BC*. Appelle ce point *F*.
– Trace un cercle de centre *O* et de rayon 5 cm.
– Trace *AC* et *BC* et prolonge-les.
– Trace l'arc de cercle *EF* de centre *C* et de rayon *CE*.
– Trace l'arc de cercle de centre *A*, de rayon *AB*, jusqu'à l'intersection avec la droite *AC*. Appelle ce point *E*.

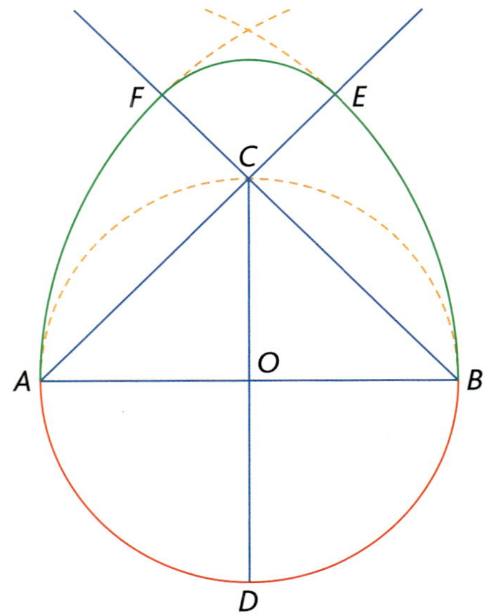

2 Elsa doit prendre un train dont le départ est fixé à 9 h 30 min. Il lui faut 20 min pour se rendre à la gare.
Elle doit arriver 5 min avant le départ pour trouver la place qui lui est réservée.

- À quelle heure doit-elle partir de chez elle ?

3 À la librairie, Alicia achète 1 bande dessinée et 1 roman. Elle paie 22 €.
Léa prend 1 CD, 2 romans et paie 34 €.
Évelyne ne prend qu'un CD et paie 20 €.

- Quel est le prix d'une BD ? et celui d'un roman ?

4 **a)** Construis le patron de ce solide en multipliant ses mesures par 2.
b) Découpe-le et colle les languettes.

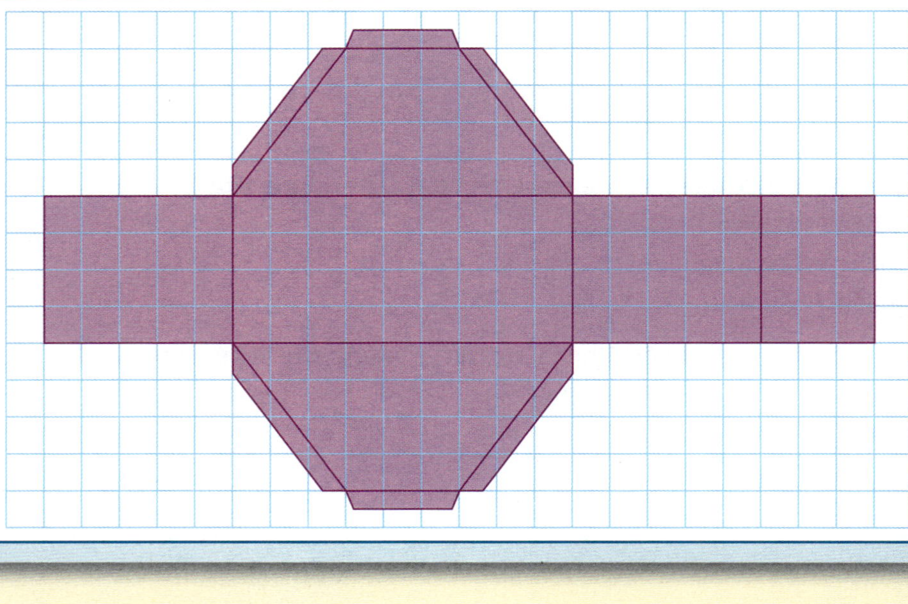

5 M. Gérard utilise 100 g de graines pour ensemencer 10 m² de gazon.

a) Quelle quantité de graines lui faut-il pour 100 m² ? 150 m² ? 25 m² ?

b) Quelle surface peut-il ensemencer avec 5 kg de graines ? 2,5 kg de graines ?

6 Léa achète des vêtements.
Le marchand lui accorde une réduction de 3 € pour 10 € d'achat.

• Calcule la réduction obtenue si elle achète une jupe qui coûte 30 € et un pull-over qui coûte 20 €.

7 Une fourmi est capable de porter des charges 50 fois plus lourdes qu'elle.
Si les enfants ci-dessous avaient la même force, quel est l'animal le plus lourd que chacun pourrait porter ?

Luc 18 kg

Marc 26 kg

Laurent 41 kg

1 050 kg

2 500 kg

2 000 kg

150 000 kg

750 kg

En route vers le CM2

8 Effectue les opérations ci-dessous.

13,45 + 26,55

30,15 − 12,65

21,5 × 14

289 : 12

9 **a)** Reproduis ce parallélogramme.

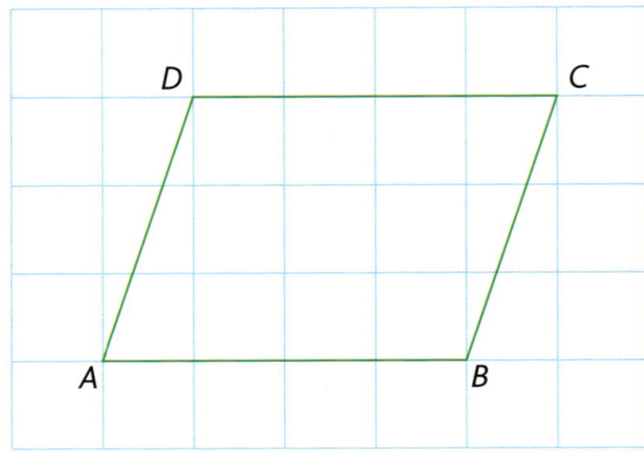

b) Découpe-le en 2 morceaux que tu assembleras pour obtenir un rectangle.

c) Quelle est l'aire du parallélogramme *ABCD* ?

10 Avant la Révolution française, l'unité de mesure des longueurs était la toise. La toise valait 6 pieds, chaque pied valait 12 pouces, eux-mêmes divisés en 12 lignes. Le pied équivalait à 324 mm.

- Quelle est la taille de ces trois personnages dans notre système de mesure ?

Martin Duchêne	Jean le Géant	Jeanne Vilain
5 pieds 2 pouces	1 toise 3 pouces	4 pieds 5 pouces

11 Le grand hamster habite l'Europe. Il mesure 25 cm et pèse environ 400 g.
Il mange en moyenne 150 g de nourriture par jour (grains, légumes, fruits...).
Il creuse des galeries profondes à l'intérieur desquelles il emmagasine 15 kg de réserves de nourriture pour hiverner.
Il passe donc l'hiver endormi et, de temps à autre, se réveille pour manger.
Durant cette période, il ne consomme pas plus de 80 g de nourriture par jour.

- Compte tenu de ses réserves, combien de temps peut-il rester sous terre ?

12 Reproduis ce polygone régulier à 7 côtés (heptagone).

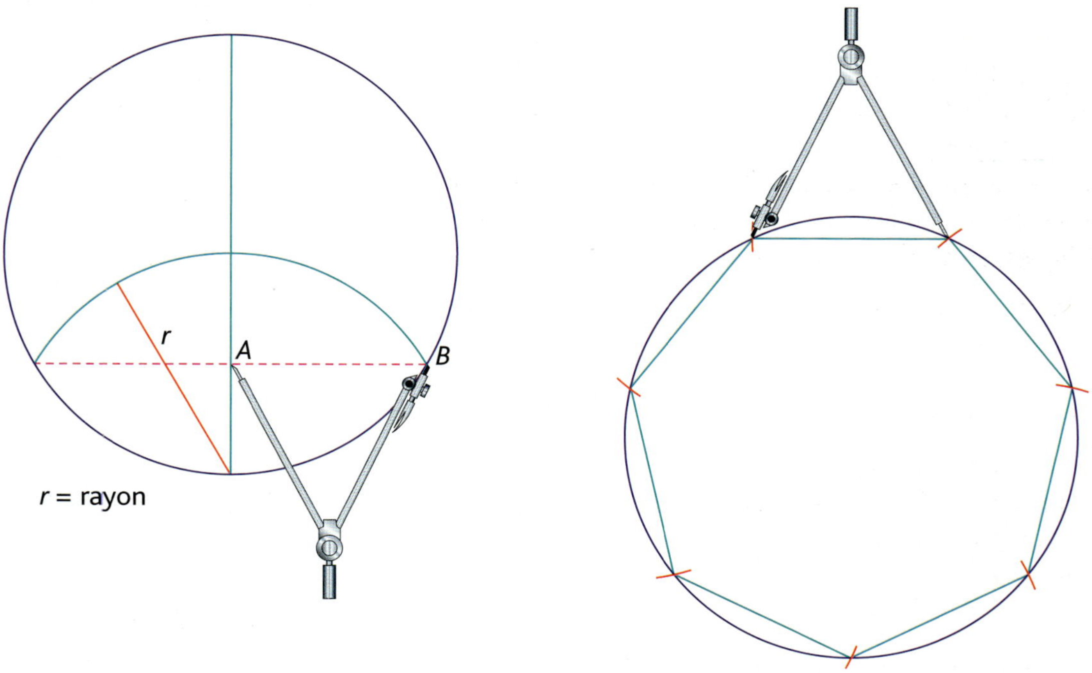

13 Mme Durand dispose de 42,50 €. Elle veut acheter des jouets pour ses enfants : une poupée qui coûte 8,75 €, un jeu de société qui coûte 12,85 €, un jeu électronique qui coûte 22,40 € et une dînette qui coûte 11,50 €.

a) A-t-elle assez d'argent pour acheter ces quatre jouets ?

b) Si elle veut en acheter trois, lesquels pourra-t-elle choisir ?

DÉFIS

1 Pierre a dans sa tirelire 3 € de plus que sa sœur Pauline.
À eux deux, ils possèdent 55 €.

- Quelle somme d'argent chaque enfant a-t-il dans sa tirelire ?

2 Combien de nombres de deux chiffres peux-tu écrire :

a) avec les chiffres 2 ? 3 ? 4 ?

b) avec tous les chiffres de 0 à 9 ?

3 Peux-tu réussir à faire un grand gâteau carré avec les deux petits ? *(Tu as le droit d'en découper un.)*

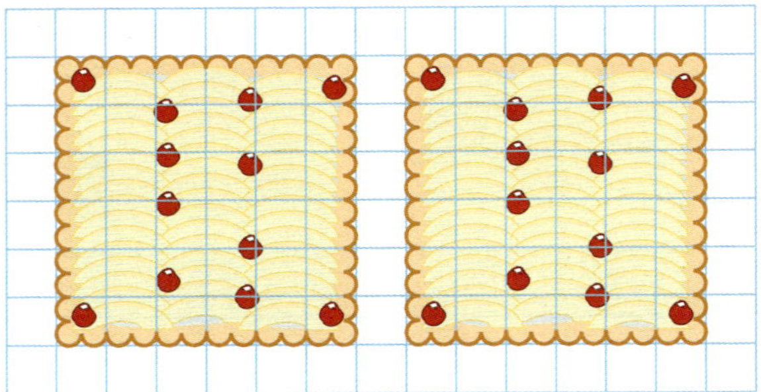

4 Un escargot se trouve au fond d'un puits d'une profondeur de 9 m. Le jour il monte de 2 m, mais la nuit, pendant son sommeil, il redescend d'un mètre.

- Au bout de combien de jours pourra-t-il sortir du puits ?

5 Continue les suites ci-dessous.

a) 1 – 2 – 4 – 7 – 11 – … – 56.

b) 1 – 4 – 3 – 6 – 5 – 8 – … – 16.

c) 1 – 1 – 2 – 3 – 5 – 8 – … – 144.

d) 0 – 1 – 2 – 4 – 7 – 12 – 20 – … – 232.

6 Cherche un moyen très simple de calculer les sommes ci-dessous.

a) 1 + 2 + 3 + 4 + 5 + 6 + 7 + 8 + 9 + 9 + 8 + 7 + 6 + 5 + 4 + 3 + 2 + 1

b) 10 + 11 + 12 + 13 + 14 + 15 + 16 + 17 + 18 + 19 + 20 + 21 + 22 + 23 + 24 + 25 + 26 + 27 + 28 + 29 + 30

7 Dessine cette enveloppe sans lever le crayon et sans jamais repasser sur le même trait.

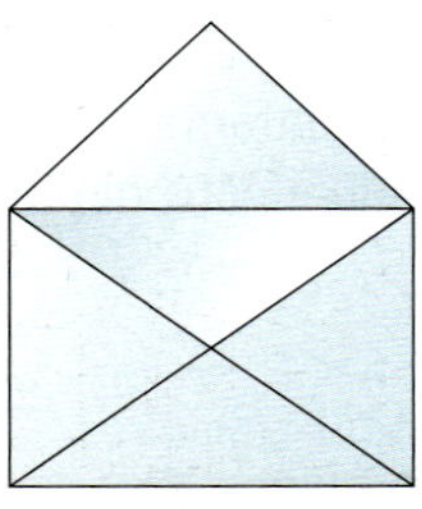

8 Sébastien a des chaussettes blanches et des chaussettes rouges.

• Combien de chaussettes doit-il prendre pour être sûr d'en avoir deux de la même couleur ?

9 Léa met entre 15 et 20 minutes pour effectuer le trajet de sa maison à l'école. Elle veut arriver entre 8 h 40 et 8 h 50.

• À quelle heure doit-elle partir de chez elle ?

10 L'auberge du Cheval Blanc propose des menus à 10 € et des menus à 15 €. 20 menus ont été commandés. La recette est de 250 €.

• Combien de menus à 10 € et de menus à 15 € ont été servis ?

11 Colorie chaque carré d'une couleur différente : bleu, vert, jaune, rouge.

• Combien de solutions y a-t-il ?

12 **a)** Peux-tu, sans lever le crayon, relier ces points pour dessiner une étoile à cinq branches ?

b) Quelle figure retrouves-tu au centre de cette étoile ?

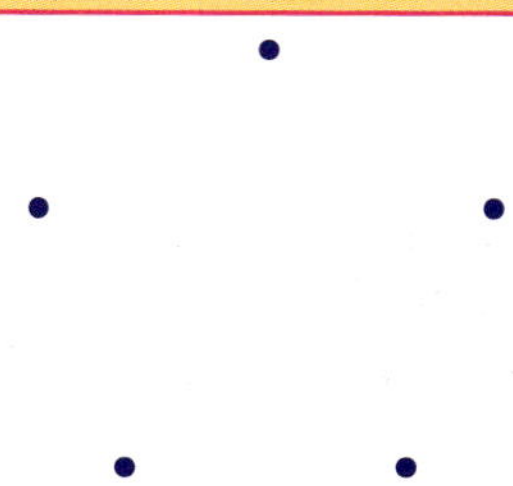

13 Marjorie a 10 ans. Sa mère avait 24 ans quand elle est née.

• Quel âge aura Marjorie quand elle aura la moitié de l'âge de sa mère ?

14 Combien de diagonales y a-t-il dans un polygone à 4 côtés ? à 5 côtés ? à 6 côtés ? à 7 côtés ?

15 Baptiste, Corentin et Jérémie font du sport dans le même club.
Ils pratiquent le saut en hauteur, la course à pied et la natation.
Le nageur, qui est célibataire, est le plus petit des trois.
Baptiste, qui est le frère de l'épouse de Corentin, est plus grand que le coureur.

• Quel est le sport pratiqué par chacun des trois amis ?

16 Complète ce carré.

A	C	E	
L	N		I
J		M	K
	F	D	B

La table de multiplication

×	0	1	2	3	4	5	6	7	8	9	10
0	0	0	0	0	0	0	0	0	0	0	0
1	0	1	2	3	4	5	6	7	8	9	10
2	0	2	4	6	8	10	12	14	16	18	20
3	0	3	6	9	12	15	18	21	24	27	30
4	0	4	8	12	16	20	24	28	32	36	40
5	0	5	10	15	20	25	30	35	40	45	50
6	0	6	12	18	24	30	36	42	48	54	60
7	0	7	14	21	28	35	42	49	56	63	70
8	0	8	16	24	32	40	48	56	64	72	80
9	0	9	18	27	36	45	54	63	72	81	90
10	0	10	20	30	40	50	60	70	80	90	100

Liste des crédits photographiques

22 Lexibook / Archives Larbor
27 bas g Ph. Blondel – Scope
27 bas m Paisajes Espanoles
27 bas d J. Damase
78 Larousse – SEJER
78 Larousse – SEJER
82 Lexibook / Trait d'Union

Liste des documents

Les documents des p. 21 (tableau, ex. 7), 31 (graphique, ex. 4), 42 (graphique, ex. 1) sont extraits de *Sciences et Technologie*, CM, de la Nouvelle collection Tavernier.

Les documents des p. 14 (tableau, ex. 3), 49 (texte, ex. 3) sont extraits du manuel de *Sciences et Technologie*, ancienne collection Tavernier.

Le document de la p. 37 (carte, ex. 7) est un extrait de la carte IGN n° 952, © IGN 2003, autorisation n° 80-3092.

Conception graphique : Pascal Plottier
Mise en pages : Gex Mougin
Schémas : Laurent Blondel/Corédoc
Coordination artistique : Pierre Taillemite / Alexandre Millot
Couverture : Nicolas Piroux
Illustrations (intérieur et couverture) : Pierre Caillou
Fabrication : Josiane Nicole
Édition : Michèle Dupont

N° éditeur 10169115
Dépôt légal : Avril 2010
Imprimé en Espagne
par Gráficas Estella, S.L.